A LIBERDADE DE GESTÃO FISCAL DAS EMPRESAS
JOSÉ CASALTA NABAIS

JUSTO VALOR
UMA PERSPECTIVA CRÍTICA E MULTIDISCIPLINAR
ANA MARIA GOMES RODRIGUES

DIFICULDADES DA RECUPERAÇÃO DE EMPRESA NO CÓDIGO DA INSOLVÊNCIA E DA RECUPERAÇÃO DE EMPRESA
FÁTIMA REIS SILVA

O PROCESSO ESPECIAL DE DESTITUIÇÃO E SUSPENSÃO DOS GERENTES
PROBLEMAS SUSCITADOS PELO N.º 2 DO ARTIGO 1484º-B CPC
SOLANGE FERNANDA MOREIRA JESUS

A SUBSTITUIÇÃO DE ADMINISTRADORES
MARIA JOÃO DIAS

A LIBERDADE DE GESTÃO FISCAL DAS EMPRESAS
JOSÉ CASALTA NABAIS

JUSTO VALOR
UMA PERSPECTIVA CRÍTICA E MULTIDISCIPLINAR

ANA MARIA GOMES RODRIGUES

DIFICULDADES DA RECUPERAÇÃO DE EMPRESA NO CÓDIGO DA INSOLVÊNCIA E DA RECUPERAÇÃO DE EMPRESA
FÁTIMA REIS SILVA

O PROCESSO ESPECIAL DE DESTITUIÇÃO E SUSPENSÃO DOS GERENTES
PROBLEMAS SUSCITADOS PELO N.º 2 DO ARTIGO 1484º-B CPC

SOLANGE FERNANDA MOREIRA JESUS

A SUBSTITUIÇÃO DE ADMINISTRADORES
MARIA JOÃO DIAS

A LIBERDADE DE GESTÃO FISCAL DAS EMPRESAS
JUSTO VALOR – UMA PERSPECTIVA CRÍTICA E MULTIDISCIPLINAR
DIFICULDADES DA RECUPERAÇÃO DE EMPRESA
NO CÓDIGO DA INSOLVÊNCIA E DA RECUPERAÇÃO DE EMPRESA
O PROCESSO ESPECIAL DE DESTITUIÇÃO E SUSPENSÃO
DOS GERENTES – PROBLEMAS SUSCITADOS PELO N.º 2 DO ARTIGO 1484º-B CPC
A SUBSTITUIÇÃO DE ADMINISTRADORES

AUTORES
JOSÉ CASALTA NABAIS
ANA MARIA GOMES RODRIGUES
FÁTIMA REIS SILVA
SOLANGE FERNANDA MOREIRA JESUS
MARIA JOÃO RODRIGUES DIAS

EDITOR
EDIÇÕES ALMEDINA. SA
Rua Fernandes Tomás nºs 76, 78, 80
3000-167 Coimbra
Tel.: 239 851 904
Fax: 239 851 901
www.almedina.net
editora@almedina.net

PRÉ-IMPRESSÃO | IMPRESSÃO | ACABAMENTO
G.C. GRÁFICA DE COIMBRA, LDA.
Palheira – Assafarge
3001-453 Coimbra
producao@graficadecoimbra.pt

Setembro, 2011

DEPÓSITO LEGAL
309208/10

Os dados e as opiniões inseridos na presente publicação
são da exclusiva responsabilidade do(s) seu(s) autor(es).

Toda a reprodução desta obra, por fotocópia ou outro qualquer
processo, sem prévia autorização escrita do Editor, é ilícita
e passível de procedimento judicial contra o infractor.

Biblioteca Nacional de Portugal – Catalogação na Publicação

MISCELÂNEAS DO IDET

Miscelâneas do IDET / org. Instituto de Direito das Empresas e
do Trabalho. – (Miscelâneas do IDET ; 7)
ISBN 978-972-40-4588-7

I – INSTITUTO DE DIREITO DAS EMPRESAS E DO TRABALHO

CDU   347

NOTA DE APRESENTAÇÃO

O sétimo volume das "Miscelâneas" do IDET apresenta cinco estudos de grande actualidade, relevância e qualidade.

Os dois primeiros versam matéria abordada primordialmente no Curso de Pós-Graduação de Direito Fiscal das Empresas (do IDET). Os autores, respectivamente José Casalta Nabais e Ana Maria Rodrigues, são Professores nesse curso (Casalta Nabais é coordenador do mesmo).

O texto de Fátima Reis Silva, elaborado para um colóquio organizado pelo IDET, oferece um balanço do que tem sido a aplicação do CIRE à recuperação de empresas.

Os quarto e quinto estudos aqui publicados foram realizados no âmbito do IX Curso de Pós-Graduação em Direito das Empresas (do IDET) por jovens e promissoras juristas, alunas desse curso (Solange Maria Jesus e Maria João Dias).

Coimbra, Junho de 2011

J. M. Coutinho de Abreu

A LIBERDADE DE GESTÃO FISCAL DAS EMPRESAS

JOSÉ CASALTA NABAIS
Professor da Faculdade de Direito de Coimbra

Antes de começarmos a falar propriamente da liberdade de gestão fiscal das empresas, o título deste nosso texto, impõem-se algumas considerações relativas ao amplo papel que as empresas desempenham actualmente no domínio da tributação. Depois, procuraremos analisar o princípio da liberdade de gestão fiscal das empresas, destacando os traços mais importantes que o materializam, as disposições legais que o concretizam ou infirmam e, bem assim, os limites que a liberdade de gestão fiscal comporta. Terminaremos com uma alusão à necessidade de uma tributação mais simples e coerente das empresas.

I. As empresas e a tributação

Pois bem, três são as considerações que vamos fazer no respeitante às relações das empresas com a tributação. Uma primeira, para darmos conta de que a tributação das empresas se reporta a entidades que são contribuintes muito especiais face aos genuínos contribuintes, os cidadãos ou, mais precisamente, os indivíduos residentes. Uma segunda, para assinalar que, ao falarmos de empresas, tomamos esta expressão num sentido amplo. Enfim, uma terceira, para darmos notícia do importante e diversificado papel que as empresas desempenham no complexo mundo do direito dos impostos.

1. *O carácter* sui generis *das empresas face aos impostos.* E, antes de mais, é de começar por chamar a atenção para algo

que, embora sendo óbvio, nem sempre é tido em devida conta. Estamos a referir-nos à radical diferença existente entre os actores fiscais que designamos por contribuintes, isto é, entre os sujeitos cuja capacidade contributiva é visada pelas normas de incidência tributária. Pois, de um lado, temos os contribuintes por natureza, os cidadãos ou, mais exactamente, os indivíduos residentes num determinado país[1] e, de outro lado, as empresas. Na verdade, estas não podem deixar de ser tidas como contribuintes muito especiais, contribuintes *sui generis* face aos indivíduos que constituem os genuínos contribuintes. Efectivamente, são sobre estes, enquanto membros de uma comunidade politicamente organizada em Estado[2], que impendem os correspondentes deveres fundamentais ou, noutra versão, os custos *lato sensu* da existência e funcionamento dessa comunidade.

---

[1] Pois é hoje evidente que o decisivo, em sede da ligação dos contribuintes ao respectivo país, é mais o vínculo de cariz económico traduzido na residência do que o vínculo político expresso na cidadania ou nacionalidade ou, por outras palavras, é mais uma cidadania de natureza económica do que uma cidadania política, o que tem, de resto, inequívoca expressão, por exemplo, no Modelo de Convenção Fiscal sobre o Rendimento e o Património da OCDE – v. os arts 1.º e 24.º. Sobre a cidadania, tendo em conta as suas relações com a solidariedade particularmente reclamada no actual Estado fiscal, v. os nossos estudos «Algumas considerações sobre a solidariedade e a cidadania», em *Por uma Liberdade com Responsabilidade – Estudos sobre Direitos e Deveres Fundamentais*, Coimbra Editora, Coimbra, 2007, p. 131 e ss.; e «Estado fiscal, cidadania fiscal e alguns dos seus problemas», em *Por um Estado Fiscal Suportável – Estudos de Direito Fiscal*, Almedina, Coimbra, 2005, p. 382 e ss.

[2] Ou nas comunidades políticas em formação a montante dos Estados, cujo exemplo mais paradigmático é o da União Europeia. Sobre a alteração ou deslocação da soberania, designadamente da soberania fiscal, implicada na formação dessas novas comunidades políticas, v. o nosso estudo «A soberania fiscal no actual quadro de internacionalização, integração e globalização económicas», em *Por um Estado Fiscal Suportável – Estudos de Direito Fiscal*, cit., p. 183 e ss.

Pois, como dissemos noutro local, num Estado de direito democrático, como são ou pretendem ser presentemente os Estados actuais, encontramos basicamente três tipos de custos em sentido amplo que o suportam. Efectivamente, aí nos deparamos com custos ligados à própria existência e sobrevivência do Estado, que se apresentam materializados no dever de defesa da pátria, integre este ou não um específico dever fundamental de defesa militar. Aí encontramos custos ligados ao funcionamento democrático do Estado, que estão consubstanciados nos deveres de votar, seja votar na eleição de representantes, seja votar directamente questões que lhe sejam submetidas em referendo. E aí temos, finalmente, custos em sentido estrito ou custos financeiros públicos concretizados, num Estado fiscal, no dever de pagar impostos[3].

Mas, se o que vimos de dizer vale em toda a linha para os indivíduos ou para as pessoas singulares, já não vale ou não vale em larga medida para as empresas ou para as pessoas colectivas. Uma vez que, muito embora estas, em geral, gozem dos direitos e estejam sujeitas aos deveres que sejam compatíveis com a sua natureza, nos termos da conhecida fórmula constante do art. 12.º da Constituição Portuguesa, no que ao dever fundamental de suportar financeiramente o Estado ou de pagar impostos diz respeito, as empresas desempenham outros importantíssimos papéis que não podemos olvidar.

Desde logo, a Constituição não exige, em nosso entender, que haja uma tributação sobre o rendimento das empresas. Pois, não desconhecendo por certo a discussão que desde há muito se trava relativamente à opção entre a separação e a integração da tributação das empresas na tributação do rendimento pessoal, o

---

[3] V. o nosso estudo «A face oculta dos direitos fundamentais: os deveres e os custos dos direitos», em *Por uma Liberdade com Responsabilidade – Estudos sobre Direitos e Deveres Fundamentais*, cit., p. 175 e ss.

que o n.º 2 do art. 104.º da Constituição, ao prescrever que «a tributação das empresas incide fundamentalmente sobre o rendimento real», veio estabelecer foi que, caso haja lugar à instituição de uma tributação sobre o rendimento das empresas, então essa tributação deve incidir fundamentalmente sobre o rendimento real. Pelo que a existência ou não de uma tributação sobre o rendimento das empresas é, basicamente, uma opção do legislador[4].

Muito embora devamos sublinhar, a este respeito, que por toda a parte encontramos impostos sobre o rendimento das sociedades cuja existência tem diversos suportes tradicionais, entre os quais avulta o de assim se obstar à existência de lacunas na tributação do rendimento que, de outro modo, ocorreriam[5]. Suportes aos quais acrescem presentemente dois outros muito importantes decorrentes, de um lado, dos conhecidos fenómenos da internacionalização das empresas derivada da globalização económica, e, de outro lado, da circunstância de as empresas constituírem o suporte do que vimos designando por «privatização» da administração ou gestão dos impostos. Argumentos que, a nosso ver, de um ponto de vista prático, se revelam decisivos.

Assim e quanto ao primeiro, trata-se do facto de cada vez mais nas sociedades os sócios, tanto individuais como societários, não serem residentes na mesma jurisdição em que tem a

---

[4] Sobre a referida discussão, v. XAVIER DE BASTO, «O imposto sobre as sociedades e o imposto pessoal de rendimento – separação ou integração?», *Estudos em Homenagem ao Prof. Doutor J. J. Teixeira Ribeiro*, número especial do *Boletim da Faculdade de Direito de Coimbra*, vol. IV, 1980, p. 390 e ss.; J. J. TEIXEIRA RIBEIRO, *Lições de Finanças Públicas*, 5.ª ed., Coimbra Editora, Coimbra, 1995, p. 322 e ss.; e ABEL L. COSTA FERNANDES, *A Economia das Finanças Públicas*, Almedina, Coimbra, 2010, p. 287 e ss.

[5] Uma preocupação com expressão eloquente no disposto nas alíneas *b)* e *c)* do n.º 1 do art. 2.º do Código do IRC, que considera sujeitos passivos deste imposto as entidades, com ou sem personalidade jurídica, que não se encontrem sujeitas a IRS.

sede ou direcção efectiva a sociedade distribuidora dos lucros. O que, a optar-se pela tributação integrada do rendimento das empresas junto dos sócios, teria como resultado inevitável a impossibilidade de tributação de parte significativa do rendimento empresarial por parte dos países importadores líquidos de investimento, uma vez que uma parte importante da actividade económica é exercida por sociedades residentes cujo capital é detido por sócios não residentes[6].

Por seu lado, quanto ao segundo dos argumentos, a circunstância de as empresas serem actualmente os suportes insubstituíveis do sistema de liquidação e cobrança da generalidade dos impostos, não deixa de atenuar, a seu modo, as vantagens que poderiam advir da não tributação do rendimento junto das empresas, designadamente a de não terem quaisquer obrigações ou mesmo preocupações com o Fisco. Pois, se as empresas sempre têm que dispor de importantes e onerosos meios humanos, materiais e financeiros afectos à realização das tarefas que o mencionado sistema de *outsorcing* na administração dos impostos implica, exigir-lhes que suportem o imposto sobre os rendimentos empresariais não representará senão mais um encargo, o qual é, de resto, tido em conta na tributação desses mesmos rendimentos junto dos sócios através do mecanismo de atenuação ou eliminação da dupla tributação económica[7].

Depois, é de sublinhar que a ligação das empresas ao Estado, à comunidade política, não tem nada que se assemelhe ao vínculo de cidadania fiscal próprio dos indivíduos[8], uma vez que

---

[6] Cf. RUI MORAIS, *Apontamentos ao IRC*, Almedina, Coimbra, 2007, p. 7.

[7] Entre nós contemplado no art. 40.º-A do Código do IRS e no art. 46.º do Código do IRC.

[8] Muito embora, como referimos *supra* na nota 1, o mencionado vínculo da cidadania fiscal se concretize mais numa cidadania de natureza económica do que numa cidadania de natureza política, sendo certo que mesmo esta enfrenta hoje problemas sérios. Uma ideia em relação à qual, deve,

do que verdadeiramente se trata, quando estamos perante empresas, é de agentes económicos, ou seja, de entidades instrumentais suportes naturais do funcionamento de uma economia descentralizada, de uma economia de mercado. Isto é, de uma economia assente na iniciativa privada e na livre empresa ou, por outras palavras, de uma economia própria de um Estado fiscal. Por isso, não admira que as responsabilidades comunitárias das empresas estejam mais ligadas ao sistema económico, garantindo o funcionamento da economia de mercado, do que às prestações pecuniárias que devem realizar ao Tesouro.

2. *Um conceito amplo de empresa*. Depois, impõe-se dar conta que, no tratamento fiscal das empresas, teremos por base um conceito amplo de empresa. O que significa que trataremos, de um lado, tanto das empresas colectivas, sobretudo societárias, como das empresas singulares ou individuais, e, de outro lado, não apenas das realidades que sejam consideradas empresas em sede do direito privado ou, mais especificamente, do direito das sociedades, mas também de outras realidades que não sejam consideradas empresas. Pelo que, face ao direito fiscal, tende a vigorar um conceito amplo de empresa que abarca, para além das empre-

---

todavia, ser sublinhado que, numa economia ao mesmo tempo tendencialmente globalizada e desprovida de adequada regulação, significa basicamente uma certa ausência de cidadania, uma vez que as empresas (ou mesmo os indivíduos), que possam beneficiar da globalização, acabam dispondo de uma cidadania global em sede dos direitos (dos *commoda*) e uma cidadania local particularmente benéfica, já que escolhida por eles, em sede dos deveres (dos *incommoda*). Sobre a cidadania fiscal, v., igualmente, o nosso texto «Cidadania fiscal e "municipalização do IRS"», em *Por um Estado Fiscal Suportável – Estudos de Direito Fiscal*, Vol. III, Almedina, Coimbra, 2010, p. 92 e ss. Pelo que há a maior necessidade e urgência em repensar as ideias de cidadania e de solidariedade fiscais – v., a este respeito, MICHEL BOUVIER, *Introduction au Droit Fiscal Général et à la Théorie de l'Impôt*, 10.ª ed., LGDJ, Paris, 2010, p. 293 e ss.

sas consideradas como tal no direito das sociedades ou em específicos domínios do direito comercial, ou noutros ramos de direito, os profissionais independentes. Embora seja de assinalar e sublinhar que o direito fiscal, tanto em sede em geral como em sede dos seus específicos segmentos ou sectores, não conhece qualquer conceito ou noção de empresa. Uma realidade que, de algum modo, também se verifica no plano internacional e supranacional, pois o Modelo de Convenção sobre o Rendimento e sobre o Património da OCDE limita-se a dispor na alínea *c)* do n.º 1 do seu art. 3.º que «o termo "empresa" aplica-se ao exercício de qualquer actividade económica»[9], enquanto, por seu turno, o Código de Conduta sobre a Fiscalidade das Empresas da UE omite qualquer referência ao sentido da expressão empresas.

Especificando um pouco mais, o direito dos impostos não se basta com qualquer dos conceitos legais constantes das leis portuguesas, como são: o art. 230.º do *Código Comercial* em que se dispõe sobre as empresas, singulares ou colectivas, que hão-de ter-se por empresas comerciais, através do estabelecimento de uma lista de actividades exercidas[10]; o art. 2.º, n.º 1, do *Regime Jurídico da Concorrência*[11], em que se dispõe: «[c]onsidera-se empresa, para efeitos da presente lei, qualquer entidade que exerça uma actividade económica que consista na oferta de bens e serviços num determinado mercado, independentemente do seu

---

[9] Um conceito que, por se revelar tão amplo, acaba por não servir, como vamos ver a seguir no texto, para determinar as empresas enquanto objecto do direito fiscal em análise.

[10] Que, naturalmente, está muito longe de esgotar as empresas desse tipo, pois empresas comerciais são muitas outras previstas em numerosa e diversa legislação avulsa, como as constituídas para o exercício da actividade bancária, seguradora, turística, de pesca, de mediação imobiliária, etc. V. sobre essas empresas, J. M. COUTINHO DE ABREU, *Manual de Direito Comercial*, Vol. I, 7.ª ed., Almedina, Coimbra, 2009, p. 212 e ss.

[11] Aprovado pela Lei n.º 18/2003, de 11 de Junho.

estatuto jurídico e do modo de funcionamento»[12]; o art. 5.º do *Código da Insolvência e da Recuperação de Empresas*, segundo o qual «[p]ara efeitos deste Código, considera-se empresa toda a organização de capital e de trabalho destinada ao exercício de qualquer actividade económica»[13]; e o art. 1.º do Anexo ao Decreto-Lei n.º 372/2007, de 6 de Novembro[14], em que se prescreve que: «[e]ntende-se por empresa qualquer entidade que, independentemente da sua forma jurídica, exerce uma actividade económica»[15].

O que nos revela um conceito de empresa cujo objecto se foi alargando ao ponto de, na última das noções referidas, estarmos perante um conceito de empresa manifestamente excessivo. Pois, ao considerar empresa «qualquer entidade que, independentemente da sua forma jurídica, exerce uma actividade econó-

---

[12] Para a crítica desta noção legal de empresa, que enfermará mesmo de uma gralha de tradução de um acórdão do TJCE, de 1991, que fixou, pela primeira vez, a noção de empresa para efeitos do direito da concorrência (usando a expressão «funcionamento» em vez da expressão «financiamento»), v. J. M. Coutinho de Abreu, *Manual de Direito Comercial*, Vol. I, cit., p. 221 e s. Acrescente-se que, por detrás do conceito de empresa do Regime Jurídico da Concorrência, está o conceito de empresa próprio do direito comunitário da concorrência, que tem por suporte o art. 101.º do Tratado sobre o Funcionamento da União Europeia e a correspondente jurisprudência comunitária, conceito no qual cabem também as própria profissões liberais – v., neste sentido e por todos, A. Carlos Santos, *Auxílios de Estado e Fiscalidade*, Almedina, Coimbra, 2003, p. 194 e ss., e Carolina Cunha, «Profissões liberais e restrição da concorrência», em Vital Moreira (Org.), *Estudos de Regulação Pública*, Coimbra Editora, Coimbra, 2004, p. 445 e ss.

[13] Código que foi aprovado pelo Decreto-Lei n.º 53/2004, de 18 de Março.

[14] Que criou a certificação electrónica de micro, pequena e média empresa a cargo do Instituto de Apoio às Pequenas e Médias Empresas e à Inovação (IAPMEI), IP, tendo adoptado para esse efeito os conceitos e critérios previstos na Recomendação n.º 2003/36, da Comissão Europeia, de 6 de Maio.

[15] Acrescentando esse mesmo preceito legal que «[s]ão, nomeadamente, consideradas como tal as entidades que exerçam uma actividade artesanal ou outras actividades a título individual ou familiar, as sociedades ou as associações que exercem regularmente uma actividade económica».

mica», esse preceito acaba por abarcar não apenas a organização da produção de bens ou serviços[16], mas os próprios fornecedores dos elementos de produção como os trabalhadores que, ao participarem na produção, exercem inequivocamente uma actividade económica, mas que, obviamente, não constituem empresas[17].

Mas, independentemente desse alargamento contínuo do conceito legal de empresa, para os específicos efeitos dos diplomas referidos, do que não há dúvidas é de que no direito fiscal opera um conceito amplo de empresas. Uma ideia que sendo defensável já na situação anterior à unificação dos rendimentos empresariais e profissionais na actual categoria B do IRS, se tornou irrecusável a partir dessa reforma[18]. Pelo que essa unificação de rendimentos teve como consequência sujeitar ao mesmo regime jurídico fiscal os rendimentos dos profissionais independentes e os rendimentos das empresas comerciais, industriais e agrícolas, incluindo nestes os resultantes da prestação de serviços. Um regime que assim se reporta a um conceito amplo de empresa ou, noutros termos, a um conceito amplo de actividade empresarial, em que se enquadra o exercício duradouro tanto de actividades comerciais, industriais, agrícolas ou de prestação de serviços, como as actividades dos profissionais independentes[19].

Uma unificação cujo alcance se revela também na circunstância de a categoria B de rendimentos tender para a aglutinação

---

[16] Por quem não seja dono de todos os elementos de produção (empresa em sentido económico) ou por quem seja dono de todos esses elementos (produtor autónomo).

[17] Um conceito totalmente atécnico de empresa que, a ser aplicado, por hipótese, no Imposto sobre o Rendimento das Pessoas Singulares (IRS), levaria a integrar na categoria B dos rendimentos (rendimentos empresariais e profissionais), também os rendimentos da categoria A (rendimentos do trabalho dependente). O que, obviamente, não pode ser.

[18] Através da Lei n.º 30-G/2000, de 29 de Dezembro.

[19] V., neste sentido, também XAVIER DE BASTO, «O princípio da tributação do rendimento real e a Lei Geral Tributária», *Fiscalidade*, 5, Janeiro 2001,

de todos os rendimentos que não constituam rendimentos pessoais. O que tem expressão inequívoca no *princípio de atracção* pelo qual se pauta o âmbito legal da categoria B de rendimentos, pois, nos termos do n.º 2 do art. 3.º do Código do IRS, integram esta categoria também os rendimentos das categorias E, F e G que resultem de actividades geradoras de rendimentos empresariais ou profissionais, ou seja, por outras palavras, na medida em que esses rendimentos se apresentem como rendimentos acessórios dos rendimentos da categoria B[20].

Pelo que, tendo em conta a formulação do art. 3.º, n.os 1, al. *a)*, e 4, do Código do Imposto sobre o Rendimento das Pessoas Colectivas, embora estes preceitos tenham em conta apenas as empresas colectivas, integram as empresas as sociedades comerciais ou civis sob forma comercial, as cooperativas e as empresas públicas e, bem assim, as demais pessoas colectivas que exerçam, a título principal, uma actividade de natureza comercial, industrial ou agrícola, sendo consideradas desta natureza todas as actividades que consistam na realização de operações económicas de carácter empresarial, incluindo as prestações de serviços.

Por conseguinte, em conclusão, as empresas tidas em consideração para efeitos de tributação do rendimento são tanto as empresas singulares ou individuais como as empresas colectivas ou societárias, as quais têm por base de tributação, nos termos

---

esp. p. 7 e ss., e *IRS: Incidência Real e Determinação dos Rendimentos Líquidos*, Coimbra Editora, Coimbra, 2007, p. 153 e ss. Uma situação que, devemos acrescentar, nada tem de surpreendente, já que também em outros ramos de direito, como no direito da concorrência e no direito do trabalho, se não alinha com um conceito estrito de empresa.

[20] V., sobre aspectos relacionados com o que dizemos no texto, ABEL F. COSTA FERNANDES, *A Economia das Finanças Públicas*, Almedina, Coimbra, 2010, p. 137 e ss., bem como A. CARLOS DOS SANTOS / ANTÓNIO M. F. MARTINS (Coord.), *Competitividade, Eficiência e Justiça do Sistema Fiscal – Relatório do Grupo para o Estudo da Política Fiscal.*, Cadernos de Ciência e Técnica Fiscal, 2009, p. 281 e ss.

da *a)* do n.º 1 do art. 3.º do Código do IRC, o *lucro*, muito embora as primeiras estejam sujeitas ao IRS e as segundas ao IRC. A que devemos acrescentar, em contrapartida, que o IRC, porque incide sobre o rendimento das pessoas colectivas e não apenas sobre o rendimento das empresas colectivas, constitui um imposto a que estão sujeitas também as entidades não empresariais, ou seja, as fundações e associações que não exerçam, a título principal, uma actividade de natureza comercial, industrial ou agrícola, entendida esta actividade nos termos que acabamos de referir, caso em que, nos termos da alínea *b)* do n.º 1 do art. 3.º do Código do IRC, este imposto tem por base o *rendimento global* correspondente à soma algébrica dos rendimentos das diversas categorias consideradas para efeitos do IRS. Ou seja, tendo em conta a natureza dessas categorias de rendimento, tais entidades pagarão IRC pelo rendimento global constituído pelos rendimentos das categorias B (quando se apresente como um rendimento acessório[21]), E, F e G, se e na medida em que estes rendimentos não estejam sujeitas a retenções na fonte com carácter definitivo através de taxas liberatórias.

3. *O papel das empresas em matéria de impostos*. Passando agora ao papel das empresas no domínio dos impostos, podemos afirmar que esse papel pode apresentar três modalidades, a saber: 1) as empresas como contribuintes; 2) as empresas como sujeitos passivos; 3) as empresas como administradoras ou gestoras da generalidade dos impostos.

Assim, enquanto contribuintes, isto é, enquanto suportes das manifestações da capacidade contributiva a que se reportam os

---

[21] Porque não exercem, a título principal, uma actividade de natureza comercial, industrial ou agrícola, incluindo prestações de serviços. Uma vez que, quando se apresente como rendimento principal, tais entidades serão tributadas com empresas, ou seja, pelo lucro.

pressupostos de facto, factos tributários ou factos geradores dos impostos, as empresas apresentam-se sobretudo como titulares passivos dos impostos sobre rendimento: o IRS no caso das empresas singulares e o IRC no caso das empresas societárias ou colectivas[22]. É, de resto, tendo presente esta qualidade que, em geral, pensamos quando falamos em tributação das empresas ou nos referimos à carga fiscal por elas suportada. Como é igualmente o que as próprias empresas e suas organizações colectivas em geral têm presente quando fazem reivindicações no domínio dos impostos[23]. Não admira, por isso, que seja sobretudo enquanto contribuintes que as empresas sejam também aqui objecto das considerações que se seguem. E contribuintes, devemos sublinhá--lo, fundamentalmente em sede da tributação do rendimento.

Mas, antes de prosseguir, é de todo o interesse referir que as empresas não são apenas oneradas fiscalmente enquanto contribuintes. Na verdade, os encargos e ónus, que o Fisco lhes impõe nos tempos que correm, vão muito para além dos que decorrem dessa sua qualidade. Efectivamente, as empresas apresentam-se como sujeitos passivos dos mais variados e complexos deveres fiscais que não dizem respeito a manifestações da sua capacidade contributiva, antes têm a ver com manifestações da capacidade contributiva de terceiros. O que ocorre em dois tipos de situações, a saber: nos impostos sobre o consumo, com destaque para o Imposto sobre o Valor Acrescentado (IVA), em que as empresas são os sujeitos passivos desses impostos[24],

---

[22] O que, naturalmente, não quer dizer que as empresas não sejam contribuintes também em sede dos impostos sobre o património, na medida em que sejam proprietários ou adquirentes de bens patrimoniais, ou sobre o consumo, enquanto consumidores finais de bens ou utentes de serviços.

[23] Cf. o nosso *Direito Fiscal*, 6.ª ed., Almedina, Coimbra, 2010, p. 355 e s.

[24] Embora seja essa a terminologia tanto da legislação comunitária como nacional, em rigor estamos perante devedores de impostos – cf. o nosso *Direito Fiscal*, cit., p. 254 e ss.

embora os contribuintes sejam, por via de regra, os consumidores finais dos bens transmitidos ou os utentes dos serviços prestados; nos impostos em que tem lugar o recurso à técnica de liquidação e cobrança, hoje muito difundida, da retenção na fonte, seja esta feita a título definitivo ou a mero título de pagamentos por conta[25].

Aliás, é sobretudo a propósito do actual papel das empresas como sujeitos passivos de impostos relativamente aos quais não são contribuintes ou como retentores de impostos alheios, que vimos falando, desde algum há algum tempo, do fenómeno da «administração privada» dos impostos. Um fenómeno em relação ao qual não podemos deixar aqui de fazer algumas referências.

E a primeira é para dizer que esse fenómeno se inscreve na profunda mudança de função que suportou a Administração Fiscal, função que, ao contrário do que era tradicional, cada vez menos se conjuga com o lançamento, a liquidação e a cobrança dos impostos. Com efeito, independentemente de saber se uma tal «privatização» da gestão dos impostos se inscreve num universo de mudança mais amplo, como o que, de algum modo, pressupõe a questão, que hoje se coloca, traduzida em saber se o actual Estado não está a evoluir para um «Estado vigilante» ou, noutra versão, para um «Estado supervisor», do que não há dúvidas é de que, no domínio fiscal, à Administração cabe, cada vez mais, uma mera função passiva, uma função de fiscalização, de vigilância ou de supervisão[26].

---

[25] Sobre a distinção entre estas formas da técnica de retenção na fonte, que nos termos do art. 20.º da Lei Geral Tributária (LGT), constitui a base da figura da substituição tributária, v. o nosso *Direito Fiscal*, cit., p. 267 e ss.

[26] V., para o Estado vigilante, RICARDO RIVERA ORTEGA, *El Estado Vigilante*, tecnos, Madrid, 1999, que trata da função inspectiva da administração em geral e, para o Estado supervisor, HELMUT WILKE, *Supervision des Staates*, Frankfurt, 1997.

Pois bem, segundo este novo paradigma, aos particulares, o que quer dizer fundamentalmente às empresas, pertence agora o principal papel activo da gestão dos impostos, o qual se vem traduzindo em duas importantes manifestações. De um lado, uma parte cada vez mais significativa dos impostos actuais é liquidada e cobrada pelas empresas, seja enquanto contribuintes através do mecanismo da autoliquidação, como no caso do IRC, IVA e contribuições para a segurança social das entidades patronais[27], seja como terceiros actuando em substituição dos contribuintes com base na conhecida técnica de retenção na fonte[28], estejamos aqui perante uma verdadeira substituição tributária, como no caso do IRS sujeito a taxas liberatórias definitivas e das contribuições (quotizações) para a segurança social dos trabalhadores, ou perante situações de substituição tributária imprópria.

Pois, como é sabido, a retenção na fonte apresenta entre nós duas modalidades: a retenção na fonte com carácter definitivo que consubstancia uma situação de substituição tributária em sentido técnico ou próprio, em que o retentor se apresenta como devedor de imposto de terceiro, do substituído, ficando este liberado do correspondente dever; e a retenção na fonte a título de (mero) pagamento por conta de imposto de terceiro, que consubstancia uma substituição tributária em sentido atécnico ou impróprio, uma vez que o retentor não se apresenta

---

[27] É de assinalar que a inclusão da técnica de cobrança do IVA na autoliquidação tem por base um sentido amplo desta, reportando-a ao sujeito passivo do IVA, quando, num sentido estrito, se devia falar de autoliquidação apenas quando a liquidação é feita pelo próprio contribuinte, ou seja, nas situações em que tem lugar a *reverse charge*, a qual, por razões que se predem com a luta contra a fraude e evasão fiscais, tem vindo a ser adoptada nos sectores de risco.

[28] Como se encontra previsto no n.º 2 do art. 20.º da LGT, em que se dispõe: «a substituição tributária é efectivada através do mecanismo da retenção na fonte do imposto devido».

como devedor de imposto alheio, mas antes e apenas como responsável por proceder, a título de medida cautelar, a entregas por conta de imposto de que o terceiro é devedor[29].

De outro lado, mesmo quando a liquidação permanece nas mãos da Administração Fiscal, como acontece, em geral, no IRS, mesmo no respeitante à categoria B, constituída pelos rendimentos empresariais e profissionais, a Administração limita-se, na quase totalidade dos casos, a apurar o imposto a pagar com base exclusivamente nos dados fornecidos pelos contribuintes na declaração anual de rendimentos, realizando assim meras operações matemáticas, as quais, por serem de carácter automático, são mesmo levadas a cabo com o recurso a meios informáticos. Por isso, quer se trate de impostos em que há autoliquidação, quer de impostos liquidados pela Administração com base em declarações e elementos fornecidos pelos contribuintes ou por outros sujeitos passivos, a Administração Fiscal desempenha basicamente uma função de fiscalização e controlo.

O que significa que a Administração Fiscal deixou de ser a aplicadora das normas de tributação, com base em elementos de que antecipadamente dispunha, que proporcionavam uma fiscalização tributária *ex ante*, para passar a ser a fiscalizadora da aplicação dessas normas por parte das empresas. Com efeito, enquanto no sistema que podemos considerar clássico de lançamento, liquidação e cobrança dos impostos, que entre nós vigorou no essencial até à reforma fiscal dos anos oitenta do século passado, tínhamos um sistema de *administração pública* dos impostos, presentemente temos fundamentalmente um sistema de *administração privada* dos impostos. Por isso, compreende-se que a parte de leão da administração tributária se traduza,

---

[29] Uma distinção bem patente no regime da «responsabilidade em caso de substituição tributária» constante do art. 28.º da LGT – cf. o nosso *Direito Fiscal*, cit., p. 267 e s.

hoje em dia, numa actividade de mera fiscalização ou inspecção, no quadro da qual se insere a actividade de liquidação e cobrança de impostos que assim assume o carácter de uma actividade correctiva ou substitutiva da levada a cabo pelas empresas[30].

O que coloca não poucos problemas, quer os ligados ao reforço dos poderes da Administração que, deste modo, passou a ter sobre os seus ombros a enorme responsabilidade da quase totalidade da luta contra a fraude e evasão fiscais, quer os relativos à necessidade acrescida de salvaguarda dos direitos, liberdades e garantias fundamentais dos contribuintes e demais sujeitos passivos que passaram a ser destinatários de uma multiplicidade de novos e cada vez mais onerosos deveres fiscais[31].

Sendo, pois, a esta nova luz que há que equacionar ou reequacionar problemas tão sensíveis e complexos como são, de um lado, o do exacto significado do clássico princípio da legalidade fiscal, que foi pensado para uma Administração Fiscal activa em sede da gestão dos impostos, e não para uma administração passiva ou de fiscalização, e, de outro lado, o da dimensão e intensidade desses poderes de fiscalização que não podem deixar de ser reforçados. O que tem inequívoca expressão, por exemplo, na derrogação administrativa do sigilo bancário, cada vez admi-

---

[30] Sobre esse fenómeno de «privatização», a qual, sublinhe-se, não deixa de ser uma privatização *sui generis*, pois traduz-se na entrega aos particulares, *maxime* às empresas, de tarefas públicas, por cujo exercício não recebem, específica ou genericamente, nada em troca, cf. o nosso estudo «O princípio da legalidade fiscal e os actuais desafios da tributação», *Volume Comemorativo dos 75 Anos do Boletim da Faculdade de Direito de Coimbra*, 2003, p. 1057 e ss. (1087 e ss.); e o nosso *Direito Fiscal*, cit., p. 354 e ss., bem como VITOR FAVEIRO, *O Estatuto do Contribuinte. A Pessoa do Contribuinte no Estado Social de Direito*, Coimbra Editora, Coimbra, 2002, esp. p. 557 e ss., e 859 e ss.

[31] Tradicionalmente designados nos nossos códigos fiscais por obrigações acessórias – v. os arts. 112.º e segs do Código do IRS, 78.º do Código do IRC, 29.º e segs. do Código do IVA, etc.

tida com maior amplitude[32], uma medida de fraco alcance enquanto as informações, documentos e registos à guarda dos bancos tinham um escasso relevo para a liquidação e cobrança dos impostos.

Assim como é preciso ter em devida conta as consequências desta nova realidade em sede de uma tutela acrescida dos direitos, liberdades e garantias fundamentais dos contribuintes e demais sujeitos passivos. Pois, ao arcarem estes, quer como contribuintes, quer como terceiros, com a administração da generalidade dos impostos, tendo de interpretar e aplicar uma verdadeira mole de normas complexas e em permanente alteração, expõem-se extraordinariamente à possibilidade de os seus direitos, liberdades e garantias fundamentais serem limitados ou restringidos em termos não conformes com as exigências constantes do art. 18.º da Constituição.

Aliás, relativamente aos papéis das empresas em sede da tributação, bem podemos dizer que não é o seu papel como contribuintes, mas antes o que desempenham como suportes insubstituíveis do sistema de liquidação e cobrança da generalidade dos impostos, o mais importante e decisivo. É que, a nosso ver, tendo em conta a possibilidade de um sistema de tributação dos rendimentos assente apenas em rendimentos finais, em rendimentos gerados na esfera dos indivíduos, dispensando assim a tributação dos rendimentos intermédios, dos rendimentos gerados nas empresas, a nossa Constituição não impõe sequer um imposto sobre o rendimento empresarial, exigindo o n.º 2 do seu art. 104.º apenas que, caso o legislador opte por um tal imposto, então que o mesmo tenha por base o rendimento real[33].

---

[32] Como sucedeu entre nós que, desde a sua admissão pela Lei n.º 30-G/2000, de 29 de Dezembro, não tem cessado de ser alargada, como se pode comprovar pelas sucessivas alterações dos arts. 63.º-A e 63.º-B da Lei Geral Tributária.

[33] Cf. o nosso *Direito Fiscal*, cit., p 167, nota 63.

Por quanto vimos de dizer, não constitui novidade afirmar que a tributação das empresas, ou mais exactamente a tributação do rendimento das empresas, é seguramente um dos temas mais complexos do direito fiscal contemporâneo. Compreende-se, assim, que esteja absolutamente fora do nosso horizonte tratar esse tema mesmo que limitado aos seus aspectos essenciais. Por isso, vamos cuidar aqui apenas do princípio da liberdade de gestão fiscal das empresas, da desigualdade que a mesma ostenta em virtude do dualismo que se verifica na tributação do rendimento das empresas, bem como dos limites que essa liberdade não pode deixar de ter. O que vamos fazer, de resto, em termos muito sumários.

II. O princípio da liberdade de gestão fiscal

Partindo do princípio do Estado fiscal, por um lado, e das liberdades económicas fundamentais, sobretudo das liberdades de iniciativa económica e de empresa, por outro, podemos dizer que a tributação das empresas se rege pelo princípio constitucional da liberdade de gestão fiscal. Liberdade que tem como consequência desencadear para os titulares passivos desta, mormente para o Estado, a exigência de respeitar o princípio da neutralidade fiscal. Uma palavra sobre cada um destes princípios constitucionais.

1. *A liberdade de gestão fiscal*. Pois bem, o Estado fiscal, que, perspectivado a partir da comunidade organizada em que se concretiza, nos revela um Estado suportado em termos financeiros basicamente por tributos unilaterais ou impostos, visto a partir dos destinatários que o suportam, concretiza-se no princípio da livre disponibilidade económica dos indivíduos e das empresas. Em sentido lato, este princípio exige que se permita com a maior amplitude possível a livre decisão dos indivíduos em todos os domínios da vida, admitindo-se a limitação dessa

liberdade de decisão apenas quando do seu exercício sem entraves resultem danos para a colectividade ou quando o Estado tenha de tomar precauções para preservar essa mesma liberdade individual. Isto requer, antes se mais, uma economia de mercado e a consequente ideia de subsidiariedade da acção económica e social do Estado e demais entes públicos. O que tem como consequência, em sede do sistema económico-social (global), que o suporte financeiro daquele(s) não decorra da sua actuação económica positivamente assumida como agente(s) económico(s), mas do seu poder tributário ou impositivo, e, em sede do (sub)sistema fiscal, o reconhecimento da livre conformação fiscal por parte dos indivíduos e empresas, que assim podem planificar a sua vida económica sem consideração das necessidades financeiras da comunidade estadual e actuar de molde a obter o melhor planeamento fiscal (*tax planning*)[34].

Nesta conformidade tanto os indivíduos como as empresas podem, designadamente, verter a sua acção económica em actos jurídicos e actos não jurídicos de acordo com a sua autonomia privada, guiando-se mesmo por critérios de elisão ou evitação dos impostos (*tax avoidance*) ou de aforro fiscal, desde que, por uma tal via, não se violem as leis fiscais, nem se abuse da (liberdade de) configuração jurídica dos factos tributários, provocando evasão fiscal ou fuga aos impostos através de puras manobras ou disfarces jurídicos da realidade económica (*tax evasion*).

O que, no respeitante aos agentes económicos, às empresas, a quem cabe tomar as decisões que concretizam o funcionamento do sistema económico, implica reconhecer que o comportamento fiscal do Estado não se pode constituir num risco inaceitável

---

[34] Sobre o Estado fiscal v., entre nós, o nosso livro *O Dever Fundamental de Pagar Impostos. Contributo para a compreensão constitucional do estado fiscal contemporâneo*, Almedina, Coimbra, 1998, p. 191 e ss. V., também, MICHEL BOUVIER, *Introduction au Droit Fiscal Général et à la Théorie de l'Impôt*, cit., p. 58 e ss.

para as decisões empresariais, as quais são sempre tomadas tendo em conta a rendibilidade líquida esperada dos activos mobilizados no exercício da actividade económica, ou seja, tendo em consideração o retorno económico esperado dos projectos de investimento realizados.

Uma ideia que não assenta apenas no princípio do Estado fiscal, mas também nas concretizações deste princípio nas liberdades de iniciativa económica e de empresa, contempladas nos arts. 61.º, 80.º, al. *c)*, e 86.º da Constituição Portuguesa. Liberdades que se materializam em numerosos vectores, nomeadamente: 1) na preparação e constituição da empresa: constituição *ex novo*, por transformação de outra empresa individual ou societária, por fusão de sociedades ou cisão de sociedades; 2) na escolha da forma e organização da empresa: empresa individual ou empresa societária, sociedade anónima ou sociedade por quotas, sociedade transparente, grupo de sociedades, SGPS, agrupamento complementar de empresas, agrupamento europeu de interesse económico, constituição de uma sociedade participada ou estabelecimento estável, etc. 3) na escolha do local da sede da empresa, afiliadas e estabelecimentos estáveis, bem como dos diferentes activos mobilizados para o exercício da actividade empresarial (no Continente, nas regiões autónomas, no interior do País, em município fiscalmente mais atractivo, etc.); 4) na escolha do financiamento (autofinanciamento através da não distribuição de resultados levado a cabo mediante investimento directo ou distribuição de acções gratuitas aos accionistas, de dotações para amortizações, de variações nas provisões, etc.)[35],

---

[35] No respeitante ao autofinanciamento, uma via de o não discriminar negativamente em sede fiscal face ao financiamento com recurso ao crédito concretiza-se na conhecida «remuneração convencional do capital social», traduzida no reconhecimento como gasto fiscal de um juro presumido do capital reinvestido como o são os juros pagos no caso de recurso ao crédito, uma medida que tem sido adoptada entre nós com carácter temporário concretizada

heterofinanciamento concretizado seja através de capitais alheios (crédito bancário, crédito junto dos fornecedores, locação financeira, emissão de obrigações, etc.) ou de capitais próprios (aumento do capital, prestações suplementares, prestações acessórias, capital de risco, *business angels*, etc.), recurso a suprimentos[36], etc.); 5) na política de gestão dos défices; 6) na política de depreciações e amortizações[37]; 7) no levantamento de dinheiro da empresa por parte do empresário (distribuição de lucros, adiantamentos por conta de lucros, dividendos antecipados, levantamento de suprimentos, restituição de prestações acessórias ou suplementares, aquisição de acções ou quotas próprias), etc.

Liberdade de gestão fiscal que, é de assinalar, deve abarcar também a liberdade para incorrer nos menores gastos possíveis em sede da prestação de serviços levada a cabo pelas empresas enquanto suportes do referido sistema de *administração privada dos impostos*[38]. O que passa, a nosso ver, nomeadamente por as

---

actualmente na aplicação de uma taxa de 3 % ao montante das entradas realizadas, por entregas em dinheiro, pelos sócios no âmbito da constituição de sociedade ou de aumento do capital social – v. o art. 81.º da LOE/2008 (para os anos de 2008 a 2010) e o art. 136.º da LOE/20011 (para os anos de 2011 a 2013). Uma medida que devia, contudo, ter carácter permanente como é proposto em A. CARLOS DOS SANTOS / ANTÓNIO M. F. MARTINS (Coord.), *Competitividade, Eficiência e Justiça do Sistema Fiscal – Relatório do Grupo para o Estudo da Política Fiscal*, cit., p. 350 e 374.

[36] Sobre o financiamento das empresas, tendo em conta os suprimentos que, em rigor, não constituem capital próprio nem capital alheio, v. A. MOTA PINTO, *Do Contrato de Suprimento*, Almedina, Coimbra, 2002, esp. p. 20 e ss.

[37] Em que, nos termos dos arts. 29.º a 34.º do Código do IRC e do Decreto Regulamentar n.º 25/2009, de 14 de Setembro, se assegura uma razoável flexibilidade aos agentes económicos no domínio da política de depreciações e amortizações.

[38] V. sobre esse aspecto o livro de CIDÁLIA LOPES, *Quanto Custa Pagar Impostos em Portugal. Os Custos de Cumprimento da Tributação do Rendimento*, Coimbra, 2008, bem como A. CARLOS DOS SANTOS / ANTÓNIO M. F. MARTINS (Coord.), *Competitividade, Eficiência e Justiça do Sistema Fiscal – Relatório do Grupo para o Estudo da Política Fiscal*, cit., p. 372 e s.

empresas serem chamadas a desempenhar um papel mais activo em sede da disciplina jurídica da administração ou gestão dos impostos. Pois, como é sabido, a disciplina jurídica da liquidação e cobrança dos impostos já não tem por destinatário, ou por destinatário principal, como era tradicional no modelo clássico de administração pública dos impostos, a Administração Fiscal, mas antes as empresas[39].

Por isso, sendo assim, não se compreende minimamente que sobre as empresas impendam as mais complexas e onerosas tarefas de administração da generalidade dos impostos, próprios e alheios, às quais são afectos de resto dispendiosos meios humanos, materiais e financeiros, e que, ao mesmo tempo, não tenham uma palavra a dizer sobre a instituição e a disciplina jurídica de um tal sistema, mormente para que este seja gerido em termos mais eficientes. Daí que, constituindo as empresas o suporte do actual sistema de liquidação e cobrança da maioria dos impostos, não se compreende como é que elas não têm uma intervenção e uma intervenção importante, decisiva mesmo, no desenho ou recorte do correspondente sistema[40].

2. *O princípio da neutralidade fiscal.* Mas a liberdade de gestão fiscal das empresas vista pelo lado dos seus sujeitos passivos, o Estado e demais entes públicos, concretiza-se na observância do princípio da neutralidade fiscal, que tem uma importante expressão no art. 81.º, al. *e)*, da Constituição Portuguesa em que se dispõe: «[i]ncumbe prioritariamente ao Estado no âmbito económico e social: assegurar o funcionamento eficiente dos mercados, de modo a garantir a equilibrada concorrência

---

[39] Para maiores desenvolvimentos, v. o nosso *Direito Fiscal*, cit., p. 355 e ss.

[40] Cf. o nosso estudo «O princípio da legalidade fiscal e os actuais desafios da tributação», *ob. cit.*, p. 1087 e ss..

entre as empresas, a contrariar as formas de organização monopolistas e a reprimir os abusos de posição dominante e outras práticas lesivas do interesse geral»[41].

Uma neutralidade que, como é óbvio, nada tem a ver com a velha neutralidade absoluta, a velha neutralidade fiscal das finanças liberais do século XIX, com base na qual estava excluída toda e qualquer atribuição de objectivos ou finalidades extrafiscais aos impostos. Pois, no quadro das finanças funcionais que se foram impondo um pouco por toda a parte no decurso do século XX e que perduram não obstante as actuais investidas do neoliberalismo económico e das múltiplas tentativas de desmantelamento do Estado social, não é mais possível repor essa neutralidade oitocentista. Daí que, por exemplo, a extrafiscalidade constitua um fenómeno com o qual o mundo dos impostos passou a conviver, podendo o Estado, no quadro dos seus poderes de intervenção económica e social, utilizar a via fiscal para penalizar, beneficiar ou incentivar comportamentos económicos e sociais, conquanto que essas intervenções não se materializem em distorções significativas à equilibrada concorrência entre as empresas.

A este respeito, não podemos deixar de assinalar que tanto o reconhecimento como o desenvolvimento deste princípio se ficou a dever em larga medida ao direito comunitário, no qual a ideia de neutralidade é apontada por muitos como a principal norma de tributação[42]. O que evidentemente não admira dado os objectivos que têm presidido e continuam a presidir ao direito comunitário, isto é, os objectivos de construção de um mercado

---

[41] V. a invocação desta norma pelo Tribunal Constitucional no Ac. 234//02, *Acórdãos do Tribunal Constitucional*, vol. 53, p. 303 e ss., para afastar a inconstitucionalidade do art. 3.º do Decreto-Lei n.º 370/93, de 29 de Outubro, que proibia a venda com prejuízo.

[42] V., por todos, A. CARLOS SANTOS, *Auxílios de Estado e Fiscalidade*, cit., p. 354 e ss.

económico integrado, cujo suporte, como é sabido, não pode deixar de assentar na defesa de uma equilibrada concorrência entre as empresas, ou seja, na salvaguarda e defesa de uma «ordem económica concorrencial». Ordem económica concorrencial que não pode, naturalmente, deixar de pôr à prova também a fiscalidade, exigindo a correspondente neutralidade fiscal de modo a que as empresas, sejam quais forem as formas que escolham e as opções que tomem, conquanto que assentes numa base de racionalidade económica própria, paguem idêntico imposto[43].

Por isso, o princípio da neutralidade fiscal tem expressão em muitos domínios do direito comunitário, entre os quais avulta justamente o domínio do direito da concorrência entre as empresas. Domínio em que desempenham importante função as normas do Tratado sobre o Funcionamento da União Europeia que integram disposições fiscais em sentido amplo, nas quais se inserem não apenas as «disposições fiscais» constantes dos seus arts. 110.º a 113.º, mas também e sobretudo as normas que se reportam aos auxílios de Estado cuja disciplina consta dos arts. 107.º a 109.º, nos quais se incluem os benefícios fiscais, isto é, os auxílios de Estado por via fiscal[44].

Na verdade, a intervenção económica e social por via fiscal, ou seja, através da concessão de auxílios de Estado por via fiscal, tal como os auxílios financeiros directos, apenas será

---

[43] Cf. sobre estas e outras consequências de uma ordem económica concorrencial na fiscalidade das empresas, HENRI ISAIAS & JACQUES SPINDER, «L'ordre concurrentiel et la fiscalité», em *L'Ordre Concurrentiel – Mélanges en l'honneur d'Antoine Pirovaro*, Éditions Frison-Roche, Paris, 2003, p. 167 e ss. (160 e ss.). V. também, tendo em conta a recente reforma da tributação do rendimento das sociedades em Itália, ALESSANDRO SANTORO, «Profili ecomonici», em FRANCSECO TESAURO (Dir.), *Imposta sul Reddito delle Società (IRES)*, Zanichelli Editore, Bologna, 2007, p. 51 e ss. (53 ess.).

[44] Sobre essas manifestações da neutralidade fiscal, v., por todos, JEAN--MICHEL COMMUNIER, *Droit Fiscal Communautaire*, Bruylant, Bruxelles, 2001, esp. § 22 e ss., 72 e ss., 150 e ss. e 170 e ss.

admitida se e na medida em que não provoque distorções significativas à concorrência[45]. Ou seja, os benefícios fiscais apenas passarão com êxito o teste da sua compatibilidade com o direito comunitário, conquanto que não perturbem o funcionamento do mercado comunitário europeu que a União Europeia tem por missão criar e garantir[46].

Sendo certo que, não podemos esquecer, o princípio da neutralidade começou a sua afirmação no domínio dos impostos em sede da tributação do consumo. Uma tributação que, ao materializar-se em impostos integrantes dos preços dos bens e serviços, mais visivelmente podia afectar a realização do mercado único. O que conduziu, como é sabido, não só à imposição comunitária aos Estados membros duma tributação geral do consumo assente no IVA, como à instituição para este imposto dum regime comunitário comum, o chamado sistema comum do IVA[47].

Por quanto vimos de dizer, facilmente se conclui que a neutralidade que o actual princípio da neutralidade fiscal convoca é naturalmente diversa daquela pela qual se terçaram armas no

---

[45] Relativamente ao conceito de distorção fiscal e aos métodos e às políticas comunitárias de correcção das distorções fiscais da concorrência, v. A. CARLOS SANTOS, *Auxílios de Estado e Fiscalidade*, cit., p. 85 e ss.

[46] Quanto aos auxílios de Estado, v., por todos, J. NOGUEIRA DE ALMEIDA, *A Restituição das Ajudas de Estado Concedidas em Violação do Direito Comunitário*, n.º 28 da série *Studia Iuridica*, Coimbra Editora, Coimbra, 1997, e MANUEL MARTINS, *Auxílios de Estado no Direito Comunitário*, Principia, Cascais, 2000. Relativamente aos auxílios de Estado por via fiscal, v. JEAN-MICHEL COMMUNIER, *Droit Fiscal Communautaire*, cit., § 161 e ss.; J. NOGUEIRA DE ALMEIDA, «As isenções categoriais no domínio das ajudas de Estado», *Boletim de Ciências Económicas*, vol. XLV-A, 2002, p. 349 e ss., e sobretudo A. CARLOS SANTOS, *Auxílios de Estado e Fiscalidade*, cit., esp. p. 309 e ss.

[47] V. sobre o problema, por todos, XAVIER DE BASTO, *A Tributação do Consumo e a sua Coordenação Internacional*, Cadernos de Ciência e Técnica Fiscal, Lisboa, 1991, p. 52 e ss., e CLOTILDE CELORICO PALMA, *Introdução ao Imposto sobre o Valor Acrescentado*, 3.ª ed-, Almedina, Coimbra, 2008, esp. p. 29 e e ss.

século XIX. Efectivamente traduz-se ela em o Estado[48] estar obrigado a não provocar e a obstar que outros provoquem distorções na concorrência entre as empresas, concorrência cuja defesa, como vimos, constitui mesmo uma incumbência prioritária do Estado português[49].

Um princípio que tem, de resto, numerosas concretizações legais no nosso ordenamento jurídico fiscal, seja em sede geral, seja em sede dos impostos sobre o rendimento, seja no domínio da tributação do património, seja mesmo em sede do IVA, dizendo respeito, aliás, tanto as às empresas singulares como às empresas societárias[50]. Em sede geral, é de apontar o art. 7.º da LGT, em que, a título dos «objectivos e limites da tributação», prescreve que esta: 1) favorecerá o emprego, a formação do aforro e o investimento socialmente relevante; 2) deverá ter em consideração a competitividade e internacionalização da economia portuguesa, no quadro de uma sã concorrência; e 3) não discriminará qualquer profissão ou actividade nem prejudicará a prática de actos legítimos de carácter pessoal, sem prejuízo dos agravamentos ou benefícios excepcionais determinados por finalidades económicas, sociais, ambientais ou outras[51].

---

[48] O que, como bem se compreende, vale também para os demais entes públicos com poderes de intervenção económica e social por via fiscal.

[49] Cf. sobre este e por todos, PATRICK SERLOOTEN, *Droit Fiscal des Affaires*, 9.ª ed., Paris, 2010, p. 23 e ss.

[50] Para além, naturalmente, das concretizadas na legislação não fiscal. Legislação que, visando justamente assegurar a equilibrada concorrência entre as empresas, consta não só de importantes diplomas comunitários sobre a concorrência, mas também de legislação interna materializada, designadamente, no Decreto-Lei n.º 10/2003, de 18 de Janeiro, que criou a Autoridade da Concorrência e aprovou os seus Estatutos, e na Lei n.º 18/2003, de 11 de Junho, que contém o regime jurídico da concorrência.

[51] Relativamente à referida ordem concorrencial, que tanta atracção exerce nos dias de hoje, é bom não termos ilusões, pois, ao contrário do discurso que a suporta, empenhado num Estado menor, mais ágil e menos

Quanto às concretizações legais em sede da tributação do rendimento, podemos mencionar seja as respeitantes à eliminação ou atenuação da dupla tributação económica e da dupla tributação internacional, seja diversas outras. Relativamente à eliminação ou atenuação da dupla tributação económica dos lucros anteriormente tributados e distribuídos por sociedades sedeadas em território nacional ou no território de um Estado membro da União Europeia, temos, nos termos do art. 51.º do Código do IRC, a dedução total desses lucros quando os mesmos sejam distribuídos a sociedades que detenham pelo menos 10% do capital social da sociedade que distribuem esses lucros Uma solução que está longe, muito longe mesmo, de ser satisfatória, pois, desde logo, trata-se de uma solução bem menos neutra do que o vigente até 1 de Janeiro de 2011, data da entrada em vigor da LEO/2011[52].

---

opressor, a realidade que concretiza o Estado dito pós-moderno corre o risco de congregar em si os aspectos negativos do Estado social e do Estado liberal. Na verdade, à linguagem aparentemente libertadora, baseada na nova trilogia «liberalização, desregulação e privatização» (apostada em destronar a célebre trilogia «liberdade, igualdade e fraternidade»), não corresponde um Estado menor nem menos interventor na vida dos indivíduos e na organização da sociedade civil. De um lado, por força de uma regulação avassaladora, labiríntica e minuciosa, está a cercar-se a esfera de liberdade dos indivíduos e organizações da sociedade civil. De outro lado e em consequência desse «Estado regulático», a Administração Pública não dá sinais de diminuir, continuando mesmo a crescer, o que implica um elevado nível de despesa pública e, e por conseguinte, uma pesada carga fiscal. Carga que, diversamente da suportada no Estado social, ancorada num sistema fiscal de estrutura e natureza redistributiva, tende a ter por base um sistema fiscal que, não obstante a pesada carga fiscal que origina, se aparenta mais com o sistema fiscal do Estado pré-social. Pois não deixa de ser irónico que, a pretexto da libertação perante um Estado social opressivo, estejamos a cair num Estado que, sendo tão ou mais opressivo, se apresenta totalmente despido dos nobres propósitos que ancoravam a teoria do Estado do século XX.

[52] Lei n.º 55-A/2010, de 31 de Dezembro – v. o que dizemos a seguir, no fim deste ponto.

Eliminação ou atenuação da dupla tributação económica que, no respeitante aos lucros distribuídos aos sócios individuais, ou seja, em sede do IRS, se concretiza, nos termos do art. 40.º-A do Código deste Imposto, numa dedução de 50% dos dividendos que lhes tenham sido distribuídos.

Já no concernente à eliminação ou atenuação da dupla tributação internacional, em princípio há lugar a uma imputação ordinária ou crédito de imposto, uma vez que, tirando o regime dos residentes não habituais que podem optar pelo método da isenção com progressividade (nos termos do art. 24.º do Código Fiscal do Investimento), é essa a solução contemplada, em geral, tanto nas mais de cinco dezenas de convenções para evitar a dupla tributação celebradas por Portugal, como a estabelecida no direito interno, ou seja, de um lado, no art. 91.º do Código do IRC e, de outro lado, no art. 81.º do Código do IRS[53].

Por seu turno, quanto às concretizações legais em sede da tributação do rendimento, podemos mencionar, entre outras, as seguintes: 1) não apuramento de qualquer resultado fiscal na constituição de empresas singulares (art. 10.º, n.º 3, al. *b)*, do Código do IRS); 2) não apuramento de qualquer resultado fiscal na constituição de empresas societárias a partir de empresas singulares desde que observadas certas condições (art. 38.º do Código do IRS); 3) não apuramento de mais-valias na substituição de títulos representativos do capital social em caso de permuta de partes sociais (art. 10.º, n.ºs 8 e 9, do Código do IRS); 4) continuidade do reporte de prejuízos no caso de morte do empresário (art. 37.º do Código do IRS); 5) não apuramento de qualquer resultado fiscal na relocação financeira e venda seguida de locação de retoma (art. 25.º do Código do IRC); 6) não consideração como mais-valias ou menos-valias dos resultados obtidos em consequência da entrega pelo locatário ao locador

---

[53] Cf. o nosso *Direito Fiscal*, cit., p. 186 e ss. e 229 e ss.

dos bens objecto de locação (art. 46.º, n.º 6, al. *a)*, do Código do IRC)[54]; 7) transmissibilidade dos prejuízos no caso de transformação de sociedades (art. 72.º do Código do IRC); 8) transmissibilidade dos prejuízos no caso de fusão, cisão, entrada de activos, e transferência de estabelecimentos estáveis situados em território português de sociedades residentes em Estados membros da União Europeia (art. 75.º do Código do IRC); 9) dedução dos prejuízos anteriores à dissolução das sociedades em liquidação, desde que esta não ultrapasse dois anos (art. 79.º, n.º 4, do Código do IRC); 10) não apuramento de qualquer resultado fiscal junto da sociedade relativamente ao património para ela transmitido por empresa individual (art. 86.º do Código do IRC); 11) a transparência fiscal de certas sociedades e dos agrupamentos complementares de empresas e dos agrupamentos europeus de interesse económico (art. 6.º do Código do IRC); 12) o regime especial de tributação dos grupos de sociedades (arts. 69.º e segs. do Código do IRC); 13) a dedução aos lucros imputados aos sócios de sociedades residentes em paraísos fiscais dos lucros que lhes sejam efectivamente distribuídos (art. 66.º do Código do IRC); etc.

Mas, como referimos, também em sede da tributação do património, encontramos manifestações dessa ideia de neutralidade fiscal, a que o Estado deve respeito a fim de não distorcer a concorrência entre as empresas. É o que acontece, a nosso ver, com as isenções em Imposto Municipal sobre a Transmissão Onerosa de Imóveis (IMT), contempladas nos arts. 7.º e 8.º do respectivo Código, das aquisições de prédios adquiridos para revenda por adquirentes que exerçam normal e habitualmente a actividade de compradores de prédios para revenda, bem como das aquisições de imóveis por instituições de crédito em processo

---

[54] Porque essa entrega, ao integrar o instituto da locação financeira, se insere na actividade normal da empresa locatária.

de execução movido por essas instituições ou efectuadas em processo de insolvência, desde que, em qualquer caso, se destinem à realização de créditos resultantes de empréstimos feitos ou de fianças prestadas. E o mesmo ocorre com a isenção em IMT e em Imposto de Selo da transmissão de imóveis em operações de reestruturação de empresas, nos termos do art. 60.º do Estatuto dos Benefícios Fiscais.

Enfim, também em sede do IVA temos manifestações do princípio da neutralidade fiscal. Com efeito, com base na Sexta Directiva[55], que instituiu o sistema comum do IVA, e consagrou o regime de inteira neutralidade fiscal nas transmissões de universalidades, o Código do IVA, nos seus arts. 3.º, n.ºs 4 e 5, e 4.º, n.º 5, veio determinar a exclusão do conceito de transmissão e, por conseguinte da incidência do IVA, das «cessões a título oneroso ou gratuito de estabelecimento comercial, da totalidade de um património ou de parte dele, que seja susceptível de constituir um ramo de actividade independente, quando o adquirente seja, ou venha a ser, pelo facto da aquisição, um sujeito passivo do imposto...». Uma exclusão tributária que, tendo como requisito essencial a sucessão no exercício da actividade económica, se configura como uma medida de simplificação tendente a afastar obstáculos à realização das operações económicas de reorganização empresarial, designadamente evitando um pré-financiamento ao alienante por parte do adquirente[56].

Apesar destas e de outras manifestações do princípio da neutralidade fiscal, que integram o ordenamento do nosso sistema de tributação das empresas, não podemos deixar de denunciar quanto esse princípio tem vindo a ser limitado, restringido mesmo,

---

[55] Entretanto substituída pela actual Directiva IVA – a Directiva n.º 2006/ /112/CE, de 28 de Novembro.

[56] Cf. LEONOR CORVELO DE FREITAS, «Concentração de empresas: a neutralidade fiscal», *Guia do Contribuinte*, ano I, 2004, n.º 16, p. 670 e s.

pela legislação dos últimos anos. Revelam-se especialmente gravosas as restrições introduzidas pela referida LOE/2011 em sede da eliminação ou atenuação da dupla tributação económica dos lucros anteriormente tributados, tanto em geral nos termos do art. 51.º do Código do IRC, como no domínio mais restrito das SGPS nos termos do n.º 1 do art. 32.º do Estatuo dos Benefícios Fiscais.

Pois, em sede geral, passaram a ser objecto de dedução total apenas os lucros distribuídos a sociedades que detenham pelo menos 10% do capital social da sociedade que os distribuiu, quando antes aproveitavam dessa dedução total também as sociedades que, não tendo 10% do capital, tivessem uma participação não inferior a 20 milhões de euros, aproveitando da dedução de 50% no caso de não preencherem os requisitos do art. 51.º do Código do IRC ou quando os lucros distribuídos não tivessem sido objecto de tributação efectiva na sociedade distribuidora[57]. Por seu lado, as SGPS beneficiavam, por força do n.º 1 do art. 32.º do Estatuo dos Benefícios Fiscais (revogado pela LOE/2011), da mencionada dedução total sem necessidade de preenchimento dos requisitos do art. 51.º do Código do IRC, incluindo o de os lucros distribuídos não terem sido objecto de tributação efectiva na sociedade distribuidora, limitando assim drasticamente a eliminação da dupla tributação económica dos dividendos no domínio das SGPS.

Ora, a criação entre nós em 1988 desse tipo de sociedades *holding* com o objectivo de criação de grupos empresariais nacionais, assentes numa gestão especializada e centralizada dos grupos, teve como suporte fundamental o seu regime fiscal pautado pela neutralidade. Por isso, é bem provável que a profunda modificação do seu regime fiscal conduza à extinção prática desse tipo

---

[57] Confronte-se a redacção anterior à LOE/2011 com a redacção posterior desse artigo 51.º.

de sociedades seja através da deslocalização para o exterior da sua sede, seja mediante a fusão das SGPS intermédias.

Aliás, o mesmo se verifica em relação ao regime especial de tributação dos grupos de sociedades, o qual, com a revogação do n.º 2 do art. 70.º do Código do IRC pela LOE/2011, que previa a correcção do lucro tributável do grupo[58] da parte dos lucros distribuídos entre as sociedades integrantes do mesmo, deixou de ter grande parte do seu interesse[59]. O que traduz mais uma investida do legislador fiscal conta a existência e constituição de grupos empresariais sediados em território nacional.

Todo um conjunto de restrições às liberdades de iniciativa economia, de empresa e de gestão que, pondo em causa o princípio da neutralidade fiscal pelo qual o Estado deve pautar a sua actuação, constituem uma intromissão estadual inadmissível nas escolhas empresariais, as quais, como é sabido, têm por suporte as cada vez mais exigentes e mesmo sofisticadas *leges artis* da gestão empresarial contemporânea.

3. *Os limites à liberdade de gestão fiscal*. Pois bem, como acabamos de ver, a liberdade de gestão fiscal, que suporta o planeamento fiscal, constitui um princípio constitucional do maior significado e alcance em sede da tributação das empresas. Todavia, como liberdade que é, à semelhança do que ocorre com os demais direitos e liberdades, mesmo fundamentais, não pode deixar de ter limites. Por isso, essa liberdade comporta limites,

---

[58] Calculado pela sociedade dominante, através da soma algébrica dos lucros tributáveis e dos prejuízos fiscais apurados nas declarações periódicas individuais de cada uma das sociedades pertencentes ao grupo.

[59] V. sobre a tributação dos grupos de sociedades, embora tendo em conta a situação legal anterior em que havia consolidação fiscal, v. G. AVELÃS NUNES, *Tributação dos Grupos de Sociedades pelo Lucro Consolidado. Contributo para um Novo Enquadramento Dogmático e Legal do seu Regime*, Almedina, Coimbra, 2001.

não podendo ser consideradas manifestações dela as que constituam abusos da configuração jurídica dos factos tributários, provocando evasão fiscal ou fuga aos impostos através de puras manobras ou disfarces jurídicos da realidade económica[60]. Limites que vêm sendo tratados sob o tema das cláusulas de combate às práticas de evasão e fraude fiscal, as quais frequentemente são designadas por cláusulas anti-abuso, muito embora a maioria das chamadas cláusulas especiais anti-abuso raramente se reportem a situações de abuso, o que é, de resto, reconhecido na nossa ordem jurídica fiscal com inequívoca expressão na circunstância de a aplicação de tais cláusulas não desencadear o procedimento previsto para a aplicação das cláusulas anti-abuso constante do art. 63.º do Código de Procedimento e de Processo Tributário[61].

Com efeito, como aconteceu noutros países mais desenvolvidos, também entre nós, em virtude sobretudo da crescente internacionalização das relações tributárias das empresas, o legislador foi sendo forçado a introduzir no ordenamento jurídico fiscal diversas cláusulas de combate à evasão e fraude fiscal. O que o levou, a partir dos anos noventa do século passado, a estabelecer específicas disposições de prevenção e repressão de situações e actuações de maior risco para a evasão fiscal. Foi assim que várias cláusulas desse tipo tiveram guarida no Código do IRC, como são: a que permite à Administração Fiscal não aceitar os preços declarados nas transacções entre sociedades com uma direcção comum em especial se uma delas for não residente (art. 63.º), a que estabelece um ónus da prova especial para pagamentos a empresas situadas em paraísos fiscais (art. 65.º), a que imputa aos sócios residentes em território português os lucros obtidos por sociedades sediadas em paraísos fiscais

---

[60] Cf PATRICK SERLOOTEN, *Droit Fiscal des Affaires*, cit., p. 25 e ss.
[61] V. nesse sentido, o nosso *Direito Fiscal*, cit., p. 216 e ss.

(art. 66.º)[62], a que cria limitações para a relação entre capital próprio e outros financiamentos em empresas de capital pertencente a não residentes (art. 67.º) e a que exclui a aplicação do regime de neutralidade fiscal das fusões e cisões quando as sociedades participantes nessas operações tenham como um dos objectivos principais a evasão fiscal e não a sua reestruturação ou racionalização (art. 73.º, n.º 10).

Todavia, tendo em conta que a luta contra as múltiplas formas, que a evasão e fraude fiscais começaram a apresentar, dificilmente poderia ser levada a cabo com êxito pelo legislador através de uma casuística previsão de diversificadas cláusulas especiais, num autêntico jogo do gato e do rato, o legislador português acabou por introduziu em 1999 uma cláusula geral anti-abuso[63]. O que foi concretizado através do aditamento do n.º 2 ao art. 38.º da Lei Geral Tributária, nestes termos: «são ineficazes os actos ou negócios jurídicos quando se demonstre que foram realizados com o único ou principal objectivo de redução ou eliminação dos impostos que seriam devidos em virtude de actos ou negócios jurídicos de resultado económico equivalente, caso em que a tributação recai sobre estes últimos».

Uma disposição em relação à qual dissemos não a poder acompanhar, porque uma cláusula com tal amplitude se revelava demasiado aberta, deixando à Administração Fiscal poderes excessivamente amplos. Poderes que, a serem exercidos nesses precisos termos, se arriscariam seriamente a violar a liberdade de disposição económica dos indivíduos e das empresas decorrente do próprio princípio do Estado fiscal. Efectivamente, de

---

[62] V. sobre esta cláusula, RUI D. MORAIS, *Imputação de Lucros de Sociedades não Residentes Sujeitas a um Regime Fiscal Privilegiado*, Universidade Católica, Porto, 2004.

[63] À semelhança do que se verifica, desde há muito tempo, na Alemanha (com o § 42 da *Abgabenordnung*) e em Espanha (com o art. 24.º da *Ley General Tributária*).

duas, uma: ou pura e simplesmente a Administração Fiscal não ousava utilizar tais poderes, até por não saber os exactos termos em que os podia exercer ou os utilizava em toda a sua plenitude, liquidando de vez a liberdade de conformação que cabe aos contribuintes e bloqueando, por conseguinte, todas as hipóteses de planeamento fiscal que integram essa liberdade. Com efeito, podendo a Administração Fiscal considerar ineficazes, em sede do direito fiscal que os contribuintes pretendiam ver aplicado, *todos* e quaisquer actos ou negócios jurídicos realizados pelas empresas com o único ou principal objectivo de redução ou eliminação dos impostos, estava aberta a enorme porta por onde certamente podia passar a generalidade dos actos e negócios jurídicos das empresas.

Ora, do princípio do Estado fiscal deriva a liberdade das empresas escolherem as suas formas de actuação menos onerosas possíveis do ponto de vista fiscal. E numa tal liberdade se integram também as possibilidades de praticar actos ou celebrar negócios jurídicos com o principal ou mesmo único objectivo de reduzir ou eliminar impostos, conquanto que esta opção não seja veiculada através da utilização de meios ou instrumentos insólitos ou de todo inadequados ao objectivo ou objectivos económicos pretendidos. Na verdade, só no caso de se verificar uma situação destas, será aceitável e legítimo o recurso a uma cláusula geral de luta contra a evasão fiscal[64].

Por certo não alheio a objecções deste tipo, o legislador alterou essa cláusula geral anti-evasão, tendo dado ao n.º 2 do art. 38.º da Lei Geral Tributária, através da Lei n.º 30-G/2000, de 29 de Dezembro, uma nova redacção, o qual passou a dispor: «são ineficazes no âmbito tributário os actos ou negócios jurídicos

---

[64] Para uma crítica dessa cláusula geral anti-abuso, v., também, G. AVELÃS NUNES, «A cláusula geral anti-abuso de direito em sede fiscal – art. 38.º, n.º 2, da Lei Geral Tributária – à luz dos princípios constitucionais do direito fiscal», *Fiscalidade*, n.º 3, Julho de 2000, p. 39 e ss.

essencial ou principalmente dirigidos, por meios artificiosos ou fraudulentos e com abuso das formas jurídicas, à redução, eliminação ou diferimento temporal de impostos que seriam devidos em resultado de factos, actos ou negócios jurídicos de idêntico fim económico, ou à obtenção de vantagens fiscais que não seriam alcançadas, total ou parcialmente, sem utilização desses meios, efectuando-se então a tributação de acordo com as normas aplicáveis na sua ausência e não se produzindo as vantagens fiscais referidas». Uma disposição que, não obstante a extensão e complexidade visíveis do seu texto, consegue, de algum modo, escapar ao dilema que a versão anterior colocava[65].

O que não quer dizer, ainda assim, que não se coloquem problemas quanto à sua exacta compreensão. Muito embora, seja de acrescentar que, presentemente, os problemas que se colocam relativamente à cláusula geral anti-abuso, assim como, mais em geral, no respeitante às cláusulas especiais anti-abuso ou aos específicos regimes de luta contra a evasão e fraude fiscais[66],

---

[65] Sobre a cláusula geral anti-abuso, v. GUSTAVO L.COURINHA, *A Cláusula Anti-Abuso no Direito Tributário. Contributo para a sua Compreensão*, reimpressão de 2009, Coimbra; MARCELO C. CAVALI, *Cláusulas Gerais Antielusivas: Reflexões acerca da sua Conformidade Constitucional em Portugal e no Brasil*, Almedina, Coimbra, 2007; ALEXANDRA C. MARTINS, *A Admissibilidade de uma Cláusula Geral Anti-Abuso em Sede do IVA*, Almedina, Coimbra, 2007; J. L. SALDANHA SANCHES, *Os Limites do Planeamento Fiscal. Substância e Forma no Direito fiscal Português, Comunitário e Internacional*, Coimbra Editora, Coimbra, 2006, esp. p. 165 e ss.; J. CAMPOS AMORIM, «Algumas medidas de combate à evasão fiscal, em J. CAMPOS AMORIM (Cood.), *Planeamento e Evasão Fiscal*, Vida Económica, Porto, 2010, p. 7 e ss.; e ANTÓNIO FERNANDES DE OLIVEIRA, *A Legitimidade do Planeamento Fiscal, as Cláusulas Gerais Anti-Abuso e os Conflitos de Interesse*, Coimbra Editora, 2009. Para o problema em Espanha, v., por todos, CÉSAR GARCIA NOVOA, *La Clausula Antielisiva en la Nueva LGT*, Madrid, 2004, e «La planificación fiscal en España», em J. CAMPOS AMORIM (Cood.), *Planeamento e Evasão Fiscal*, ob. cit., p. 137 e ss.

[66] V. sobre estas, o nosso *Direito Fiscal*, cit., p. 216 e ss. e 596 e ss.

acabem por residir noutra sede, mais especificamente no limitado escrutínio jurídico-constitucional que vem sendo feito às soluções fiscais engendradas pelo legislador. Com efeito, tendo em conta o entendimento marcadamente orgânico-formal do controlo da constitucionalidade das leis fiscais que o Tribunal Constitucional vem perfilhando, seja no que respeita ao princípio da legalidade fiscal, mais especificamente no referente à abertura do princípio da tipicidade, seja no concernente aos limites ao planeamento fiscal enquanto concretizações ou manifestações da liberdade de gestão fiscal das empresas, facilmente podemos concluir que os limites a esta liberdade podem acabar por ter uma amplitude e intensidade manifestamente excessivas, assumindo um sentido que não quadra, a nosso ver, com a adequada compreensão dos princípios constitucionais[67].

---

[67] Entendimento formal que se verifica também noutros domínios como em sede da proibição constitucional da não retroactividade das normas relativas aos elementos essenciais dos impostos que agravem a situação dos sujeitos passivos, introduzida no art. 103.º, n.º 3, da Constituição pela Revisão Constitucional de 1997, e em sede da distinção entre as figuras tributárias do impostos e da taxa. Assim e no respeitante à proibição de leis retroactivas, o Tribunal Constitucional, em vez de analisar a substância das coisas, avaliando as soluções legais sob o prisma da protecção da confiança e da lesão grave da segurança jurídica, limita-se agora a verificar se há ou não retroactividade, embora esta, atenta a generosidade com que aceita a ideia de retrospectividade ou retroactividade inautêntica, acabe por se verificar bastante mais raramente do que seria de esperar dada a razão de ser material do princípio da não retroactividade dos impostos – v. os paradigmáticos acórdãos 128/2009, 85/2010, 399/2010 e 18/2011. Pois sobretudo nestes dois últimos, nos quais se considerou não haver retroactividade, respectivamente, na tributação de mais-valias antes realizadas e no aumento da taxa de tributação autónoma em IRC de despesas antes efectuadas, com base numa técnica abusiva de anualização de factos tributários instantâneos, parece desenhar-se uma linha reconstrutiva do conceito de retroactividade funcionalmente orientado para pôr a salvo da violação do referido princípio leis efectivamente retroactivas. Por seu turno, no concernente à distinção entre imposto e taxa,

Assim e relativamente ao princípio da legalidade fiscal, depois de se ter perfilhado uma ideia de tipicidade fechada, defendida sobretudo no quadro do sistema fiscal anterior[68], foi-se instaurando na doutrina, sobretudo à face das características do sistema fiscal nascido da reforma fiscal dos anos oitenta do século passado, o entendimento de uma tipicidade que comporte alguma abertura[69]. Uma abertura que tem conduzido a que o Tribunal Constitucional, ao mesmo tempo que foi aceitando o afastamento da ideia de uma tipicidade fechada, se foi igualmente abstendo de definir quaisquer limites efectivos a estabelecer pelo legislador no respeitante aos novos poderes que a Administração Fiscal passou a deter justamente no quadro dessa abertura. O que teve como consequência a luta contra a evasão fiscal ter passado a ser uma tarefa basicamente do legislador fiscal, o qual a vem desempenhando nos múltiplos e frequentemente desgarrados desenvolvimentos a que vem submetendo o nosso sistema fiscal, sobretudo na última década, no quadro de uma grande liberdade no recorte da incidência dos impostos, designadamente construindo tipos suficientemente abertos para integrar não só aquelas situações ou formas mais elementares de evasão fiscal, mas muitas outras cuja luta contra a evasão fiscal devia ser mais da responsabilidade da Administração Fiscal.

---

decisiva para desencadear o diverso regime jurídico-constitucional, o Tribunal parece pautar-se por um conceito formal de taxa correspondente ao da sua qualificação legal, vendo em manifestações da capacidade contributiva de impostos contraprestações específicas de taxas – v., por todos, o acórdão 177/2010.

[68] V. ALBERTO XAVIER, *Conceito e Natureza do Acto Tributário*, Lisboa, 1972, esp. p. 263 e ss., *Manual de Direito Fiscal*, Lisboa, 1974, p. 109 e ss., e *Princípio da Legalidade e da Tipicidade na Tributação*, São Paulo, 1978, p. 69 e ss..

[69] V. o nosso livro *O Dever Fundamental de Pagar Impostos*, cit., p. 373 e ss., e ANA PAULA DOURADO, *O Princípio da Legalidade Fiscal. Tipicidade, Conceitos Jurídicos Indeterminados e Margem de Livre Apreciação*, Almedina, Coimbra, 2007, esp. p. 225 e ss.

Por seu turno, relativamente aos limites ao planeamento fiscal enquanto concretizações ou manifestações da liberdade de gestão fiscal das empresas, tradicionalmente delimitados, em termos gerais e flexíveis, quer pela doutrina e jurisprudência do *business purpose* anglo-americana[70], quer pela doutrina e jurisprudência do *acte anormal de gestion* francesa[71], parece estar a estabelecer-se entre nós, atendendo à maneira como a Administração Fiscal vem interpretando e aplicando a mencionada cláusula geral anti-abuso e ao fraco escrutínio que dessa interpretação e aplicação vem fazendo o Tribunal Constitucional, um entendimento algo equivalente ao de uma proibição do planeamento fiscal, ou seja, ao de uma quase eliminação da liberdade de gestão fiscal das empresas[72]. Uma ideia que, tendo sido reforçada pelas exigências de comunicação, informação e esclareci-

---

[70] Uma forma geral para aludirmos ao que, de um modo mais amplo, vem sendo designado por *economic substance doctrines*, em que a *businees purpose doctrine* aparece ao lado das doutrinas *substance over forme*, *sham transation* e *step transaction*. Doutrinas que foram recentemente objecto de disposição legal nos EUA, através do aditamento do § 7701(o) ao *Internal Revenue Code* levado a cabo pelo *Health Care and Education Affordability Reconciliation Act* de 2010. V., sobre essas doutrinas e por todos, JOSEPH BANKMAN, «The economic substance doctrine», *Soutern California Law Review*, vol. 74, n.º 5, 2000, p. 5 e ss., e ANTÓNIO FERNANDES DE OLIVEIRA, *A Legitimidade do Planeamento Fiscal, as Cláusulas Gerais Anti-Abuso e os Conflitos de Interesse*, Coimbra Editora, Coimbra, 2009., esp. p. 95 e ss. Por seu lado, quanto à referida codificação da *economic substance doctrine*, v. THOMAS E. TAYLOR, «Codification of the economic substance doctrine by the Health Care and Education Affordability Reconciliation Act of 2010», colhido em www.mcguirewoods.com.

[71] V. sobre esta e por todos, BUR CHRISTIAN, *L'Acte Anormal de Gestion ou le Premier Risque Fiscal pour l'Entreprise*, EFE, 1999.

[72] Sobre as doutrinas do *business purpose* e do *acte anormal de gestion*, v., em geral, também J. L. SALDANHA SANCHES, *Os Limites do Planeamento Fiscal. Substância e Forma no Direito Fiscal Português, Comunitário e Internacional*, p. 175 e s.; e PATRICK SERLOOTEN, *Droit Fiscal des Affaires*, cit., p. 36 e ss.

mento à Administração Tributária dos esquemas de planeamento fiscal abusivo, estabelecidas no Decreto-Lei n.º 29/2008, de 25 de Fevereiro[73], tem o sentido de uma transformação radical de um limite, mais especificamente de uma restrição, a um direito fundamental, numa eliminação em termos práticos desse mesmo direito, esquecendo assim, por completo, o problema nuclear da teoria dos direitos fundamentais que é justamente o dos limites aos limites dos direitos e liberdades.

Uma visão das coisas que, devemos sublinhar, não pode colher a nossa adesão. Pois se o princípio da tipicidade não pode actualmente deixar de comportar importante abertura, sofrendo as limitações decorrentes da interferência de outros princípios constitucionais, entre os quais o princípio da praticabilidade das soluções jurídicas tem particular relevo, não é menos certo que tais limitações devem elas próprias ter limites, valendo a tipicidade fechada sempre que a interferência desses outros princípios não imponha a mencionada abertura. Por seu lado, compreende-se também que o planeamento fiscal, como expressão da liberdade de gestão fiscal das empresas, não pode deixar de ter limites, mas é óbvio que estes não podem ir ao ponto de praticamente eliminar a referida liberdade, pois esses limites encontram-se também limitados, como o vem sublinhando com inteira justeza o Tribunal de Justiça da União Europeia[74].

---

[73] V. no respeitante às exigências e aos problemas decorrentes desse diploma, por todos, J. A. PINTO PINHEIRO, «Planeamento fiscal e normas anti-abuso», em J. CAMPOS AMORIM (Cood.), *Planeamento e Evasão Fiscal*, ob. cit., p. 220 e ss., e A. CARLOS DOS SANTOS / ANTÓNIO M. F. MARTINS (Coord.), *Competitividade, Eficiência e Justiça do Sistema Fiscal – Relatório do Grupo para o Estudo da Política Fiscal*, cit. p. 27 e ss. e 187 e ss.

[74] V., por todos, os n.ºs 68 e 73 do Acórdão *Halifax* (Caso C – 255/02, de 21.02.2006). Cf. J. L. SALDANHA SANCHES «As duas constituições – nos dez anos da cláusula geral anti-abuso», em FRANCISCO DE SOUSA DA CÂMARA / J. L. SALANHA SANCHES / JOÃO TABORDA GAMA (Coord.), *Reestruturação de Empresas e Limites do Planeamento Fiscal*, Coimbra editora, 2009, p. 39 e ss. (67 e ss.).

4. *O dualismo fiscal empresas individuais / empresas societárias*. Mas revertendo às consequências decorrentes do princípio da liberdade de gestão fiscal das empresas e da daí decorrente neutralidade do Estado e demais entidades públicas, podemos assinalar que uma tal exigência de neutralidade se apresenta afectada em Portugal, desde logo, pelo dualismo da tributação do rendimento das empresas, traduzido em as empresas singulares serem tributadas em IRS e as empresas societárias em IRC. O que conduz a uma visível discriminação das empresas singulares face às empresas societárias.

Uma discriminação que se materializa, fundamentalmente, numa tributação bem mais gravosa das empresas individuais enquanto sujeitas ao IRS. E o aspecto seguramente mais gravoso tem a ver com a taxa ou alíquota do IRS, que é uma taxa ou alíquota progressiva por escalões que vai actualmente dos 11,5% a 46,5%, à qual estão sujeitos os rendimentos empresariais de todos os empresários em nome individual, enquanto a taxa ou alíquota do IRC é uma taxa ou alíquota proporcional de 25%[75].

Outra manifestação dessa discriminação negativa das empresas individuais concretiza-se no que designamos por *dupla lista* de gastos contabilísticos não dedutíveis para efeitos fiscais. Com efeito, as empresas singulares, para além de partilharem da lista de gastos ou encargos contabilísticos não dedutíveis para feitos fiscais das empresas societárias constantes do Código do IRC, entre os quais se contam os integrantes da lista do art. 34.º e, bem assim, os não considerados em virtude de correcções da

---

[75] Taxa que, em rigor, vale apenas ao escalão de rendimento superior aos € 12.500, uma vez que ao escalão até aos € 12.500 se aplica a taxa de 12,5%. Refira-se que a essas taxas acresce a derrama a municipal, que pode ir até 1,5% do lucro tributável, nos termos do art. 14.º, n.º 1, da actual Lei das Finanças Locais – v. o nosso livro *A Autonomia Financeira das Autarquias Lo*cais, Almedina, Coimbra, 2007. Assinale-se, a propósito, que a taxa ou alíquota do IRC baixou, entre os anos de 1998 e 2004, de 36% para 25%.

Administração Fiscal resultantes da aplicação das específicas disposições legais de luta contra a evasão fiscal, como as constantes dos arts. 63.º a 67.º[76], não constituem gastos fiscais também os gastos contabilísticos previstos no art. 33.º do Código do IRS.

Ou seja, segundo este último preceito, não são dedutíveis para efeitos fiscais: 1) as despesas de deslocações, viagens e estadas do sujeito passivo ou de membros do seu agregado familiar que com ele trabalham, na parte que exceder, no seu conjunto, 10% do total dos proveitos contabilizados, sujeitos e não isentos de imposto; 2) as despesas com os veículos que vão para além do número máximo e respectivo valor por sujeito passivo fixado por portaria do Ministro das Finanças; 3) as despesas com o imóvel de habitação afecto à actividade empresarial e profissional referentes a amortizações ou rendas, energia, água e telefone fixo na parte em que ultrapasse 25% dessas despesas devidamente comprovadas; 4) as despesas ilícitas, designadamente as que decorrem de comportamentos que fundadamente indiciem a violação da legislação penal portuguesa, mesmo que ocorridos fora do âmbito da sua aplicação; 5) as remunerações dos titulares de rendimentos desta categoria, bem como as atribuídas a membros do seu agregado familiar que lhes prestem serviço, assim como outras prestações a título de ajudas de custo, utilização de viatura própria ao serviço da actividade, subsídios de refeição e outras prestações de natureza remuneratória. Relativamente à não consideração fiscal destas remunerações como salários, como o são para efeitos do direito da segurança social e do direito contabilístico, significa que as mesmas não podem integrar os rendimentos da Categoria A (rendimentos do trabalho dependente), não beneficiando, assim, da correspondente dedução específica constante do art. 25.º do Código do IRS.

---

[76] Aplicável às empresas singulares por força do art. 32.º do Código do IRS.

Embora seja de acrescentar que, em contrapartida, a figura do Pagamento Especial por Conta (PEC), constitui um pagamento aplicável apenas às empresas societárias. Trata-se de um pagamento que, nos termos do art. 106.º do Código do IRC, deve ser efectuado no mês de Março, ou em duas prestações, durante os meses de Março e Outubro do ano a que respeita. Por seu lado, o montante do PEC é igual à diferença entre: 1) 1% do volume de negócios (correspondente ao valor das vendas e dos serviços prestados) relativo ao período anterior, com o limite mínimo de € 1.000 e, quando superior a este, igual a este limite acrescido de 20% da parte excedente, com o limite máximo de € 70.000, e 2) os pagamentos por conta do IRC efectuados no exercício anterior[77].

Por conseguinte, atenta a exigência decorrente sobretudo do princípio da liberdade de gestão fiscal ancorado nas liberdades de iniciativa económica e de empresa, impõe-se a aproximação da tributação das empresas singulares à tributação das empresas societárias, uma vez que a tributação destas, em virtude principalmente da concorrência fiscal internacional, vêm sendo objecto de uma generalizada diminuição traduzida entre nós na programada baixa da taxa ou alíquota de IRC levada a cabo entre 1998 e 2004, que a reduziu dos 36% para os actuais 25%. Efectivamente, não vemos motivos para que os rendimentos das empresas individuais sejam mais pesadamente tributados do que os das empresas societárias. Pois, para além de não descortinamos razões para que o rendimento empresarial seja objecto de uma tributação que a Constituição apenas exige para o rendimento pessoal, não compreendemos porque é o lucro tributável dessas

---

[77] Sobre o PEC que, afinal de contas, tem origem bem mais antiga, v. ANTÓNIO MARTINS, «O pagamento especial por conta: uma nota a propósito da tributação das empresas na reforma fiscal de 1922 e no Decreto-Lei n.º 44//98», em *A Fiscalidade e o Sistema Económico. Escritos sobre a Tributação do Rendimento*, Coimbra, 2002, p. 123 e ss.

empresas é apurado tendo em conta duas listas cumulativas de gastos contabilísticos não considerados gastos fiscais e sujeito a uma taxa ou alíquota progressiva e elevada. É que, se alguma discriminação houvesse a fazer, ela justificar-se-ia certamente a favor das empresas singulares, dado estas se apresentarem, por via de regra, como micro, pequenas ou médias empresas[78].

III. Por uma tributação mais simples e coerente das empresas

Atentos os aspectos descritos relativos à liberdade de gestão das empresas, no que não deixa de ser, a seu modo, uma forma de ter em conta esse princípio, façamos algumas considerações de natureza complementar. Considerações que, longe de pretenderem ser quaisquer conclusões, visam essencialmente interrogarmo-nos sobre o futuro da tributação das empresas.

Uma pergunta que, descontada a necessidade de aproximação da tributação das empresas singulares à das empresas societárias, a que nos referimos mais acima, tem a ver com três aspectos, a saber: a urgência em distinguir, no respeitante ao rendimento tributável e aos métodos de determinação do mesmo, entre três tipos de empresas, ou seja, entre as micro, as pequenas e as médias empresas e as grandes empresas; o reconhecimento de que a actual consideração fiscal das PME é manifestamente insuficiente; e a necessidade de, em sede da tributação das empresas, ter em conta não apenas as manifestações de capacidade contributiva revelada nos lucros que anualmente realizam, nas quais deve inequivocamente assentar a tributação do seu rendimento, mas também os múltiplos contributos que, a títulos diversos, prestam à comunidade em que se inserem.

---

[78] Que devem ser objecto de um tratamento, ainda que apenas aparentemente, mais favorável, nos termos que referimos já de seguida.

1. *A diferenciação entre PME e grandes empresas*. Por conseguinte, a distinção a fazer entre as empresas deve ser a que diferencia as microempresas, as pequenas e médias empresas e as grandes empresas. Uma proposta cuja justificação não é difícil, bastando referir que a Constituição Portuguesa, no n.º 1 do seu art. 86.º, prescreve que «[o] Estado incentiva actividade empresarial, em particular das pequenas e médias empresas...». De resto também a União Europeia, partindo da ideia de que as actividades desenvolvidas pelas pequenas e médias empresas (PME) são fundamentais para o crescimento económico europeu, não só não considera os apoios, incluindo os incentivos fiscais, como auxílios de Estado, como ainda os recomenda aos Estados membros. Isso mesmo consta da Recomendação n.º 2003/361/EC, de 20 de Maio de 2003, em que se encontram definidas as micro, pequenas e médias empresas, a qual entrou em vigor em 1 de Janeiro de 2005[79].

Trata-se de uma distinção que tem, de resto, expressão em diversos sectores do direito, tendo por base, como se compreende, diferentes critérios. Assim, em sede do direito do trabalho, nos termos do art. 91.º do Código do Trabalho com base o número de trabalhadores, são de considerar micro, pequena, media ou grande empresa consoante tenham, respectivamente, até 10, de 11 a 50, de 51 a 200 ou mais de 200 trabalhadores.

Por seu turno, no domínio do direito económico, mais especificamente no respeitante aos incentivos estaduais que podem ser concedidos às empresas sem pôr em causa o princípio da concorrência, temos o art. 2.º do Anexo ao já referido

---

[79] Adoptada no seguimento da *Carta Europeia das PME* de 2000 e do *Relatório do Observatório Europeu para as PME* de 2003. V. também a Carta Europeia das PME – Selecção de Boas Práticas de 2009, e R. CALÇADA PIRES, «Tributação empresarial: diferenciar fiscalmente as pequenas e médias empresas?», *Estudos em Homenagem ao Professor Doutor Paulo de Pitta e Cunha*, vol. II, Almedina, Coimbra, 2010, p. 748 e ss.

Decreto-Lei n.º 372/2007, relativo à certificação por via electrónica das micro, pequenas e médias empresas a cargo do IAPMEI, diploma editado para dar cumprimento à mencionada Recomendação n.º 2003/361/CE. Pois bem, naquele preceito são definidas como microempresa a que emprega menos de 10 pessoas e cujo volume de negócios anual ou balanço total anual não excede € 2 milhões, pequena empresa a que emprega menos de 50 pessoas e cujo volume de negócios anual ou balanço total anual não excede € 10 milhões, e média empresa a que emprega menos de 250 pessoas e cujo volume de negócios anual não excede € 50 milhões ou cujo balanço total anual não excede € 43 milhões.

Enfim, também em sede do direito contabilístico, com o objectivo de serem excluídas da aplicação do SNC, ficando sujeitas a sistemas simplificados de contabilidade, temos a consideração das PME, através do reconhecimento das chamadas pequenas entidades (PE), definidas no art. 9.º do Decreto-Lei n.º 158/2009 (diploma que aprovou o SNC), na redacção que lhe foi dada pela Lei n.º 20/2010, de 23 de Agosto[80], bem como o regime de normalização contabilística para microentidades (NCM)[81] e o regime de normalização contabilística para as entidades do sector não lucrativo (ESNL), recentemente aprovados pelo Decreto-Lei

---

[80] Que considera pequenas entidades as que não ultrapassem dois dos três limites seguintes: *a)* total de balanço: € 1 500 000; *b)* total de vendas líquidas e outros rendimentos: € 3 000 000; *c)* número de trabalhadores empregados em média durante o exercício: 50. Embora na versão originária tais limites fossem: : *a)* total de balanço: € 500 000; *b)* total de vendas líquidas e outros rendimentos: € 1 000 000; *c)* número de trabalhadores empregados em média durante o exercício: 20.

[81] Definidas pelo art. 2.º a Lei n.º 35/2010, de 2 de Setembro, que considera microentidades as empresas que, à data do balanço, não ultrapassem dois dos três limites seguintes: *a)* total do balanço – € 500 000; *b)* volume de negócios líquido – € 500 000; *c)* número médio de empregados durante o exercício – cinco.

n.º 36-A/2011, de 9 de Março. O que revela bem como o legislador, à semelhança do que tem feito em muitos outros domínios, começou por uma irrealista maximização quanto à aplicação do SNC, sem ter minimamente em conta a realidade do nosso tecido empresarial, que é constituído em mais de 99% por PME. Pelo que, também em sede contabilística, encontramos os três habituais tipos de empresas segundo a sua dimensão.

De resto, a consideração da dimensão das empresas também não é alheia ao direito das sociedades, com expressão, por exemplo, na exigência da revisão legal de contas prevista no n.º 2 do art. 262.º do Código das Sociedades Comercias, segundo o qual as sociedades que não tiverem conselho fiscal devem designar um revisor oficial de contas para proceder à revisão legal desde que, durante dois anos consecutivos, sejam ultrapassados dois dos três limites: a) total do balanço: € 1 500 000; b) total das vendas líquidas e outros proveitos: € 3 000.000; c) número de trabalhadores empregados em média durante o exercício: 50.

Assim, regressando ao domínio do direito fiscal, parece-nos do maior interesse distinguir entre os referidos três tipos de empresas, de modo a que as exigências que o direito dos impostos faz às empresas, quer em sede da definição e determinação da matéria colectável ou tributável, quer em sede das múltiplas e diversificadas obrigações acessórias que têm de cumprir, sejam devidamente pautadas pela ideia de proporcionalidade. Um princípio que, não obstante a sua permanente afirmação, está longe de ser devidamente observado pelo legislador português[82].

---

[82] Sobre estes múltiplos deveres acessórios e a necessidade de os mesmos serem objecto de um adequado enquadramento constitucional, v. MARIA ESTHER SÁNCHEZ LÓPEZ, *Los Deberes de Información Tributaria desde la Perspectiva Constitucional*, Centro de Estudios Políticos y Constitucionales, Madrid, 2001.

Por isso, tendo em conta a definição / determinação da matéria colectável ou tributável das empresas, devem estas ser distribuídas por microempresas, a tributar com base num rendimento determinado de uma forma objectiva e muito simples, pequenas e médias empresas, a tributar com base num rendimento real a apurar através de elementos de natureza fundamentalmente objectiva, e grandes empresas, estas sim, a tributar com base no rendimento real revelado pela contabilidade organizada.

Assim e no respeitante às microempresas devem as mesmas ser dispensadas, tanto quanto possível, de quaisquer burocracias empresariais ou fiscais, assentando a sua tributação num rendimento determinado de uma forma objectiva e muito simples a definir preferentemente em concertação com as próprias empresas através das respectivas associações, prescindindo-se, por conseguinte, da maior parte das exigências implicadas na contabilidade organizada, obtendo-se a determinação do correspondente imposto da maneira mais simples possível. Isto é, de maneira que o imposto seja um resultado apurado em termos tão automáticos quanto seja possível do ponto de vista da sua praticabilidade.

Um desiderato que, a nosso ver, pode ser alcançado através do aperfeiçoamento do actual regime simplificado, que agora se encontra limitado às empresas singulares, isto é, às empresas sujeitas ao IRS, uma vez que o regime simplificado em IRC foi revogado, com efeitos a partir de 1 de Janeiro de 2011, pela LOE/2010 (Lei n.º 3-B/2010, de 28 de Abril), depois de ter sido suspenso pela LOE/2009, Lei n.º 64-A/2008, de 31 de Dezembro[83]. Uma revogação que se compreende, uma vez que, como escrevemos, as sociedades (o que vale também para as demais

---

[83] O que, a seu modo, se assemelha ao regime da tributação pelo «rendimento normal» das empresas que integravam o Grupo C da Contribuição Industrial no sistema fiscal anterior.

pessoas colectivas que sejam empresas[84]), podiam optar pelo regime simplificado, não obstante, segundo o então art. 115.º, n.º 1, do CIRC, terem de dispor de contabilidade organizada nos termos gerais. O que não deixava, a seu modo, de ser bastante estranho, uma vez que o regime simplificado se compreende para as empresas que não tenham de estar sujeitas aos estritos requisitos implicados na contabilidade organizada, sobretudo porque a sua satisfação seria excessiva ou desproporcionada, ou que, podendo, não optaram pela contabilidade, como acontece relativamente às empresas singulares. Mas era de todo incompreensível para as empresas colectivas. Pois carecia da mais elementar lógica que, de um lado, se exigisse às empresas o cumprimento das estritas obrigações contabilísticas próprias da determinação do IRC com base no lucro real, isto é, com base no lucro revelado pela contabilidade[85] e, por outro lado, se permitisse às mesmas a opção por uma tributação que, afastando-se da baseada no lucro real, acabava por ter por suporte um lucro normal, um lucro determinado com base em coeficientes[86]. É óbvio que um regime simplificado como o vigente em IRS se justifica plenamente também em IRC, conquanto se apresente igualmente neste como um efectivo regime que simplifique a vidas às empresas[87].

---

[84] Isto é, como já referimos, as associações e fundações que exerçam a título principal uma actividade de natureza comercial, industrial ou agrícola, incluindo-se nesta todas as actividades que consistam na realização de operações económicas de carácter empresarial, incluindo as prestações de serviços.

[85] Portanto, segundo a directriz constitucional constante do princípio do art. 104.º, n.º 2, da Constituição.

[86] V. o nosso estudo «Alguns aspectos da tributação das empresas», em *Por um Estado Fiscal Suportável – Estudos de Direito Fiscal*, cit., p. 362 e s. V. também o que dizemos *infra* no n.º III.2.

[87] Para um novo regime simplificado de tributação, v. A. CARLOS DOS SANTOS / ANTÓNIO M. F. MARTINS (Coord.), *Competitividade, Eficiência e Justiça do Sistema Fiscal – Relatório do Grupo para o Estudo da Política Fiscal*, cit. p. 306 e ss.

Por seu lado, no que concerne às pequenas e médias empresas, estas devem ser tributadas com base fundamentalmente em indicadores objectivos do tipo dos tidos em conta na nossa legislação actual, especialmente nos arts. 28.º e 31.º do Código do IRS (e no entretanto revogado art. 58.º do Código do IRC), com a designação de «indicadores objectivos de base técnico científica», a aprovar pelo Ministro das Finanças para cada um dos diferentes sectores da actividade económica. Indicadores em cuja fixação devem participar também as respectivas empresas através das suas associações de modo a que esses indicadores se aproximem tanto quanto possível da realidade empresarial e económica em causa. Um tipo de tributação das empresas que, devemos assinalar, facilmente encontramos lá fora, com expressão, por exemplo, na «estimação objectiva» espanhola[88], na «avaliação *forfaitaire*» francesa[89] ou na *Pauschalbesteuerung* alemã[90].

---

[88] Cf. os arts. 51 a 53.º da *Ley General Tributaria* e, na doutrina, ANTÓNIO J. SÁNCHEZ PINO / LUÍS A. MALVÁREZ PASCUAL, *La Estimación Indirecta en el Âmbito de la Gestión Tributaria*, Pamplona, 2000; e CARMEN BENACLOCHE PALAO, *La Estimación Indirecta*, Aranzadi, Navarra, 2002. E tendo em conta outros aspectos da simplificação no domínio tributário, v. YOLANDA MARTINEZ MUÑOZ, *Las Actas con Acuerdo en la Nueva LGT*, Marcial Pons, Madrid, 2004; FERREIRO LAPATZA (Dir.), *La Justicia Tributaria en España. Informe sobre las relaciones entre la Administración y los contribuyentes y la resolución de conflictos entre ellos*, Marcial Pons, Madrid, 2005; e VERSIGLIONI MARCO, *Accordo e Dispozione nel Diritto Tributário. Contributo allo Studio dell'Accertamento com Adesione e della Conciliazione Giudiziale*, Giuffré, Milano, 2006.

[89] Sobre os regimes de «tributação *à forfait*», v. também o nosso livro, *Contratos Fiscais. Reflexões acerca da sua Admissibilidade*, n.º 5 da série *Studia Iuridica*, Coimbra Editora, 1994, p. 97 e ss.

[90] Em geral sobre este tipo de tributação, v., entre nós, JOÃO PEDRO S. RODRIGUES, *Critérios Normativos de Predeterminação da Matéria Tributável*, Dissertação de Mestrado, Faculdade de Direito de Coimbra, 2002; e, sobretudo, JOÃO SÉRGIO RIBEIRO, *A Tributação Presuntiva do Rendimento. Um Contributo para Reequacionar os Métodos Indirectos de Determinação da Matéria Tributável*, Almedina, Coimbra, 2010, esp. p 320 e ss.

Já as grandes empresas, essas sim, devem ser tributadas exclusivamente com base no *rendimento real*, no lucro revelado pela contabilidade organizada. Com efeito, em relação a estas, já se não revelarão desproporcionadas as exigências implicadas na obrigatoriedade de contabilidade organizada e na sua elaboração em conformidade com os sãos princípios da contabilidade. Princípios em que têm cada vez mais peso o disposto nas normas internacionais de contabilidade, em que se destacam os *international accounting standards* e os *international financial reporting standards*, os quais foram objecto de recepção no direito da União Europeia e, em larga medida por via deste, no nosso Sistema de Normalização Contabilística (SNC)[91].

2. *A insuficiente consideração fiscal das PME*. É certo que o nosso actual sistema fiscal não desconhece em absoluto a necessidade de diferenciação pelo menos de alguma das PME face às grandes e demais PME. Mas é óbvio que estas não são objecto de qualquer tratamento que minimamente se mostre adequado às exigências decorrentes das considerações que vimos de fazer.

O que podemos ilustrar com os regimes que encontramos em sede do IVA, do IRS e do IRC, os quais não deixam, a seu modo, de constituir inequívocas manifestações do reconhecimento da mencionada necessidade de diferenciação. É o que

---

[91] Em vigor desde 1 de Janeiro de 2010. V. sobre essas normas J. L. SALANHA SANCHES, «Os IAS/IFRS como fonte de direito ou o efeito *Monsieur Jourdain*», em *Estudos Jurídicos e Económicos em Homenagem ao Prof. Doutor António de Sousa Franco*, FDUL, Coimbra Editora, 2006, p. 187 e ss.; os diversos estudos do citado livro coordenado por J. L. SALANHA SANCHES / JOÃO TABORDA GAMA / FRANCISCO DE SOUSA DA CÂMARA, *O Direito do Balanço e as Normas Internacionais de Relato Financeiro*; e ANA MARIA RODRIGUES (Coord.), *SNC Sistema de Normalização Contabilística*, Almedina, Coimbra, 2010, e *SNC Contabilidade Financeira: sua Aplicação*, Almedina, Coimbra, 2010.

acontece, antes de mais, em sede do IVA, relativamente às empresas que não se encontram sujeitas a contabilidade organizada para efeitos de IRS ou de IRC: com o *regime especial de isenção* aplicável as empresas que no ano civil anterior não tenham atingido um volume de negócios superior a € 10.000 ou superior a € 12.500[92]; e com o *regime dos pequenos retalhistas* traduzido em o apuramento do IVA ter por base um coeficiente de 25% do imposto suportado nas aquisições de bens aplicável às empresas que, não se integrando no regime especial de isenção, no ano civil anterior não tenham atingido um volume de negócios superior a € 50.000[93].

Mas também em sede do IRS essa consideração se encontra presente no chamado *regime simplificado*. Um regime que, adoptado em 2001 tanto em sede do IRS como em sede do IRC, se aplica agora apenas em sede do IRS. No regime simplificado, de acordo com o disposto no art. 31.º do Código do IRS, a determinação do rendimento colectável resulta da aplicação dos indicadores objectivos de base técnico-científica a aprovar pelo Ministro das Finanças para os diferentes sectores da actividade económica. Todavia, até à aprovação desses indicadores[94], o rendimento colectável é o resultante da aplicação do coeficiente de 0,20 ao valor das vendas de mercadorias e de 0,70 aos restantes rendimentos provenientes da categoria B, excluindo a variação

---

[92] Verificando-se esta última hipótese quando os sujeitos passivos, caso fossem tributados, preenchessem as condições de inclusão nos pequenos retalhistas – v. o art. 53.º, n.º 2, do Código do IVA.

[93] V. esses regimes, respectivamente, nos artigos 53.º e seguintes, e nos artigos 60.º e seguintes do Código do IVA. Acrescente-se que uma outra distinção releva ainda em sede do IVA – a que distingue entre os sujeitos passivos com entregas trimestrais e entregas mensais, consoante tenham um volume de negócios não superior a € 650.00 ou superior a este montante.

[94] Indicadores que, todavia, ainda não foram aprovados, nem é previsível que o venham a ser, atento o tempo decorrido desde a criação desse regime de tributação.

de produção. Por seu turno, segundo o n.º 2 do art. 28.º do Código do IRS, trata-se de um regime pelo qual os sujeitos passivos podem optar, já que se encontram abrangidos por ele os sujeitos passivos que, não tendo optado pelo regime de contabilidade organizada, não tenham ultrapassado na sua actividade, no período imediatamente anterior, um montante anual ilíquido de rendimentos da categoria B de € 150.000.

E no mesmo sentido vai o *regime simplificado de escrituração* contemplado no art. 124.º do Código do IRC, um regime que limita os registos exigidos às empresas que integrem esse regime aos três registos: registo de rendimentos, registo de encargos e registo de inventário. Trata-se de um regime aplicável às entidades não empresariais sujeitas a IRC, isto é, as associações e fundações, que não exerçam, a título principal, uma actividade de natureza comercial, industrial ou agrícola, incluindo as prestações de serviços, relativamente aos rendimentos que não provenham das actividades comerciais, industriais ou agrícolas eventualmente exercidas a título acessório por essas entidades, bem assim aos rendimentos dessa natureza quando no período de tributação imediatamente anterior não tenham excedido o montante de € 75.000.

O que significa que a consideração da dimensão das empresas não tem estado totalmente ausente do direito fiscal do rendimento, justamente com o objectivo de simplificar a vida a empresas de menor dimensão, mais especificamente as micro e pequenas empresas. Mas, como resulta da alusão aos regimes que vimos de fazer, trata-se de uma consideração manifestamente insuficiente não só pelo número relativamente diminuto das empresas abrangidas, como também pela total falta de coerência que esse tratamento revela dada a ausência de um mínimo de harmonização entre eles.

Por conseguinte, impõe-se uma consideração empenhada e séria das PME em geral e, muito em particular, em sede do direito dos impostos, de molde sobretudo a distingui-las das grandes empresas. O que passa, nomeadamente, também por essa consideração dever ser tão uniforme quanto possível nos diversos domínios jurídicos, de modo que tanto o conceito de micro, pequena e média empresa, como o seu regime jurídico comporte uma diversidade bem menor do que a que presentemente ostenta. Uma consideração que deve impor mesmo em sede do direito dos impostos, operando neste com conceitos e regimes jurídicos uniformes com inteira correspondência em IRS/IRC e em IVA[95]. Mas, além disso, não vemos razões para que as PME não possam ser objecto de um tratamento mais uniforme em sede dos diversos ramos de direito, como, por exemplo, no direito do trabalho, no direito das sociedades, no direito da concorrência, no direito contabilístico e no direito fiscal. Ou seja, objecto de um estatuto jurídico com carácter transversal aos diversos ramos do direito em que essas empresas tem contemplada a sua disciplina jurídica.

3. *A consideração unitária do fenómeno financeiro das empresas*. Finalmente, na tributação as empresas, devemos olhar para as coisas com maior abrangência e atenção. Em rigor não se deve ter presente apenas os impostos sobre o rendimento, o IRS ou o IRC que pagam, bem como as cada vez mais onerosas ditas tributações autónomas que encontramos nos arts. 73.º do Código do IRS e 88.º do Código do IRC[96], mas a totalidade das contribuições que efectivamente realizam a favor da comunidade,

---

[95] V. neste sentido, CARLOS DOS SANTOS / ANTÓNIO M. F. MARTINS (Coord.), *Competitividade, Eficiência e Justiça do Sistema Fiscal – Relatório do Grupo para o Estudo da Política Fiscal*, cit. p. 306 e ss.

[96] As quais, tendo começado por constituir normas de luta contra a evasão fiscal, se foram progressivamente convertendo em suporte de verdadeiros impostos autónomos sobre a despesa enxertados, em termos de todo anómalos, nos códigos do IRS e do IRC.

em que temos, ainda em sede fiscal, o amplo e complexo universo de obrigações tributárias acessórias[97] que têm de cumprir enquanto sustentáculo da referida «administração privada» dos impostos, próprios ou alheios, e, em sede económica, os reais contributos que prestam enquanto suportes da economia de mercado pressuposto da própria existência e funcionamento do Estado fiscal.

Por outras palavras, a tributação empresarial, justamente porque, como já referimos, visa atingir rendimentos intermédios obtidos por estruturas que, para além do mais, constituem o suporte insubstituível do funcionamento do sistema de liquidação e cobrança da generalidade dos impostos e da existência e funcionamento da própria economia de mercado, e não rendimentos finais como são os rendimentos pessoais ou os rendimentos gerados na esfera pessoal das pessoas singulares, deve assentar numa visão mais ampla, isto é, numa *consideração unitária do fenómeno financeiro* das empresas, ponderando todos os reais contributos que estas prestam tanto à fazenda pública como à economia nacional. Considerando, portanto, não apenas as contribuições fiscais, isto é, os impostos que suportam e pagam como contribuintes, mas também os demais obrigações tributárias e financeiras e, bem assim, as contribuições que, enquanto agentes suportes da existência e funcionamento da economia de mercado, prestam à comunidade nacional[98].

---

[97] Em sentido formal, uma vez que, materialmente, muitas vezes acabam por pesar bem mais do que as obrigações de imposto – cf., a este respeito, a obra já citada de CIDÁLIA LOPES, *Quanto Custa Pagar Impostos em Portugal. Os Custos de Cumprimento da Tributação do Rendimento*, bem como A. CARLOS DOS SANTOS / ANTÓNIO M. F. MARTINS (Coord.), *Competitividade, Eficiência e Justiça do Sistema Fiscal – Relatório do Grupo para o Estudo da Política Fiscal*, cit., p. 335 a 375.

[98] Consideração unitária do fenómeno financeiro que, devemos assinalar, vem sendo objecto de tratamento sobretudo em Espanha, onde tem beneficiado da configuração sistemática que vem sendo defendida para o ordenamento

O que, a seu modo, não deixa de ser uma expressão qualificada de uma realidade bem mais ampla, já que se reporta a todos os sujeitos tributários passivos, sejam estes ou não empresas, traduzida na devida consideração da efectiva «conta corrente» que, em qualquer Estado de direito, mas com particular importância no Estado de direito social, necessariamente se estabelece entre este e cada um dos contribuintes ou sujeitos passivos concretizada na consideração unitária de tudo quanto cada um presta à comunidade e de tudo quanto cada um recebe dessa mesma comunidade. O que implica, designadamente, uma visão tão ampla quanto possível do princípio da igualdade perante os encargos públicos, sendo de considerar nestes encargos não apenas os custos financeiros da comunidade estadual a que pertencemos, mas todos os custos que a existência e o funcionamento desta implicam[99].

Uma ideia que, reportando-nos ao mundo das entidades colectivas, leva a que o tratamento fiscal destas não seja em absoluto estabelecido sem um mínimo de consideração de diversificadas contribuições que prestam à comunidade nacional, em que temos: 1) os impostos que pagam como contribuintes, 2) as

---

financeiro e tributário. Uma visão que, partindo da unidade do fenómeno financeiro, não só dá visibilidade à conexão entre receitas e despesas, como desencadeia a sujeição comum do fenómeno a princípios materiais de justiça, os quais, constituindo a base institucional do Estado social e democrático de direito e tendo por fundamento o princípio da solidariedade, justificam a função promocional do direito financeiro e a sua dupla finalidade de suporte financeiro das actividades dos entes públicos e de redistribuição dos rendimentos. V., sobre esta visão e por todos, FRANCISCO A. GARCIA PRATS «La cohrencia fiscal desde la perspectiva interna, internacional y comunitária», *Diritto e Pratica Tributaria*, IV/2002, p. 399 e ss.

[99] Sobre esses custos, v. o nosso texto «A face oculta dos direitos fundamentais: os deveres e os custos dos direitos», agora em *Por uma Liberdade com Responsabilidade – Estudos sobre Direitos e Deveres Fundamentais*, Coimbra Editora, 2007, p. 175 e ss.

múltiplas e complexas obrigações acessórias que têm que cumprir enquanto suportes da gestão privada da generalidade dos impostos do sistema fiscal, 3) as despesas que realizam com a prossecução de tarefas comunitárias em complemento ou substituição pura e simples do Estado e de outras entidades públicas, em que sobressaem as entidades que levam a cabo tarefas de utilidade pública ou, numa outra versão, as entidades que integram o chamado sector não lucrativo ou terceiro sector da economia[100], 4) os contributos específicos ou diferenciados que efectivamente prestam à economia nacional. Ou seja, há que ter em conta os múltiplos e diversificados contributos comunitários das empresas realizados como contribuintes, administradores de impostos, suportes de tarefas de utilidade pública ou do sector não lucrativo da economia ou ainda específicos suportes da economia em geral, dentro dos quais se destacam, muito naturalmente, os que se traduzem na realização de tarefas de utilidade pública ou constituem suporte do sector não lucrativo da economia. Um sector que não tem cessado de ganhar importância nos últimos tempos, o que se fica a dever à conjugação do dinamismo da sociedade civil com a crescente crise do estado social, devidamente enquadrado pela «função promocional do direito» na conhecida expressão de *Norberto Bobbio*[101].

---

[100] Que, entre nós, integram, designadamente, de um lado, as pessoas colectivas de utilidade pública administrativa, as instituições particulares de solidariedade social e as pessoas colectivas de mera utilidade pública objecto da isenção constante do art. 10.º do Código do IRC, e, de outro lado, as cooperativas objecto de um regime fiscal especial integrante do Estatuto Fiscal Cooperativo (aprovado pela Lei n.º 85/98, de 16 de Dezembro). Sobre a razão de ser da imposição constitucional da previsão de benefícios fiscais para as cooperativas, constante do art. 85.º, n.º 2, da Constituição, v. o nosso estudo «Alguns aspectos da tributação das empresas», em *Por um Estado Fiscal Suportável – Estudos de Direito Fiscal*, cit., p. 388 e ss.

[101] No respeitante ao sector não lucrativo ou terceiro sector é de assinalar que o mesmo tem vindo a ganhar importância nas economias desenvolvidas,

Uma visão das coisas que legitima, se é que não impõe mesmo, um olhar relativamente diferenciado das empresas, atendendo justamente a esses outros importantes contributos comunitários, os quais, como referimos, variam segundo o tipo de empresa em causa. Daí que tanto as microempresas como as pequenas e médias empresas podem, se é que não devam mesmo, ser contempladas, em sede da tributação dos seus lucros, com um tributação atenuada face à exigida às grandes empresas. Com efeito, atento o seu carácter marcadamente sedentário, o seu importantíssimo papel em matéria de criação e manutenção de postos de trabalho sustentando o emprego, a grande aptidão para a produção de bens transaccionáveis e a notável capacidade de resistência às crises económicas, essa tributação menor face à das grandes empresas, mais não será do que uma compensação, porventura relativamente diminuta, pelos maiores encargos que as mencionadas contribuições económicas efectivamente representam para essas empresas[102].

---

uma realidade que não deixará de ser potenciada pela actual crise económica e, a nível europeu, pela assunção do compromisso, decorrente do Tratado de Lisboa (2009), de transformar a União Europeia numa *economia social de mercado*. Um princípio constitucional comunitário agora com inequívoca expressão no art. 3.º, n.º 3, do Tratado da União Europeia e, bem assim, no art. 9.º do Tratado sobre o Funcionamento da União Europeia. Relativamente ao mencionado sector não lucrativo da economia, v. Licínio Lopes, *As Instituições Particulares de Solidariedade Social*, Almedina, Coimbra, 2009, p. 209-277. Para uma visão omnicompreensiva do papel das entidades que desenvolvem tarefas de utilidade pública, que se não limita ao domínio do direito fiscal nem ao nível do direito nacional, v. a excelente monografia, recentemente publicada na Alemanha, de Michael Droege, *Gemeinnützigkeit im offenen Steuerstaat*, Mohr Siebeck, Tübingen, 2010.

[102] Sobre argumentação idêntica à referida no texto, utilizada tanto em sede da atribuição de benefícios fiscais, como da tributação atenuada das fundações, v., respectivamente, o nosso livro *O Dever Fundamental de Pagar Impostos*, cit., p. 649 e ss., e «O regime fiscal das fundações», em *Por um Estado Fiscal Suportável – Estudos de Direito Fiscal*, cit., p. 247 e ss. (252).

Tratamento esse das PME que tem plena justificação também olhando as coisas a partir de uma outra perspectiva, qual seja a da necessidade de salvaguarda da competitividade dessas empresas, a qual é muito importante nos dias que correm não apenas no quadro internacional, em que a competitividade por via de regra vem sendo considerada. Pois, como é reconhecido e parece óbvio, atento o papel verdadeiramente decisivo que as PME desempenham para o funcionamento da economia e do sistema fiscal, este não pode alhear-se quer do investimento proporcionado pelas PME estrangeiras, quer da internacionalização das PME nacionais[103].

Aliás, são razões do tipo das que vimos considerando que, estamos em crer, suportam o tratamento diferenciado dispensado às PME por parte da própria União Europeia a que já nos referimos. Um tratamento que se traduz, de um lado, na recomendação feita aos Estados membros para que estes lhes concedam apoios, nos quais se podem incluir naturalmente os incentivos fiscais, e, de outro lado, em não considerar tais apoios, por via de regra, auxílios de Estado perturbadores da concorrência e, por conseguinte, da realização do mercado interno.

Um tratamento das PME que, todavia, não deve ser levado a cabo através da técnica do reconhecimento de benefícios fiscais a essas empresas, mas mediante todo um sistema de tributação do rendimento unitário e coerente das mesmas. Pois os benefícios fiscais são de rejeitar, por via de regra, dado os efeitos nefastos que provocam[104], devendo ser estritamente limitados

---

[103] V. nesse sentido também A. CARLOS DOS SANTOS / ANTÓNIO M. F. MARTINS (Coord.), *Competitividade, Eficiência e Justiça do Sistema Fiscal – Relatório do Grupo para o Estudo da Política Fiscal*, cit., p. 374 e s.

[104] Entre os quais se destaque o de constituir o principal suporte do regresso a uma espécie de nova Idade Média – v., a este respeito, o nosso estudo «Algumas reflexões críticas sobre os direitos fundamentais», em *Por uma Liberdade com Responsabilidade – Estudos sobre Direitos e Deveres Fundamentais*, ob. cit., p. 97 e s., bem como MICHEL BOUVIER, *Introduction au Droit Fiscal Général et à la Théorie de l'Impôt*, cit., p. 295 e ss.

aos chamados incentivos ou estímulos fiscais, os quais, embora à primeira vista se consubstanciem, como todos os benefícios fiscais, em despesas fiscais, porque incentivam ou estimulam actividades que, de outro modo, não teriam lugar, vão efectivamente originar um aumento de receitas fiscais no futuro[105]. Daí que a crítica generalizada que hoje em dia é feita, e bem, à verdadeira «indústria dos benefícios fiscais», em virtude de estes se apresentarem como puras despesas fiscais que privilegiam certos grupos mais poderosos ou influentes, concretizando assim uma verdadeira redistribuição invertida do rendimento e da riqueza, não seja extensível, e portanto não tenha razão de ser, relativamente aos verdadeiros incentivos ou estímulos fiscais[106].

---

[105] V., neste sentido, GUILHERME WALDEMAR OLIVEIRA MARTINS, *A Despesa Fiscal e o Orçamento do Estado no Ordenamento Jurídico Português*, Almedina, Coimbra, 2004, p. 93 e ss. Sobre o universo e a diversidade de figuras que integram os benefícios fiscais, v. os nossos livros *O Dever Fundamental de Pagar Impostos*, cit., p. 632 e ss., e *Direito Fiscal*, cit., p. 432 e ss.

[106] V., a este respeito XAVIER DE BASTO, «Tópicos para uma reforma fiscal impossível», Última Aula, Faculdade de Economia da Universidade de Coimbra, 9 de Junho de 2004. V., também, o nosso *Direito Fiscal*, cit., p. 444 e s.

JUSTO VALOR
UMA PERSPECTIVA CRÍTICA
E MULTIDISCIPLINAR*

ANA MARIA GOMES RODRIGUES
*Professora da Faculdade de Economia
da Universidade de Coimbra*

---

* Uma versão simplificada deste artigo foi apresentada no I Congresso de Direito Fiscal, na Faculdade de Direito de Lisboa (IDEFF/Almedina), em 26 de Novembro de 2010.

1. Introdução

O justo valor como base de mensuração afirmou-se progressivamente na contabilidade, na medida em que a cultura contabilística de base anglo-saxónica se tem disseminado um pouco por todo o mundo. Tem-se, por isso, assumido nos últimos anos como uma base de mensuração alternativa ou complementar, e em alguns casos até obrigatória, em nome da procura de uma relevância acrescida da informação divulgada nas Demonstrações Financeiras (DF), ainda que essa relevância possa, em nossa opinião, ser muitas vezes conseguida num quadro de acentuada perda de fiabilidade da informação, pela indefinição que o próprio conceito corporiza.

Portugal, à semelhança da generalidade dos Estados-membros da UE, acabou por reforçar a possibilidade de adopção desta base de mensuração no contexto da aplicação obrigatória ou facultativa das Normas Internacionais de Contabilidade (NIC) do IASB, em resultado da publicação do Regulamento (CE) 1606/2002 do Parlamento Europeu e do Conselho, de 19 de Julho, bem como da entrada em vigor do novo Sistema de Normalização Contabilística (SNC), a partir de 1 de Janeiro de 2010, para acolher as novas orientações emanadas da UE.

Partindo de uma visão crítica da mensuração ao justo valor, relativamente à abordagem clássica do custo histórico, iremos discutir a sua aplicação nas grandes classes de activos no âmbito do SNC. Assentes numa perspectiva pragmática, elencaremos alguns inconvenientes da adopção do justo valor, numa visão multidisciplinar: contabilística, fiscal e societária, pois longe de assumirmos o justo valor como uma base de mensuração ou uma técnica de valorimetria neutral, procuramos antes centrar a mesma no âmbito dos conflitos de natureza social, económico-financeira e política, bem visíveis no contexto actual. Por último, sintetizamos as conclusões que decorrem da análise efectuada.

2. Justo valor – um conceito teórico ou uma base de mensuração?

O objectivo das DF é o de proporcionar informação verdadeira e apropriada acerca da posição financeira, suas alterações e desempenho de uma entidade, que seja útil a um vasto conjunto de utentes na tomada de decisões económicas e financeiras. Deste modo, as DF reflectem os resultados da actuação dos órgãos de gestão e a sua responsabilidade na gestão dos recursos que lhe foram confiados, sendo que a tomada de decisões pelos utentes encontra-se condicionada pela informação que venha a ser divulgada nessas DF. É claro na definição daquele objectivo a preferência pelo paradigma contabilístico que lhe está subjacente – o paradigma da utilidade. E para essa utilidade concorrerão necessariamente não apenas as actuações passadas da entidade, mas também as suas expectativas futuras, pois as decisões dos investidores dependem directamente do futuro da entidade, designadamente da decisão de deter ou alienar um determinado activo.

A disputa teórica sobre o principal objectivo que deve presidir à contabilidade – valorização das entidades ou quaisquer outros fins – entronca no padrão de valorização ou mensuração[1]

---

[1] Ainda que a terminologia contabilística, hoje, se centre na ideia de «mensuração» é para nós mais correcto falar de «valorização», pois é disso que se trata e não de medir como subjaz à terminologia dominante. No § 97 da Estrutura conceptual (EC) entende-se por mensuração o processo de

dos elementos patrimoniais a adoptar, integrador da já antiga disputa custo histórico *versus* justo valor, porquanto a base de mensuração revela-se como um elemento central nesse debate, podendo privilegiar os interesses de uns utilizadores em detrimento de outros. Neste sentido, responder à eterna questão «para quem devemos preparar a informação?» traz consigo, ainda que parcialmente, a resposta à base de mensuração que deve assumir-se como prevalecente num determinado ordenamento contabilístico. Nunca foi, todavia, claramente assumida uma resposta definitiva àquela questão. Ao que acresce também que nenhum organismo de normalização contabilística (nacional, regional ou internacional) teve, até ao momento, e tanto quanto é do nosso conhecimento, a ousadia de concluir sobre a superioridade de uma qualquer base de mensuração sobre as restantes.

A base de mensuração ideal está, ainda, por definir e temos dúvidas que alguma vez seja claramente definida, pois a valorização de qualquer activo individual baseia-se em convenções e a importância das mesmas muda conforme as perspectivas e os objectivos a atingir em diferentes momentos temporais.

Assim, ao invés desse referencial valorativo ideal, optam por estipular que a mensuração ao custo histórico é ainda hoje a realidade prevalecente, não impedindo porém que alternativamente, ou até conjuntamente, se apele a outras métricas, nomeadamente a mensurações ao justo valor. No entanto, desde a década de setenta do século passado até hoje, centenas de textos foram escritos sobre a problemática da mensuração, continuando a questão quase exactamente na mesma encruzilhada que há quarenta anos atrás, pois tradicionalmente as demonstrações financeiras são elaboradas com base na mensuração ao custo histórico, ainda que este

---

determinar as quantias monetárias pelas quais os elementos das demonstrações financeiras devam ser reconhecidos e inscritos no balanço e na demonstração dos resultados, envolvendo a selecção de uma base particular de mensuração.

critério possa ser complementado em graus diferentes e em variadas combinações com outros critérios de valorização, onde assume particular relevância e actualidade o justo valor.

A utilização de um ou de outro destes referenciais valorimétricos, ou de ambos, coloca em questão a relevância e a fiabilidade da informação financeira a divulgar pelas diferentes entidades nas DF, podendo mesmo, em última análise, pôr em risco a sua comparabilidade internacional, em virtude das práticas contabilísticas das entidades poderem ser diversas, contribuindo para que a informação divulgada não permita a comparação da posição financeira e avaliação do desempenho económico dessas entidades, no tempo e no espaço.

Tem-se vindo a afirmar progressivamente na doutrina que a relevância do custo histórico tem diminuído no contexto da função prospectiva da contabilidade. Contudo, e mesmo quando claramente se assume que o objectivo da mensuração é reflectir o valor dos futuros benefícios económicos que poderão advir de um concreto activo, a verdade é que o justo valor enferma de outras limitações, também elas não despiciendas. Os autores que defendem a manutenção do custo histórico como critério único de valorimetria[2] defendem que existem formas de tratamento específico e pontual para os activos que permanecem por períodos longos nas entidades[3], como é o caso das reavaliações legais para os activos fixos tangíveis (antes designados por imobilizados corpóreos)[4].

---

[2] Entre nós esta posição foi defendida acerrimamente por ROGÉRIO FERNANDES FERREIRA.

[3] Designados no âmbito do SNC por "activos não correntes".

[4] A aceitação das reavaliações dos activos é condicionada por decisões de natureza política, dada a estrita necessidade da publicação de um diploma legal que permita a actualização do valor desses activos, não se revelando, por isso, uma solução para o problema, que assume contornos muito mais gerais e complexos.

Como forma de superar essas lacunas, outros critérios de valorização ou mensuração têm-se vindo a afirmar como alternativas ao custo histórico, sendo o critério mais frequentemente apontado o justo valor (*fair value*). Entendem os seus partidários que este critério de mensuração é a base mais apropriada para avaliar os activos líquidos de uma entidade. Não subjaz, contudo, uma concepção estruturante e axiológica do sistema, seja ela qual for, a de que todos os elementos são reconhecidos ao justo valor. Esta base de mensuração não apresenta uma conceptualização suficientemente fundamentada, nem mesmo define as condições que permite que a mesma seja aplicada de modo consistente, acabando por não constituir uma base claramente objectiva, permitindo a aplicação de práticas diversificadas.

É exactamente disso que se trata quando se identifica a quantia escriturada com o valor actual dos benefícios económicos futuros gerados pelo activo, em detrimento do valor contabilístico identificado com o custo histórico. Infere-se, por isso, que a apresentação dos elementos activos de uma entidade tomando como referência pressupostos diversos, conduzirão necessariamente à divulgação de informação diversa. A questão hoje é, todavia, mais clara. Existe um *trade-off* entre relevância e fiabilidade, e a opção por mais fiabilidade implica tendencialmente modelos de relato privilegiando o custo histórico. Todavia, quando a preferência se centra na relevância a opção pelo modelo de relato aposta em bases de mensuração ao justo valor ou mistas. Assim, este *iter* mensurativo tem vindo a ser defendido com base na ideia de que essa base de mensuração permite relatar informação mais relevante e, por isso, mais útil para a tomada de decisões mais adequada.

A adopção de um critério geral de valorimetria assente no justo valor pode, contudo, conduzir à criação de um campo de discricionariedade significativo. Com efeito, os órgãos de gestão das diferentes entidades podem usar esse critério de mensuração da forma que mais lhes aprouver, de tal modo que o valor do património líquido pode ser o valor «mais conveniente», que assegure o melhor desempenho financeiro no curto prazo, bem ao sabor da cultura hoje dominante (*profit oriented culture*) nos mercados financeiros.

Apesar deste risco de discricionariedade, o justo valor é cada vez mais um referencial de valorização aceite pelos diversos normativos contabilísticos, quer nacionais quer internacionais, ainda que não isento de críticas[5].

O justo valor dos activos e passivos de forma fiável, objectiva e verificável assume-se como um tema controverso, quer do ponto de vista conceptual, quer do ponto de vista da prática empresarial. Torna-se, por isso, necessário delimitar com rigor as formas de mensuração do justo valor, bem como as situações em que essa métrica de mensuração poderá ser aplicada. Contudo, uma das principais exigências do mundo actual tem que ver com um conjunto de novas realidades, que carecem de um relato e divulgação contabilística adequados, de modo a permitir a tomada de decisões, e muitas dessas situações afiguram-se praticamente impossíveis de alcançar no quadro do custo histórico. Logo, em resultado de diferentes bases ou abordagens de cálculo, a aplicação do justo valor enquanto critério de mensuração de alguns dos *itens* das DF, é motivo de preocupações acrescidas tanto

---

[5] Com a adopção do justo valor a propriedade aditiva vê-se inadequadamente representada nos balanços, particularmente nos activos fixos tangíveis ou outros quaisquer elementos activos que permanecem por longos períodos nas entidades, ao permitir-se somar novos valores com base no justo valor com velhos valores históricos. Com isto, aparecem valores que não são homogéneos em termos de unidade de medida, ainda que os mesmos constituam custos pendentes que serão transferidos, ao longo do tempo, para a demonstração dos resultados, sem que essa importância monetária traduza o valor desses elementos. Também a solidariedade entre exercícios económicos (passados, presentes e futuros) pode ser posta em causa com a adopção deste critério de mensuração.

para os contabilistas, como para os auditores/revisores, como, ainda, para a generalidade dos utentes da informação financeira.

A definição de justo valor, enquanto valor de mercado, é a quantia estimada pela qual um activo pode ser trocado, numa data de avaliação, entre um comprador e um vendedor dispostos a realizar a referida transacção depois de um processo negocial, em que as partes actuam com um conhecimento razoável da situação e nenhuma das partes se sente pressionada para realizar a dita transacção. O justo valor só é atingível através da troca, pelo que o valor de mercado é apenas um valor teórico para um momento temporal bem demarcado no tempo. Em muitas situações a determinação do justo valor apela a métodos mistos, que derivam, em muitos casos, de estimativas, pois para uma grande parte dos elementos das DF não existem mercados activos para *itens* iguais ou similares àqueles que se pretendem mensurar ao justo valor, fazendo com que um método ideal não seja identificado.

O mercado é, por excelência, a referência para esta base de mensuração. Contudo, a ideia do mercado assenta em dois grandes pressupostos: a racionalidade dos agentes económicos e a tendência dos mesmos para o equilíbrio. Todavia, na *praxis* o funcionamento dos mercados comprova que a tendência para situações de equilíbrio é perene no tempo e no espaço, de tal modo que o que se tem vindo a afirmar e a aprofundar nas últimas duas décadas é a volatilidade dos preços obtidos nesses mercados, os ditos mercados activos. Assim, qualquer base de mensuração que atenda aos valores de mercado está sujeita a contínuas variações, que não se coaduna com a periodicidade obrigatória de divulgação da informação por razões económicas e financeiras, podendo, por isso, o justo valor de um qualquer elemento mensurado pelas cotações de mercado sofrer alterações substanciais no seu quantitativo ao longo de um ciclo económico.

A referência ao mercado, ainda que objectiva, sofre dessas limitações, mas, também, as bases de mensuração do justo valor assentes em pressupostos e expectativas associadas aos *itens* definidas pelos responsáveis pela preparação das contas não se afiguram referências adequadas, pela sua natureza subjectiva, ainda que estas, muitas vezes, sejam sujeitas a mecanismos de fiscalização por parte de entidades independentes, quando por lei ou contrato se torne obrigatória a revisão ou certificação de contas.

Urge a clarificação do conceito e da subjectividade associada à ideia de «justo valor», especialmente porque, como já há muito referia Rogério Fernandes Ferreira, o mercado não forma valores justos, pois a justiça é um conceito filosófico que não se atinge numa transacção de mercado. Cabe perguntar que justiça é essa subjacente ao conceito e para que destinatários está particularmente vocacionada? É necessariamente justo o valor que pretende o possuidor de um determinado activo? E coincidirá esse valor com o que para o possível adquirente interessado é o justo valor da transacção? A subjectividade é a tónica neste conceito e existe uma insuficiência normativa sobre esta problemática, pois não há uma norma que defina objectivamente: o que é, como se atinge, quando e que bens ou direitos deverão ser mensurados ao justo valor nas DF?

Este último padrão valorativo tem suscitado acesos debates na doutrina. Entre nós, assumiram-se como principais opositores do justo valor Rogério Fernandes Ferreira e Lopes de Sá – recusando-se os referidos autores a aceitar esta base de mensuração como adequada para o registo de activos e passivos a reconhecer nos balanços das entidades, dentro da lógica de um modelo contabilístico digráfico. Assim, Rogério Fernandes Ferreira (2008: 43) considera que o justo valor conduzirá a inscrever na contabilidade elementos demasiado fluíveis, alheios a posses e de probabilização muito hipotética. Por seu turno, António Lopes de Sá (2008: 48) refere que «a aplicação do denominado justo valor é porta aberta ao subjectivo, à aludida «volatilidade», à dança dos lucros e perdas pelos ajustes, esta tão ardilosamente executada pelos especuladores». Este critério mensurativo conta também com acérrimos defensores. Veja-se, a título de exemplo, João Duque (2008: 35), que afirma: «(...) o justo valor é a forma mais lúcida e transparente de divulgar o que temos e o que valemos. Ele obriga à divulgação da verdade, aumenta a exigência técnica dos técnicos oficiais de contas (TOC), dos auditores e analistas. Aumenta a responsabilidade do técnico (...). Por muito que o justo valor esteja errado, ele será seguramente mais justo e mais próximo do certo do que os valores históricos que se registam em balanço».

Em nossa opinião, a utilização do padrão valorativo do justo valor é apenas adequado para um momento temporal e a informação divulgada nas demonstrações financeiras assume um carácter mais estável, servindo de base às decisões por períodos de tempo mais longos. E ainda que variáveis (ano, semestre e trimestre), são significativamente longos quando comparados com as divulgações de preços nos mercados activos. O mercado fecha a uma data cotação, na reabertura do mercado financeiro do dia seguinte os valores podem ser outros e até muito diferentes, apenas porque um escândalo financeiro apareceu nos jornais do mundo inteiro! Esta variação é completamente alheia ao desempenho da entidade. Assim, e recorrendo novamente às palavras de António Lopes de Sá (2008: p. 48), «a aplicação do denominado justo valor é porta aberta ao subjectivo, à aludida «volatilidade», à dança dos lucros e perdas pelos ajustes, esta tão ardilosamente executada pelos especuladores».

Pela nossa parte, vemos com desconfiança as vantagens elencadas para um referencial de valor que tem como grande qualidade a variabilidade do padrão, conforme os activos que se pretendem avaliar e o momento temporal em que se procede a essa mensuração. Para este *iter* mensurativo o padrão é os preços de mercado, onde a sua volatilidade é o traço mais visível. O «sobe e desce» das bolsas, para aqueles bens ou direitos que em princípio teriam um verdadeiro preço de mercado, em resultado da sua obtenção num mercado activo[6], pode afigurar-se completamente irrazoável para valorizar activos que permanecem por longos períodos nas empresas, nomeadamente os seus investimentos.

Mais do que estar ou não errado o justo valor de um determinado bem ou direito num mercado activo, a questão é a volatilidade desse valor, pois os mercados reagem a factos e acontecimentos, os quais, muitas vezes, pouco têm a ver com o verdadeiro valor dos bens negociados nesses mercados. Aliás, um dos motores dessa variabilidade são os resultados divulgados pelas entidades, resultados que podem também eles já estar influenciados pelos acontecimentos do mercado, como o provam todos os escândalos ocorridos nos últimos anos no mercado financeiro.

Assim, entendemos que o justo valor tem vindo a revelar-se um factor pró-cíclico capaz de reforçar os efeitos, positivos ou negativos, das tendências desses mesmos mercados. Com efeito, em fase de euforia dos mercados, os seus preços sobem, pelo que o referencial para a mensuração dos elementos das DF, que influenciam os resultados a divulgar, tendem a subir e entra-se numa espiral de euforia dos mercados. A verdade é que ocorrendo um qualquer facto relevante que conduza à contra-fase depressiva dos mercados, a utilização desses critérios vem também ele acentuar essa fase, ao divulgar menores resultados, confirmando os sintomas do mercado e conduzindo

---

[6] Entende-se por mercado activo (§ 8 da NCRF 6) um mercado no qual se verifiquem, cumulativamente, as seguintes condições: (a) Os *itens* negociados no mercado são homogéneos; (b) Podem ser encontrados em qualquer momento compradores e vendedores dispostos a comprar e vender; e (c) Os preços estão disponíveis ao público.

ao reconhecimento de perdas que em períodos de crise podem ser muito relevantes.

A utilização da base de mensuração do justo valor tem sido um dos assuntos mais polémicos na contabilidade, à medida que os modelos de normalização de raiz anglo-saxónica se têm vindo a impor um pouco por todo o mundo. Portugal não escapou a esse movimento, à semelhança do que veio a acontecer com todos os Estados-membros da UE, por imposição institucional. O novo enquadramento contabilístico nacional, o SNC, concebido dentro do actual figurino do IASB, importou esse conceito com um âmbito mais generalizado do que aquele que já estava previsto no modelo POC/DC[7].

O critério de mensuração do justo valor mantém-se ainda hoje um conceito ou uma base de mensuração que enferma de algumas incoerências, pelo que desde Fevereiro de 2006 se discute internacionalmente uma plataforma de convergência entre o IASB e o FASB, no sentido de criarem normas consistentes que permitam uma normalização contabilística da informação financeira relatada em IFRS e nos US-GAAP[8], de modo a harmonizar as mensurações e divulgações ao justo valor. Pela primeira vez, e reforçando a ideia da subjectividade associada ao conceito, os dois referidos organismos apelam a uma hierarquia enquanto fonte adequada da mensuração ao justo valor. Assume-se com a maior amplitude que o justo valor não é um valor, mas antes vários valores para diferentes realidades em função da abordagem adoptada. O justo valor não se identifica, em todas as situações, com o valor de mercado, pois o último tem por base os preços de equilíbrio num determinado momento para um mercado activo, enquanto o primeiro pode recorrer em muitas situações a estima-

---

[7] Directrizes contabilísticas (DC), também elas, já desenhadas a partir do figurino anglo-saxónico.

[8] Princípios contabilísticos geralmente aceites no ordenamento contabilístico americano.

tivas, sejam elas baseadas na abordagem rendimento ou custo. Assim, tanto hoje como no futuro, a hierarquia do justo valor suporta-se em mensurações ao justo valor, as quais vão desde a obtenção de dados num mercado activo até à obtenção de estimativas com base em pressupostos de gestão, desde que estes sejam devidamente justificados na divulgação. Esta última técnica de determinação do justo valor, que assenta numa abordagem do rendimento é comummente designada de *mark-to-model*[9].

Por conseguinte, esta multiplicidade de fontes definidoras do justo valor enviesa qualquer análise a jusante, pondo em causa o próprio objectivo subjacente à preparação da informação financeira. Neste contexto, ainda hoje se afigura complexo responder à questão se o justo valor é um conceito teórico ou uma mera base de mensuração. Desenvolvido, primordialmente, no contexto da regulamentação contabilística, o justo valor tem-se vindo a afirmar, essencialmente, como uma base de mensuração.

Aceitando que o justo valor é, essencialmente, entendido como uma base de mensuração, analisaremos de seguida as bases de mensuração admitidas no âmbito do sistema de normalização contabilística actualmente em vigor em Portugal[10].

3. As bases de mensuração admitidas no contexto do SNC

As bases de mensuração previstas no SNC são as seguintes: custo histórico; custo corrente; valor realizável; valor presente e

---

[9] Há uma diferença relevante entre o SNC e IAS/IFRS no que respeita à adopção do modelo designado "*mark-to-model*", conforme teremos oportunidade de referir ao longo do texto.

[10] Iremos centrar-nos nas orientações constantes do SNC. Todavia, quando as normas IASB-UE se afastarem significativamente das opções do legislador contabilístico nacional assinalaremos adequadamente as diferenças, ainda que as mesmas sejam apenas pontuais.

justo valor. De entre essas bases de mensuração duas assumem relevância particular. Uma delas designada de «base de mensuração do custo histórico». Prevê que os activos são registados pela quantia de caixa, ou equivalentes de caixa paga ou pelo justo valor da retribuição dada para os adquirir no momento da sua aquisição. É a base de mensuração geralmente adoptada pelas entidades ao preparar as suas demonstrações financeiras, ainda que combinada com outras bases de mensuração (§§ 97 a 99 da EC do SNC).

A outra base de mensuração, mais recentemente apontada, é conhecida genericamente por justo valor, que prediz que este é a quantia pela qual um activo poderia ser trocado ou um passivo liquidado, entre partes conhecedoras e dispostas a isso, numa transacção em que não exista relacionamento entre elas (§ 98 da EC do SNC). A utilização desta base de mensuração tem sido um dos assuntos mais polémicos na área da contabilidade, à medida que os modelos de normalização de raiz anglo--saxónica se têm vindo a impor um pouco por todo o mundo.

No § 98 da EC admite-se ainda outros critérios de mensuração. São eles: custo corrente, valor realizável e o valor presente. No primeiro, os activos são registados pela quantia de caixa ou de equivalentes de caixa que teria de ser paga se o mesmo ou um activo equivalente fosse correntemente adquirido. No valor realizável (de liquidação) os activos são registados pela quantia de caixa, ou equivalentes de caixa, que possa ser correntemente obtida ao vender o activo numa alienação ordenada. Pelo valor presente os activos são escriturados pelo valor presente descontado dos futuros influxos líquidos de caixa que se espera que o *item* gere no decurso normal dos negócios. São, todavia, critérios que não se aplicam com o mesmo carácter de generalidade do custo histórico e com a acuidade que hoje se atribui ao justo valor e, por isso, abandoná-lo-emos na nossa análise.

No caso concreto do justo valor o legislador contabilístico nacional optou pela adopção do justo valor «regulado»[11], uma vez que apenas admite, com carácter generalizado, a adopção de critérios de justo valor em situações em que existe um mercado activo, restringindo fortemente a adopção do justo valor baseado em critérios *mark-to-model*, admitindo-a, todavia, para o caso dos activos biológicos (§§ 21 e 22 da NCRF 17) e, ainda, para situações pontuais no caso das propriedades de investimento (§ 42 da NCRF 11).

A disputa de modelos de valorização alternativos, substitutos ou complementares, ganha especial relevância nos designados activos não correntes, em especial nos activos fixos tangíveis e intangíveis, pois estes constituem verdadeiramente o coração das organizações de cariz empresarial, pela importância que assumem, quer em termos económicos (desenvolvimento da actividade principal ou operacional da entidade) quer temporais (pois permanecem por períodos longos na entidade). De realçar também os investimentos financeiros porquanto podem constituir uma importante fracção do património evidenciado nos balanços de muitas entidades. Deste modo não é de estranhar que o modelo de mensuração admitido para esses activos assuma relevância não despicienda.

O valor contabilístico reconhecido nas DF para esse tipo de activos é assumido nos modelos contabilísticos actualmente dominantes, nomeadamente no SNC, como um valor ajustado em função das quantias recuperáveis, pela venda ou uso continuado, pois admite-se que um qualquer elemento do activo fixo tangível e intangível será reconhecido ao custo de aquisição deduzido das correspondentes depreciações ou amortizações e das perdas por imparidade, ou alternativamente, em alguns casos, ao justo valor, aproximando-se este do preço de mercado para esse activo ou dos benefícios económicos futuros devidamente actualizados atendendo ao seu uso futuro.

---

[11] Ver a este respeito, CARLOS GRENHA *et al.* (2009: 52-65).

Vejamos, de seguida, as orientações normativas constantes do SNC, no que respeita à aplicação do justo valor aos diferentes elementos activos das DF.

4. O justo valor numa perspectiva contabilística

Existem diversas normas (nacionais e internacionais) que requerem ou permitem a mensuração ao justo valor de diversos tipos de activos, passivos ou instrumentos de capital. O justo valor é utilizado, como base de mensuração, sobretudo para instrumentos financeiros, investimentos financeiros, activos biológicos, bem como na mensuração subsequente de activos fixos tangíveis, intangíveis e propriedades de investimento. Para alguns desses activos não se pode recorrer a dados observáveis num qualquer mercado activo, pelo que ou se recorre a valores ou preços para *itens* idênticos recentemente negociados, ou a preços observáveis em mercados não activos.

Mais complexo ainda, é quando a mensuração recorre a dados não observáveis num qualquer mercado, e reflecte quanto muito os pressupostos dos órgãos de gestão e dos presumíveis intervenientes no mercado, tendo que utilizar como referência apenas os dados específicos da entidade. Neste último caso, as técnicas de mensuração envolvem diversos graus de estimativas, com recursos a pressupostos mais ou menos discutíveis. Neste contexto, a subjectividade é a nota dominante, ainda que possa vir a ser ligeiramente minimizada com uma divulgação de informação exigente, que sintetize os principais pressupostos utilizados, as razões subjacentes à opção por esses pressupostos e, ainda, o eventual impacto das suas alterações na situação financeira e no desempenho dessas entidades. Esta técnica de mensuração permite atingir quantias potenciais, como estimativas reportadas ao momento presente tendo por referência os futuros benefícios económicos dos activos. A ausência de verificabilidade do justo valor junto de um mercado activo pode prejudicar a fiabilidade da informação divulgada e, por conseguinte, conduzir a incertezas significativas para os utentes quando tomam decisões com base nessa informação.

É sabido que para o IASB a melhor referência para o justo valor é o preço praticado num mercado activo. São características mínimas de um mercado activo a pluralidade de agentes de mercado, tanto do lado da procura como da oferta, negociação de produtos homogéneos e preços correntemente divulgados. Contudo, para alguns activos não existe um mercado com essas características. *In casu* pode apelar-se a técnicas de avaliação que envolvem valores descontados ou presentes ou valores resultantes de modelos matemáticos (*mark-to-model*) com base nos benefícios económicos esperados dos activos. No caso do SNC esta metodologia de cálculo do justo valor pode ser utilizada, ainda que assuma natureza residual, para os activos biológicos e para as propriedades de investimento. A falta de um referencial de mercado coloca em causa a racionalidade e a objectividade do conceito de justo valor. A este respeito Lérias (2009: 38) questiona «se o justo valor é um conceito abrangente e não uma nova base de mensuração ou se é uma nova base que deveria absorver outras bases de mensuração». Assim, o conceito do justo valor encerra em si mesmo os «germens» da discordância, podendo conduzir a valores subjectivos ou mesmo a valores virtuais.

Depois de analisar, ainda que de modo muito sumário, o conceito do justo valor e dos critérios admissíveis no SNC, vamos, de seguida, centrar-nos nas suas diversas concretizações relativamente aos diferentes elementos em que se admite a sua utilização no âmbito do SNC. Elencaremos, assim, os principais agregados do activo em que o mesmo tem aplicação, questionando sempre a maior flexibilidade e o recurso a estimativas, que por vezes está subjacente a tal *iter* mensurativo.

4.1. *Nos instrumentos financeiros*[12]

Os instrumentos financeiros[13] (derivados e instrumento financeiros detidos para negociação e outros activos e passivos financeiros e alguns investimentos financeiros) devem ser escriturados pelo seu justo valor, com as alterações do mesmo a serem reconhecidas na Demonstração dos Resultados, em cada data de relato (§ 11 da NCRF 27). Essa obrigatoriedade existe sempre que

---

[12] No conceito de instrumentos financeiros constante da NCRF 27 – Instrumentos Financeiros incluem-se: activos financeiros, passivos financeiros e instrumentos de capital próprio. A definição de activos financeiros é muito abrangente e engloba as classes 1 – Meios financeiros líquidos; classe 2 – Contas a receber; e classe 4 – Investimentos Financeiros. Ao longo deste trabalho o nosso conceito de instrumentos financeiros circunscreve-se aos activos financeiros que o legislador contabilístico considera incluídos na classe 1. Em notação POC designados de «títulos negociáveis» e «investimentos financeiros». Curiosamente, e violando a ideia da continuidade ou permanência bem como do objectivo subjacente à detenção dos direitos, o legislador contabilístico admite reconhecer na classe de meios financeiros líquidos verdadeiros investimentos financeiros detidos, mesmo que esses direitos não se destinem a ser alienados no decurso normal das operações da entidade. Privilegia o critério de mensuração em detrimento da permanência e intenção de detenção no caso dos investimentos financeiros. Tão-só pelo facto de os investimentos financeiros serem mensurados ao justo valor são integrados numa classe de meios financeiros líquidos. Opção que colhe o nosso total desacordo. *Vide* RODRIGUES *et al.* (2010).

[13] Neste ponto iremos centrar-nos apenas nos instrumentos financeiros que deveriam, na sua essência económica, ser reconhecidos na classe de meios financeiros líquidos. Optámos por tratar autonomamente os investimentos financeiros que não se concretizem em participações em subsidiárias, empreendimentos conjuntos e associadas, dentro da grande classe dos investimentos (ponto 4.4.1 *infra*). Na IAS 39 do IASB, não plenamente adoptada na UE, aparece uma outra classificação para os instrumentos de capital próprio, enquanto instrumentos financeiros, os ditos activos financeiros disponíveis para venda em que o ganho ou perda resultante desse activo deve ser reconhecido em outro rendimento integral, até que o mesmo seja desreconhecido.

os mesmos sejam negociados publicamente ou quando o justo valor puder ser obtido de forma fiável. As cotações em mercados activos são entendidas como o expoente máximo do conceito ou do padrão do justo valor. São, todavia, e na generalidade dos casos, valores muito voláteis, não se revelando bases de mensuração adequadas para activos ou passivos que sejam detidos por períodos mais longos pelas entidades empresariais.

O reconhecimento desses instrumentos ao justo valor implica reconhecer nas DF as perdas de valor potenciais, ou mesmo os rendimentos potenciais, resultantes de variações no justo valor desses activos. A partir deste padrão contabilístico são reconhecidos rendimentos potenciais, contrariamente ao que se previa no POC, em nome da substância económica da operação, mas em detrimento da prudência, ainda que o ganho seja apenas potencial, e se venha a realizar muito desfasadamente no tempo ou, no limite, nunca se venha a realizar.

A regra geral é, então, que «uma entidade deve mensurar ao justo valor todos os instrumentos financeiros que não sejam mensurados ao custo ou ao custo amortizado, com contrapartida em resultados» (§§ 12 e 15 da NCRF 27). Os instrumentos financeiros que o SNC admite virem a ser mensurados ao justo valor constam do § 16 da mesma norma e são os seguintes:

- investimentos em instrumentos de capital próprio com cotações divulgadas publicamente, sendo os restantes mensurados ao custo, conforme alínea c) do § 12;
- derivados que não sejam sobre instrumentos de capital próprio que serão mensurados ao custo, conforme alínea c) do § 12;
- instrumentos de dívida perpétua ou obrigações convertíveis;
- activos financeiros ou passivos financeiros classificados como detidos para negociação. Um activo ou passivo financeiro é classificado nessa categoria quando for adquirido ou incorrido com a finalidade de venda ou de

recompra num prazo muito próximo, ou quando façam parte de uma carteira de instrumentos financeiros identificados que sejam geridos em conjunto e para os quais exista evidência de terem recentemente proporcionado lucros reais[14].

O justo valor será um critério de mensuração particularmente adequado para activos transaccionados em mercados, e desde que esses mercados apresentem níveis de liquidez significativos, *i.e.*, onde rapidamente qualquer detentor de um bem ou de um direito o possa transaccionar. Todavia, as normas contabilísticas para instrumentos financeiros são de uma complexidade extrema, e não colhem um tratamento semelhante no quadro dos dois organismos de normalização mais influentes: o IASB e o FASB[15].

Assumindo os instrumentos financeiros natureza acessória face ao objecto social de grande parte das entidades empresariais não financeiras, podendo os mesmos não caber no âmbito da capacidade dessas sociedades, já que esta compreende «(...) os direitos e as obrigações necessários ou convenientes à prossecução do seu fim, (...)» (n.º 1 do art. 6.º do CSC).

Cabe perguntar se os instrumentos financeiros são mesmo os activos a privilegiar para as entidades não financeiras, no que respeita ao padrão contabilístico de referência a utilizar na elaboração da informação financeira.

---

[14] Não entendemos o que o legislador contabilístico entende por «lucro real» neste caso particular.

[15] Veja-se o caso das NIC 32 e 39; IFRS 7 e 9 do IASB e SFAS 150 do FASB, e, ainda a nossa NCRF 27. Todas essas normas versam sobre diferentes temáticas associadas aos instrumentos financeiros. A complexidade associada a esta temática é tão grande que a própria UE optou por não adoptar todas as orientações normativas constantes das normas do IASB. Hoje esta temática consta dos trabalhos de convergência encetados por esses dois organismos, tendo ambos já publicado *Exposure Drafts* (ED) a este respeito.

4.2. Nas contas a receber

Uma entidade deve mensurar as contas a receber[16], tais como clientes e outras contas a receber, ao custo ou ao custo amortizado menos perdas por imparidade. Aquando da mensuração ao custo amortizado utiliza-se o método da taxa de juro efectiva menos qualquer perda por imparidade (§ 12 da NCRF 27), apelando-se à mensuração ao valor presente. O legislador contabilístico afasta-se do justo valor[17], pois o reconhecimento das perdas por imparidade visam tão-somente corrigir a quantia escriturada das dívidas pelo risco associado à não realização das mesmas, através de entradas de caixa e ou equivalentes de caixa.

4.3. Nos inventários e activos biológicos[18]

Nos inventários em geral, o normalizador português afasta-se, também, da base de mensuração do justo valor[19]. Todavia,

---

[16] As contas a receber podem envolver dívidas de clientes; fornecedores; pessoal; accionistas/sócios e outras contas a receber.

[17] Este tipo de activo não virá a ser considerado na análise subsequente dada a irrelevância do mesmo para a temática em estudo.

[18] Activos biológicos são animais ou plantas vivos (§ 6 da NCRF 17). Estes podem ser classificados em activos biológicos de produção ou consumíveis (§ 40 da NCRF 17). Os primeiros permitem a obtenção de outros activos biológicos de consumo. Os segundos, designados de consumíveis destinam-se a ser utilizados para consumo ou venda no decurso do processo produtivo. Ao longo do texto a expressão «activos biológicos» será sempre indicativa de activos biológicos consumíveis. Quando pretendermos chamar à colação os activos biológicos de produção ou não consumíveis tal será devidamente referenciado.

[19] Os inventários são geralmente escriturados pelo mais baixo do custo ou do valor realizável líquido. Na data de relato, o valor reconhecido nessas contas é reajustado de modo a estimar o valor a realizar pela venda desses bens

este *iter* valorativo ganha toda a sua pujança nos activos biológicos, sendo que este é um dos poucos casos previstos no SNC em que se admite o reconhecimento inicial ao justo valor menos os custos estimados no ponto de venda, reconhecendo o ganho ou a perda proveniente desse reconhecimento inicial, ou de uma alteração subsequente do justo valor, no resultado líquido do período em que ocorra.

Para os activos biológicos consumíveis e de produção, o legislador contabilístico nacional aceita a utilização do justo valor, tomando como referência para a sua determinação as cotações oficiais do SIMA (Sistema de Informação de Mercados Agrícolas), equiparando este sistema a um mercado activo. Todavia, várias questões se levantam neste caso, pois o SIMA não inclui o justo valor de todos os activos biológicos consumíveis, pelo que para esses activos, deve o ente que relata estimar esse justo valor ou reconhecer o activo biológico ao custo. A utilização do custo tem, todavia, um carácter muito residual e a entidade deve esgotar todas as outras alternativas de mensuração ao justo valor que a NCRF 17 preconiza. Esta é a norma que permite, de algum modo, o modelo *mark-to-model* para a determinação do justo valor, reveladora do interesse do normalizador em que as entidades utilizem o modelo do justo valor neste tipo de activos.

4.4. *Nos investimentos*

É nos investimentos que a problemática do justo valor assume a sua dimensão mais complexa, dada a sua particular

---

e a divulgar no balanço, reconhecendo-se uma perda potencial na demonstração dos resultados sempre que o valor escriturado seja superior ao valor realizável líquido. Assim, para os inventários a referência para o cálculo da perda por imparidade é sempre o valor realizável líquido, visando que as DF não apresentem elementos activos por valores superiores ao montante realizável.

natureza e função, pois estes bens e direitos caracterizam-se por permanecerem na entidade e gerarem benefícios económicos por períodos longos, não se destinando a ser vendidos ou transformados no decurso normal das operações da entidade. Esta classe compreende, entre outros, os investimentos financeiros, as propriedades de investimento, os activos fixos tangíveis e os activos intangíveis. É também aqui que o SNC mais se afasta das IAS/IFRS do IASB, ao ser muito mais restritivo nos referenciais a admitir para a determinação do justo valor, apelando a uma ideia de "justo valor regulado"[20]. Vejamos, em concreto, o que prevê o normativo português seguidamente.

4.4.1. *Nos investimentos financeiros*

Os investimentos financeiros em outras entidades, desde que não sejam investimentos em subsidiárias, associadas e entidades conjuntamente controladas, são mensurados ao custo ou ao justo valor. Este último padrão valorativo é aplicado a todos os investimentos financeiros que tenham cotações num mercado activo ou cujo justo valor seja fiavelmente determinado. As alterações (reduções ou aumentos) do justo valor são reconhecidas na Demonstração dos Resultados, afectando os resultados do período. Esta solução normativa é, em nossa opinião[21], desadequada atendendo à natureza e ao objectivo da detenção desses investimentos financeiros, que não é a negociação especulativa (as designadas operações de *trading*), mas antes a permanência do investimento visando exercer alguma influência na entidade, ou, mesmo, a obtenção de dividendos no tempo. Assim, as oscilações nas cotações dos instrumentos em mercados organizados (sejam acções, obrigações, papel comercial,

---

[20] Ver a este respeito, CARLOS GRENHA *et al.*, *op. cit.*
[21] Ver sobre esta temática a nota 12 *supra*.

ou outros instrumentos mistos, como por exemplo, obrigações convertíveis em acções), que sejam de classificar como investimentos, são reconhecidas como contrapartida dos resultados do período. Em nossa opinião, essas alterações no justo valor dos investimentos financeiros não deviam penalizar os resultados do período em que se verificaram essas alterações, mas antes reconhecidas nos capitais próprios, à semelhança dos excedentes de revalorização dos activos fixos tangíveis e intangíveis, que analisaremos *infra*. Porquanto esses investimentos financeiros afastam-se da lógica da negociação no decurso das operações de um ciclo normal da entidade, presidindo a este tipo de investimentos uma óptica de permanência e a obtenção de rendimentos (dividendos) ou futuro controlo/influência sobre uma entidade. Outra é a lógica subjacente aos instrumentos financeiros detidos por períodos curtos e numa pura lógica de *trading* ou de negociação a curto prazo.

4.4.2. *Nas propriedades de investimento*

Importa definir o conceito de propriedades de investimento[22], dada a novidade que parece subjacente ao mesmo. Entende-se por propriedade de investimento a propriedade (terreno ou um

---

[22] Corresponde genericamente ao conceito de «imobilizado financeiro», ou investimentos financeiros em imóveis, do Plano Oficial de Contabilidade (POC), revogado por força do Decreto-Lei 158/2009, de 13 de Julho, que aprovou o novo normativo contabilístico: o SNC. Esta é uma área onde existem divergências conceituais significativas. Ver sobre o assunto a resposta integrante nas perguntas frequentes sobre o SNC, as designadas FAQ's, da Comissão de Normalização Contabilística (CNC) e, na doutrina, RODRIGUES (2011) e RODRIGUES *et al.* (2010). Em nossa opinião, para uma sociedade de mediação imobiliária, cujo objecto social compreenda o arrendamento de prédios, a entidade deve reconhecer estes imóveis como activo fixo tangível – Equipamento básico, e não em propriedades de investimento. Todavia, outro é o entendimento da CNC nas suas FAQ's.

edifício, parte de um edifício ou ambos) detida (pelo dono ou pelo locatário numa locação financeira) para obter rendas ou para valorização do capital ou para ambas as finalidades, e não para uso na produção ou fornecimento de bens ou serviços ou para finalidades administrativas ou para venda no curso ordinário do negócio.

O reconhecimento inicial de uma propriedade de investimento deverá ser feito pelo custo. Já na mensuração subsequente a entidade pode utilizar, ou o modelo do justo valor ou o modelo do custo[23]. O SNC, na NCRF 11 – Propriedades de Investimento, orienta preferencialmente para o modelo do justo valor na mensuração subsequente, com as alterações no justo valor a afectarem os resultados do período em que ocorrem. Na determinação do justo valor de uma propriedade de investimento, a NCRF 11 incentiva a entidade a recorrer a um avaliador profissional e independente, com experiência, sem que, no entanto, seja obrigada a fazê-lo. Na ausência daquela forma de determinação do justo valor de uma propriedade de investimento, a entidade deve tentar encontrar uma alternativa fiável para aquela mensuração. Admite o legislador que a entidade utilize, por exemplo, o cálculo do valor presente das rendas futuras que essa propriedade venha a gerar, quando não tenha outro modo de conhecer o justo valor da referida propriedade de investimento. Orienta, por isso, no caso concreto no sentido de aproximar, o mais possível, o valor a relatar das propriedades de investimento ao seu valor económico.

A NCRF 11 admite o modelo alternativo (custo ou justo valor) na mensuração subsequente. Todavia, exige para efeitos de divulgação a determinação do justo valor de todas as propriedades de investimento, mesmo quando a entidade opte pelo modelo do custo. O valor económico das propriedades de inves-

---

[23] Se a entidade optar pelo modelo do custo, a propriedade deve ser mensurada após o reconhecimento inicial de acordo com os requisitos da NCRF 7.

timento é, normalmente, variável, uma vez que está muito dependente de factores exógenos à propriedade em si mesma, nomeadamente da localização da mesma. Assim, o modelo que permite o relato do valor das propriedades mais próximo do seu valor económico, em cada período, é o modelo do justo valor.

Esta é uma das áreas onde a subjectividade associada à mensuração pelo justo valor atingiu o seu auge no SNC, pois o recurso a um avaliador, ainda que independente, na impossibilidade de uma outra fonte de determinação do justo valor, pode conduzir a estimativas muito diversas nesse padrão mensurativo. Admite mesmo, ainda que residualmente, a abordagem do rendimento no cálculo do justo valor das propriedades de investimento, na falta de um outro referencial mais fiável para o justo valor deste tipo de activos.

Em nossa opinião, e atendendo à essência económica do activo em questão e ao objectivo da sua detenção, as variações ocorridas no seu justo valor não deveriam ser reconhecidas em resultados do período, mas sim nos capitais próprios à semelhança da opção tomada pelo legislador contabilístico para os activos fixos tangíveis e intangíveis, já que os aumentos ou reduções de justo valor traduzem rendimentos ou gastos não realizados, e respeitam a bens detidos com continuidade ou permanência e que não se destinam a ser vendidos ou transformados no decurso normal das operações da entidade.

4.4.3. *Nos activos fixos tangíveis*[24]

O reconhecimento inicial ao justo valor dos activos fixos tangíveis adquiridos em separado não é admissível no enquadramento contabilístico actual, sendo o custo a base de mensuração

---

[24] Para uma análise mais aprofundada desta temática ver MARTINS (2010).

admitida. Apenas na mensuração subsequente se admite que os *itens* do activo fixo tangível, cujo justo valor possa ser mensurado fiavelmente, possam ser escriturados por quantias revalorizadas, que tendem a identificar-se com o justo valor à data da revalorização menos quaisquer depreciações e perdas por imparidade[25] acumuladas subsequentes. As quantias revalorizadas podem ter por referência:

- preços observáveis num mercado activo;
- avaliadores profissionalmente qualificados e independentes;
- transacções de mercado recentes desde que não exista relacionamento entre as partes envolvidas.

Para terrenos e edifícios, o justo valor deve ser determinado a partir de provas com base no mercado por avaliação, realizada por avaliadores profissionalmente qualificados e independentes. No caso de *itens* de instalações e equipamentos também a referência para o justo valor é geralmente o seu valor de mercado determinado por avaliações. Para alguns activos poderá não existir um mercado activo ou dinâmico para a obtenção do justo

---

[25] A perda por imparidade é o excedente da quantia escriturada de um activo, ou de uma unidade geradora de caixa, em relação à sua quantia recuperável. Esta última deve ser entendida como a quantia mais alta de entre o preço de venda líquido de um activo e o seu valor de uso, enquanto valor presente dos fluxos de caixa que uma entidade espera que resultem do uso continuado de um activo. Quando as circunstâncias que anteriormente resultaram na redução dos activos deixarem de existir ou houver uma clara evidência de um aumento no valor desse activo, devido à alteração nas circunstâncias anteriores, devem ser consideradas as adequadas reversões. A quantia da redução é revertida (*i.e.* a reversão é limitada à quantia da redução original) de modo a que a nova quantia escriturada corresponda à quantia recuperável. Não se deve confundir o justo valor com o valor de uso, na medida em que o primeiro reflecte o conhecimento e as estimativas de compradores e vendedores conhecedores e dispostos a isso, enquanto o valor de uso reflecte as estimativas da entidade, incluindo os efeitos de factores que podem ser específicos de uma determinada entidade.

valor, além de que as entidades terão que suportar elevados custos resultantes do recurso a avaliadores profissionalmente qualificados e independentes.

De realçar que no quadro do IASB a aplicação do modelo de revalorização dos activos fixos tangíveis é bem mais amplo, pois neste último normativo quando não houver provas com base no mercado devido à natureza específica do *item* do activo fixo tangível, uma entidade pode determinar o justo valor a partir de estimativas suportadas numa abordagem pelo rendimento ou pelo custo de reposição depreciado. Na NCRF 7 do SNC não se admite estas técnicas para efeitos da determinação do justo valor no modelo revalorizado, dada a opção tomada pelo nosso legislador pelo conceito de justo valor regulado[26].

Regra geral, quando da revalorização resultam aumentos do valor do activo estes são creditados directamente nos capitais próprios em excedentes de revalorização. Contudo, esse aumento será reconhecido em resultados até ao ponto que compense um decréscimo de revalorização anteriormente registado em gastos. Se a revalorização originar uma diminuição do valor do activo essa diminuição deve ser reconhecida em conta apropriada de gastos, na parte em que seja superior ao excedente de revalorização que porventura exista. O excedente de revalorização deve ser transferido directamente para resultados transitados, na totalidade quando o activo for desreconhecido; ou, parcialmente, na medida do uso do activo por uma entidade. As transferências do excedente de revalorização para resultados transitados não são feitas por via de resultados (§§ 39 a 41 da NCRF 7).

A divulgação da informação contabilística obriga sempre à determinação dos valores escriturados líquidos de depreciações e das perdas por imparidade acumuladas subsequentes para este tipo de activos.

---

[26] Ver GRENHA *et al.*, *op. cit.*

4.4.4. Nos activos intangíveis[27]

A base de mensuração de aceitação quase generalizada[28] para o reconhecimento inicial deste tipo de activos é o método do custo. Já na mensuração subsequente o normalizador admite alternativamente o modelo do custo ou o modelo de revalorização, permitindo, neste último, mensurar ao justo valor os activos intangíveis, menos quaisquer amortizações e perdas por imparidade acumuladas subsequentes. Todavia, essa alternativa só é efectiva se existir um mercado activo onde esses elementos sejam negociados (§ 74 da NCRF 6). Se não existir um mercado activo a única alternativa na mensuração subsequente, à semelhança do imposto para o reconhecimento inicial, é o modelo do custo.

As especificidades dos activos intangíveis fazem com que a generalidade não seja negociada em mercados activos, pois são na sua essência específicos das entidades suas possuidoras. Como imaginar um mercado activo onde se possam negociar segredos industriais ou patentes, quando esses são hoje considerados factores críticos de sucesso de diversas entidades? Assim, a exigência de um mercado activo onde se possa negociar parte destes activos é quase uma miragem, já que o valor destes advém, no essencial, da sua exclusividade, logo não poderá existir um

---

[27] Para uma análise crítica dos modelos de mensuração dos activos intangíveis, ver RODRIGUES (2011).

[28] Na generalidade dos ordenamentos contabilísticos mais influentes o regime regra para o reconhecimento inicial dos intangíveis é, ainda hoje, apenas admissível ao custo (alínea b) do § 75 da NCRF 6).

No que respeita aos activos intangíveis adquiridos no âmbito de uma concentração de actividades empresariais, o seu custo pode ser identificado com o justo valor à data de aquisição e reflecte as expectativas do investidor relativas à probabilidade de os benefícios económicos futuros incorporados no activo fluírem para a entidade. (§§ 33 e 34 da NCRF 6 e §§ 23; 24 e 27 da NCRF 14).

mercado activo para marcas, segredos, patentes, *know-how* exclusivo, dado que a característica distintiva de cada um desses activos é a sua singularidade[29].

Apesar disso, o normalizador nacional admite apenas como referência para a determinação do valor revalorizado os preços de mercado, entendendo-se estes como a melhor evidência do justo valor dos intangíveis (§§ 74 e ss. da NCRF 6). Se não existir essa base para a determinação do justo valor em cada período, então a dualidade de modelos não é admissível, pois não se admite o recurso a avaliação qualificada e independente para a sua determinação, contrariamente ao que se prevê para os activos fixos tangíveis e para as propriedades de investimento (alínea b) do §§ 75 e 77 *in fine* da NCRF 6), impondo-se o modelo do custo mesmo na mensuração subsequente. Igual solução normativa é contemplada nas normas IASB-UE (§§ 75 e ss. da IAS 38).

O modelo de revalorização afigura-se residual, pois para grande parte dos activos intangíveis não existem mercados organizados onde esses activos sejam transaccionáveis, pelo que o legislador admite quase exclusivamente o modelo do custo na mensuração dos intangíveis. O legislador contabilístico nacional é, todavia, demasiado conservador no que respeita aos activos intangíveis na NCRF 6 – Activos Intangíveis – à semelhança das disposições constantes da sua homónima IAS 38, contrariamente ao que dispõe para outros activos, particularmente, nas propriedades de investimento e nos activos biológicos, pois nestes dois casos em particular o legislador admite outras técnicas para a determinação do justo valor, que não apenas a referência a um mercado activo.

Este último padrão mensurativo – o justo valor – contudo, só pode ser utilizado no caso português conforme acabamos de

---

[29] Para maiores desenvolvimentos ver RODRIGUES (2006: 217).

ver, se, e apenas se, o justo valor puder ser determinado por referência a um mercado activo onde esse intangível possa ser negociado. Todavia, este não é, em nossa opinião[30], necessariamente um método de valorização que possa ou deva ser considerado de referência, pois a generalidade dos activos intangíveis caracterizam-se pela sua singularidade e especificidade identificativas com as entidades que são suas detentoras. Logo as exigências explicitadas nos normativos contabilísticos dominantes são, na sua essência irrealistas[31], ao admitir apenas a referência do justo valor a um preço de mercado activo enquanto base para a determinação do justo valor, quando esse requisito só pode ser a excepção. Quando esta é aplicável deve ser a adoptada, todavia, admitimos como razoável para este tipo de activos[32] a possibilidade de utilizar referências mensurativas alternativas, baseadas em modelos de valorização/mensuração assentes numa abordagem pelo rendimento, ainda que com a obrigação de maiores exigências de divulgação por parte das entidades que os pretendessem utilizar. Implicaria para cada caso determinar o **valor específico para a entidade**, entendido este como o valor presente dos fluxos de caixa que uma entidade espera que resultem do uso continuado de um activo e da sua alienação no final da sua vida útil ou em que espera incorrer ao liquidar um passivo.

No que respeita ao reconhecimento das alterações do justo valor, quando a utilização do modelo de revalorização for admissível, o procedimento é equivalente ao anteriormente referido para os activos fixos tangíveis.

---

[30] Para uma análise mais desenvolvida desta problemática ver RODRIGUES (2011).

[31] Diríamos mesmo quase quixotescas, atendendo à substância dos activos em questão.

[32] Já não defendemos o mesmo argumento para os outros tipos de activos, pois tendo em conta a sua natureza só em casos excepcionais se admitirá a utilização desse padrão mensurativo.

4.4.5. *Nos activos não correntes detidos para venda*[33]

A mensuração de um activo classificado como detido para venda deverá ser feita pelo menor dos dois valores: quantia escriturada do activo ou o seu justo valor deduzido dos custos estimados de venda. Neste caso a detenção do bem em causa representa um valor com uma natureza líquida, pelo que entendemos que o justo valor se assume como uma base de mensuração adequada à função que o bem desempenha na entidade – ser detido para negociação a curto prazo. Assim, faz todo o sentido que este critério tenha por base o justo valor, aqui identificado como o valor de realização a curto prazo do referido activo.

A partir da sua classificação como activos não correntes detidos para venda, estes deixam de ser depreciados ou amortizados e também não se admite o reconhecimento de aumentos de justo valor, admitindo-se tão-só o reconhecimento de perdas por imparidade.

Depois de analisar, ainda que de modo necessariamente sumário, as soluções contabilísticas adoptadas pelo legislador contabilístico nacional no que respeita à aplicação do justo valor aos principais elementos activos presentes na generalidade das entidades, importa agora avaliar as opções do legislador fiscal a este respeito.

5. O justo valor numa perspectiva fiscal

O legislador fiscal a partir da publicação do Decreto-Lei 159/2009, de 13 de Julho, relativo à adaptação do Código do Imposto sobre o Rendimento das Pessoas Colectivas (CIRC) às

---

[33] Este tipo de activo não irá ser considerado na análise subsequente dada a irrelevância do mesmo para a temática em estudo.

Normas Internacionais de Contabilidade (NIC) e ao Sistema de Normalização Contabilística (SNC) parece quebrar o aparente dogma da imutabilidade do custo de aquisição dominante em termos fiscais, aceitando a consideração material da existência de rendimentos e gastos por mero efeito da adopção do padrão contabilístico do justo valor. Opção tributária que se revela particularmente inovadora no que respeita ao reconhecimento de rendimentos não realizados por força das disposições ínsitas no CIRC pela aceitação tributária, ainda que parcial, da solução contabilística.

É comummente aceite que a determinação do lucro tributável assenta numa relação de dependência parcial relativamente à Contabilidade[34]. O lucro tributável é constituído pela soma algébrica do resultado líquido do período, determinado com base na contabilidade (lucro contabilístico) que, por sua vez, é o referido no n.º 2 do art. 3.º do CIRC e, eventualmente, corrigido pela lei fiscal. O imposto sobre o rendimento das pessoas colectivas (IRC) é um imposto de base contabilística, tal como é expressamente admitido pelo legislador nos arts. 3.º e 17.º do CIRC. Na realidade, o n.º 3 do art. 17.º determina que a contabilidade deverá estar organizada de acordo com a normalização contabilística, estabelecendo o art. 98.º do mesmo diploma as regras a cumprir para que a Contabilidade possa ser considerada organizada para efeitos desse apuramento.

Este «casamento» evidente entre as duas áreas dogmáticas traduz-se na existência de referências e remissões entre as duas áreas, sendo que o legislador fiscal utiliza termos e conceitos de natureza puramente contabilística. A título de exemplo, vejam-se as constantes referências que o CIRC faz a conceitos como gastos, rendimentos, amortizações e depreciações, perdas por imparidade, provisões, entre outros.

---

[34] Há uma grande unanimidade na doutrina a este respeito. *Vide* PEREIRA (1988); SANCHES (1995) e TAVARES (1999).

Na recente adaptação do CIRC aos novos normativos contabilísticos (normas IASB-UE e SNC) houve uma clara opção pela manutenção do modelo de dependência parcial do Direito Fiscal relativamente à Contabilidade, o qual determina, quando não estejam estabelecidas regras fiscais próprias, o acolhimento do tratamento contabilístico decorrente dos novos referenciais contabilísticos[35]. A lei fiscal pode desviar-se das regras contabilísticas, ainda que em termos excepcionais, quando a contabilidade não acautela adequadamente o interesse fiscal. A contabilidade e o direito fiscal têm interesses distintos. Sempre que a obtenção de receitas públicas é posta em causa, o legislador fiscal pode não acompanhar, total ou parcialmente, as orientações contabilísticas. Assim, a lei fiscal consente e impõe pontuais alterações às disposições do legislador contabilístico, mas sempre que o faz tal pressupõe uma prévia regra fiscal legitimadora, através de lei ou decreto-lei autorizado.

Deste modo, e relativamente ao tratamento fiscal dos ajustamentos decorrentes da aplicação do justo valor aos diferentes elementos activos que podem ser valorizados através desse critério de mensuração, poderemos afirmar que, muito embora não tenhamos assistido a uma revolução nem mesmo a uma reforma, as alterações são de alguma monta.

Tendo em mente o objectivo deste trabalho – avaliar as implicações fiscais e societárias resultantes da opção com um carácter mais generalizado do justo valor como critério mensurativo – elegemos para análise todas as componentes que concorrem para a determinação do lucro tributável resultante da adopção deste padrão valorativo.

A posição do legislador fiscal é, no que respeita ao reconhecimento fiscal da mensuração ao justo valor, baseada num

---

[35] Orientação constante do preâmbulo do Decreto-Lei 159/2009, de 13 de Julho, diploma que veio adaptar o CIRC aos novos referenciais contabilísticos (Normas IASB-UE e SNC).

princípio de prudência ou de reserva perante a natureza subjectiva dessa mensuração e mesmo da sua quantificação, que pode vir a revelar-se muito arbitrária, em resultado das estimativas subjacentes ao apuramento do justo valor em alguns dos elementos activos. Assim, como consequência dessas opções contabilísticas, o legislador fiscal acolheu uma política de cautelas, impondo restrições à aceitação dos ajustamentos decorrentes da aplicação do justo valor no período em que ocorrem, assumindo uma atitude bastante defensiva face à natureza e falta de objectividade que poderá estar ínsita na mensuração ao justo valor.

O legislador fiscal lida de modo cauteloso com as estimativas de valor, procurando muito realisticamente balizar a aceitação da mensuração ao justo valor a elementos concretos, já que a adopção deste padrão contabilístico pode vir a ter reflexos no lucro tributável – pois trata-se de meras estimativas de ganhos e ou perdas de valor, ainda não realizadas. Logo, as alterações do justo valor, ainda que constituam um rendimento ou um gasto estimado na contabilidade, para efeitos fiscais exige-se muito mais para que tais alterações concorram para a determinação do lucro tributável, *i.e.*, para a sua aceitação como rendimentos ou gastos fiscais.

No n.º 9 do art. 18.º do CIRC o legislador fiscal dispõe como regra geral que «os ajustamentos decorrentes da aplicação do justo valor não concorrem para a formação do lucro tributável (...)». Todavia, exceptua alguns casos. Assim, no n.º 1 e nas alíneas f) e g) do mesmo número do art. 20.º do CIRC adianta que: «[c]onsideram-se rendimentos os resultantes de operações de qualquer natureza, em consequência de uma acção normal ou ocasional, básica, ou meramente acessória, nomeadamente:

(...)

f) Rendimentos resultantes da aplicação do justo valor em instrumentos financeiros;

g) Rendimentos resultantes da aplicação do justo valor em activos biológicos consumíveis que não sejam explorações silvícolas plurianuais;
(...)».
No n.º 1 e nas alíneas i) e j) do mesmo número do art. 23.º do CIRC dispõe que: «[c]onsideram-se gastos os que comprovadamente sejam indispensáveis para a realização dos rendimentos sujeitos a imposto ou para manutenção da fonte produtora, nomeadamente:
(...)
i) Gastos resultantes da aplicação do justo valor em instrumentos financeiros;
j) Gastos resultantes da aplicação do justo valor em activos biológicos consumíveis que não sejam explorações silvícolas plurianuais;
(...)».

Deste modo e no que respeita aos **activos biológicos**, o legislador fiscal admite o reconhecimento dos rendimentos e gastos resultantes de alterações do justo valor no período em que ocorrem, atendendo à verificabilidade e fiabilidade da sua base de determinação, desde que respeitem a activos biológicos consumíveis, cfr. alíneas b) do n.º 9 do art. 18.º; g) do art. 20.º e j) do art. 23.º do CIRC. Para o caso das explorações silvícolas plurianuais aplica-se o disposto no n.º 7 do art. 18.º e alíneas g) do art. 20.º e j) do art. 23.º do CIRC. Do exposto, parece não concorrer para a formação do lucro tributável os ganhos e perdas incorridos pelas alterações do justo valor em activos biológicos de produção. O legislador fiscal parece não optar, neste caso, pela aceitação das alterações do justo valor como rendimentos ou gastos fiscalmente relevantes para a formação do lucro tributável no período em que essas alterações ocorrem.

Por outro lado, quando se analisa o art. 28.º do CIRC, este refere que são aceites como gastos as depreciações e amortizações de activos fixos tangíveis, de activos intangíveis e propriedades de investimento desde que contabilizadas ao custo. Parece que esta disposição afasta, também, os activos biológicos de produção da possibilidade de depreciação com relevância fiscal. Importa, assim, perguntar qual o tratamento fiscal no que respeita a este tipo de activos? Será que o facto de o legislador contabilístico os integrar em inventários não admite a sua depreciação? Mas, por outro lado, vem a considerar que o seu desreconhecimento pode vir a gerar mais-valias e menos-valias, entendendo estes activos como investimento, e admitindo mesmo o reinvestimento dos seus valores de realização. Na ausência de uma norma concreta de ajuste não se pode dizer que determinado gasto ou rendimento contabilístico é aceite em termos fiscais. Pelo que nos resta admitir que as alterações (positivas ou negativas) do justo valor nos activos biológicos de produção não concorrerão para o lucro tributável, sendo imputados como rendimentos ou gastos no período de tributação em que os elementos ou direitos que lhes deram origem sejam alienados, exercidos, extintos ou liquidados. As depreciações, no caso de se adoptar o modelo custo, também não são fiscalmente aceites – deste modo, ainda que discutível, pelo menos a posição do legislador fiscal é coerente quanto aos efeitos da adopção do modelo justo valor ou custo nos activos biológicos de produção. Outra é a orientação no que respeita aos activos biológicos consumíveis, pois para este existe uma regra expressa no CIRC.

Relativamente aos **activos fixos tangíveis e intangíveis** e dada a natureza destes bens ou direitos, que permanecem no seio da entidade por períodos longos e que não podem ser alienados ao ritmo das valorizações dos mercados, o legislador fiscal assumiu uma atitude bastante defensiva face à natureza e, por vezes, à falta de objectividade na quantificação dessas alterações para efeitos fiscais, impondo uma rejeição dessas alterações para a formação do lucro tributável no período em que ocorrem. Todavia, a lei fiscal não as desconsidera, mesmo no caso de se ter verificado uma redução na quantia revalorizada, remetendo tanto os aumentos como as reduções para serem considerados rendimentos ou gastos no período de tributação em que os elementos ou direitos que lhes deram origem sejam alienados, exercidos, extintos ou liquidados, como consta do n.º 9 do art. 18.º do CIRC, *in fine*. O legislador fiscal admite ainda que as quotas de amortização possam ser determinadas a partir do valor resultante de reavaliação ao abrigo de legislação de carácter fiscal[36], tal como estatui a alínea b) do art. 31.º do CIRC[37]. O legislador fiscal continuou a admitir apenas a aceitação parcial dos aumentos das depreciações resultantes da reavaliação ao abrigo de legislação fiscal, o que verdadeiramente confirma as anteriores disposições, sendo que apenas 60% do acréscimo das depreciações é considerado como gasto para efeitos fiscais, como dispõe a alínea a) do art. 15.º do Decreto Regulamentar 25/2009 de 14 de Setembro.

O legislador fiscal afasta as alterações do justo valor nas **propriedades de investimento** no que respeita à formação do lucro tributável, pois a primeira parte do n.º 9 do art. 18.º e a alínea b) do mesmo preceito permitem, numa leitura conjunta, concluir que o legislador fiscal admite como disposição geral que os ajustamentos decorrentes da aplicação do justo valor neste tipo de activos não concorrem para a formação do lucro tributável, pois não se integram nas excepções previstas no CIRC. Como não há nenhuma disposição expressa para este caso é de concluir que as mesmas não concorrem para o lucro tributável,

---

[36] O legislador contabilístico admite também essas reavaliações, prevendo a subconta «581- Reavaliações decorrentes de diplomas legais», enquanto subconta da conta «58 – Excedentes de Revalorização de activos fixos tangíveis e intangíveis».

[37] Igual disposição se encontra incluída na alínea b) do n.º 1 do art. 2.º do Decreto Regulamentar 25/2009, de 14 de Setembro.

pois o legislador dispõe como regra geral que os ajustamentos decorrentes da aplicação do justo valor, salvas as excepções previstas no Código, não concorrem para a formação do lucro tributável, sendo imputados como rendimentos ou gastos no período de tributação em que os elementos ou direitos que lhes deram origem sejam alienados, exercidos, extintos ou liquidados.

Para o legislador contabilístico os **instrumentos financeiros** em outras entidades, desde que não sejam investimentos em subsidiárias, associadas e entidades conjuntamente controladas são mensurados ao custo ou ao justo valor. O padrão valorativo do justo valor é aplicado a todos os instrumentos financeiros que tenham cotações num mercado activo segundo o legislador contabilístico, independentemente dos mesmos serem classificados como instrumentos ou investimentos financeiros[38], bastando-se com o requisito destes instrumentos terem cotações num mercado activo ou a determinação do seu justo valor ser obtido de modo fiável.

A lei fiscal afasta-se do conceito adoptado pelo legislador contabilístico para instrumentos financeiros, conforme consta nos §§ 3 e 5 da NCRF 27. Apelando à letra do preceito fiscal constante do n..º 9 do art. 18.º do CIRC parece que o legislador apenas considerou "instrumentos financeiros"[39] os instrumentos

---

[38] Sobre estes v. *supra*, nota 12.

[39] Os rendimentos ou gastos resultantes da aplicação do justo valor aos instrumentos financeiros derivados e outros instrumentos de cobertura concorrem para a formação do lucro tributável tal como é disposto no art. 49.º do CIRC. O regime fiscal dos instrumentos financeiros derivados e das operações de cobertura implica que os ajustamentos decorrentes da aplicação do justo valor a instrumentos financeiros derivados, ou a qualquer outro activo ou passivo financeiro utilizado como instrumento de cobertura restrito à cobertura do risco cambial, ponderam para o lucro tributável. Nas operações de cobertura reconhecidas ao justo valor, os ajustamentos do elemento coberto reconhecidos em resultados, ainda que não realizados, concorrem, também, para esse agregado fiscal, na exacta medida dos ajustamentos, de sinal contrário, gerados pelo instrumento de cobertura. Nas operações de cobertura de

cujas variações de justo valor sejam reconhecidas em resultados, o que em termos contabilísticos é representado na conta 14.2 – Instrumentos Financeiros Detidos para Negociação. Esta conta inclui, todavia, e tal como se referiu anteriormente, investimentos com carácter de permanência desde que valorizados ao justo valor. Importa, por isso, clarificar o conceito de instrumentos financeiros utilizado em cada área dogmática.

A tal respeito o n.º 9 do art. 18.º do CIRC define que «os ajustamentos decorrentes da aplicação do justo valor não concorrem para a formação do lucro tributável, sendo imputados como rendimentos ou gastos no período de tributação em que os elementos ou direitos que lhes deram origem sejam alienados, exercidos, extintos ou liquidados, excepto quando: a) respeitem a instrumentos financeiros reconhecidos pelo justo valor através de resultados, desde que, tratando-se de instrumentos do capital próprio, tenham um preço formado num mercado regulamentado e o sujeito passivo não detenha, directa ou indirectamente, uma participação no capital superior a 5% do respectivo capital social; ou b) tal se encontre expressamente previsto neste Código».

O legislador fiscal veio a limitar as alterações do justo valor a reconhecer como gastos ou rendimentos para efeitos da determinação do lucro tributável, admitindo-as apenas para instrumentos de capital próprio que não ultrapassem 5% do valor do capital dessa entidade. Importa, contudo, perceber que tipo de investimentos o legislador visou abarcar no referido preceito.

A *ratio* do legislador fiscal no que respeita à valorização dos **instrumentos financeiros** ao justo valor, envolve apenas os casos em que a verificabilidade e fiabilidade na sua determinação

---

fluxos de caixa ou de cobertura do investimento líquido numa unidade operacional estrangeira, os ajustamentos gerados pelo instrumento de cobertura são diferidos, na parte considerada eficaz, até ao momento em que os ajustamentos do elemento coberto concorram para a formação do lucro tributável.

esteja em princípio assegurada e se, cumulativamente, esses investimentos não ultrapassarem 5% do capital da entidade. Muitas outras questões se levantam relativamente a esses instrumentos com um preço formado num mercado regulamentado, nomeadamente, o objectivo associado à detenção desses instrumentos pelo sujeito passivo e o período de permanência que os caracteriza. Manteve, contudo, o principio da realização relativamente aos instrumentos financeiros em partes de capital, sempre que estas correspondam a mais de 5% do capital social, ainda que as suas variações sejam reconhecidas pelo justo valor através de resultados.

Importaria perceber porque optou o legislador pelo critério da participação de 5%, se em outros preceitos de natureza semelhante[40] utiliza como referência 10% e porque não optou por limitar o valor de aquisição da participação a considerar para esse efeito.

Em nossa opinião, parece que o legislador fiscal pretendeu aqui contemplar apenas pequenos investimentos, todavia, olvidou-se que esses 5% podem ser concretizados em grandes entidades envolvendo valores elevadíssimos, e cujas alterações podem modificar de modo significativo os resultados do período, aumentando-os ou reduzindo-os, por efeito dessas variações de justo valor, ainda que as mesmos correspondam a rendimentos ou ganhos não realizados, uma vez que os mesmos podem dizer respeito a investimentos com carácter de permanência.

Numa lógica de prudência, importaria não considerar apenas a percentagem de capital detida, directa ou indirecta, mas também o valor do investimento considerado, bem como o tempo de

---

[40] Veja-se o caso do art. 51º do CIRC, o art. 32º do EBF e algumas Directivas Comunitárias, nomeadamente, a Directiva relativa ao regime fiscal comum aplicável às empresas-mães e às suas filiais em Estados-membros diferentes – Directiva 90/435/CEE, de 30 de Julho, com as alterações subsequentes.

detenção da participação à semelhança da técnica tributária utilizada em outros preceitos fiscais[41].

Na prática, deter 5% do capital de uma sociedade com valores admitidos à cotação[42], não é, na generalidade dos casos, uma mera operação de *trading*, mas antes uma participação que assume a natureza de investimento financeiro, pelos objectivos subjacentes a essa aquisição e, simultaneamente, pelo tempo de permanência dessa participação na carteira de investimentos da entidade.

As alterações (reduções ou aumentos) do justo valor são reconhecidas na demonstração dos resultados, afectando os resultados do período. Esta solução normativa é, em nossa opinião, desadequada atendendo à natureza, ao objectivo da detenção e ao tempo de permanência desses investimentos financeiros, que não pode ser confundida com as intenções associadas a meras operações de natureza especulativa (as designadas operações de *trading*), visando antes a permanência do investimento e o exercício de alguma influência na entidade, ou, mesmo, a obtenção de rendimentos (obtenção de dividendos com alguma continuidade ou permanência), que ultrapassam o decurso normal do ciclo operacional da entidade. Estas intenções podem ser prosseguidas ainda que a percentagem de capital detida não permita classificar essas participações como subsidiárias, associadas ou empreendimentos conjuntos. Veja-se que, para grandes entidades de capital aberto e muito disperso, deter 5% do seu capital é deter uma participação qualificada e pode, em alguns casos,

---

[41] Ver a título de exemplo o que é disposto na alínea c) do art. 51.º do CIRC, a propósito da eliminação da dupla tributação económica, bem como no art. 32.º do EBF, no caso das Sociedades Gestoras de Participações Sociais (SGPS).

[42] Veja-se, a título meramente exemplificativo, os montantes envolvidos na compra de 5% do capital da EDP e do Millenium-BCP, para 2009, que correspondem a cerca de 182.827.000 € e 234.730.000 €, respectivamente.

essa percentagem de capital permitir exercer uma forte influência na política financeira e operacional da entidade. O legislador fiscal, também, não acautelou as implicações desta opção legislativa no regime fiscal das SGPS.

Assim, as oscilações das cotações dos instrumentos em mercados organizados (sejam acções, obrigações, papel comercial, ou outros instrumentos mistos, como por exemplo obrigações convertíveis em acções)[43], que sejam de classificar como investimentos, não devem penalizar os resultados do período em que se verificaram essas alterações no justo valor, devendo ser, em nossa opinião, reconhecidas nos capitais próprios, à semelhança dos excedentes de revalorização dos activos fixos tangíveis e intangíveis, que analisamos *supra*, em obediência ao princípio da realização dominante no direito tributário[44].

A actual orientação parece avessa a esse princípio da realização, que subjaz como princípio estruturante do sistema de tributação do rendimento. Terá o legislador fiscal optado por uma posição demasiado permissiva, quando admite o reconhecimento de gastos e rendimentos não realizados para efeitos de concorrência para o lucro tributável?

Depois de analisarmos a aplicação do justo valor aos principais elementos activos e as opções do legislador fiscal no que a este respeita, vamos, no ponto seguinte, centrar-nos no regime societário da conservação de capital, e analisar os eventuais impactos que a adopção desse *iter* mensurativo terá na limitação da distribuição de bens aos sócios. Ancora-se a nossa análise no disposto no n.º 2 do art. 32.º do CSC.

---

[43] O legislador fiscal apenas admite efeitos fiscais para as alterações relacionadas com instrumentos do capital próprio.

[44] Defendemos também que as alterações do justo valor nas propriedades de investimento deviam ser, também, reconhecidas como variações patrimoniais em capitais próprios.

6. O justo valor numa perspectiva societária

Importa precisar que de entre as funções que cabe à contabilidade desempenhar destaca-se a sua função para a distribuição de resultados/dividendos ou outros bens aos sócios/accionistas[45], a qual complementa as tradicionais funções de informação e de base para a determinação da tributação em imposto sobre o rendimento das pessoas colectivas.

Dadas as repercussões que o padrão valorativo do justo valor pode induzir na distribuição de bens sociais, o legislador societário não se inibiu de condicionar os seus efeitos no apuramento das grandezas contabilístico-societárias, dado o impacto que os incrementos decorrentes da sua aplicação podem provocar naquele agregado. Assim, vem o legislador societário a condicionar o seu reconhecimento no art. 32.º do CSC, com a epígrafe «Limite da distribuição de bens aos sócios», mais concretamente, no n.º 2 deste preceito, em que se dispõe que «[o]s incrementos decorrentes da aplicação do justo valor através de componentes do capital próprio, incluindo os da sua aplicação através do resultado líquido do exercício[46], apenas relevam para poderem ser distribuídos aos sócios bens da sociedade, a que se refere o número anterior[47], quando os elementos ou direitos que lhes deram origem sejam alienados, exercidos, extintos, liquidados

---

[45] Ver n.º 1 do art. 31.º do CSC.

[46] O legislador societário não veio a substituir a expressão "resultado líquido do exercício" por "resultado líquido do período" tal como foi adoptado pelo normalizador contabilístico do SNC.

[47] O n.º 1 do art. 32.º refere que "[s]em prejuízo do preceituado quanto à redução do capital social, não podem ser distribuídos aos sócios bens da sociedade quando o capital próprio desta, incluindo o resultado líquido do exercício, tal como resulta das contas elaboradas e aprovadas nos termos legais, seja inferior à soma do capital social e das reservas que a lei ou o contrato não permitem distribuir aos sócios ou se tornasse inferior a esta soma em consequência da distribuição".

ou, também quando se verifique o seu uso, no caso de activos fixos tangíveis e intangíveis».

Deste modo e interpretando literal e teleologicamente a disposição do n.º 2 do art. 32.º do CSC, denota-se a preocupação do legislador apenas com a consideração das variações do justo valor, independentemente das técnicas contabilisticamente usadas para a sua determinação. Como se refere no parágrafo anterior, o legislador societário pretende apenas acautelar a distribuição de bens sociais gerados a partir da aplicação do referido critério de valorimetria e não mais do que isso. O legislador societário impõe, assim, limites à distribuição de bens sociais, sempre que estes tenham origem em valores não realizados provenientes da aplicação do justo valor[48], seja este obtido através de cotações de mercados regulamentados ou da aplicação de critérios *mark-to-model*, ainda que este critério seja na generalidade das situações afastado pelo legislador contabilístico nacional.

Veja-se que o legislador societário parece estender o disposto no n.º 2 do art. 32.º do CSC a todas as alterações do justo valor reconhecidas em capitais próprios ou em resultados, impedindo a distribuição de bens aos sócios resultantes dos incrementos nos resultados ou nos capitais próprios por mero efeito da utilização do justo valor. Se assim não fosse, a valorização ao justo valor poderia conduzir a situações em que a distribuição aos sócios violaria o princípio da manutenção do capital, dando lugar à distribuição dos bens da sociedade, e à violação do disposto no n.º 1 do art. 32.º.

Importa agora precisar melhor as disposições previstas no enquadramento societário.

O legislador societário veda, pelo menos parcialmente, a possibilidade de esta base mensurativa influenciar o montante

---

[48] O legislador societário, no caso de aumentos provocados por alterações do justo valor, parece ter adoptar o conceito mais restrito do princípio da realização, em nome do respeito pelo princípio da conservação do capital.

dos bens sociais a distribuir, considerando que esses incrementos são indistribuíveis aos sócios.

Como devemos interpretar o conteúdo do preceito ínsito no n.º 2 do art. 32.º do CSC? Qual o sentido que o legislador quis projectar nesse preceito: procura afastar todos ou apenas alguns dos incrementos decorrentes da aplicação do justo valor? Apenas os incrementos através dos capitais próprios? Ou os incrementos através dos capitais próprios e aqueles que têm impacto no resultado líquido do período? Deve entender-se estes últimos incrementos como aqueles que o legislador fiscal aceitou para efeitos de determinação do lucro tributável? Afinal, qual o sentido que o legislador quis projectar nesta norma societária? Terá o legislador societário optado por uma posição demasiado previdente, protegendo excessivamente a entidade e os seus credores em detrimento dos accionistas?

Os quadros de compreensão do preceito não podem ser obtidos fora do quadro conceptual do legislador contabilístico, quer seja no SNC, quer nas normas IASB-UE.

O recurso aos elementos literais não torna fácil a tarefa de interpretação deste preceito, pelo que cabe apelar também a elementos extra-literais, nomeadamente, através do recurso aos elementos históricos, sistemáticos e teleológicos.

Assim, e através da análise do preâmbulo do Decreto-Lei 185/2009, de 12 de Agosto, que introduziu o n.º 2 do art. 32.º do CSC, podemos observar a posição do legislador societário no que a esta matéria respeita. Afirma que «(...) com a recente adopção, por parte das entidades com valores cotados, das Normas Internacionais de Relato Financeiro adoptadas pela União Europeia e a próxima adopção de um novo Sistema de Normalização Contabilístico aplicável às demais empresas vieram permitir que as empresas passem a utilizar com maior intensidade o critério de mensuração do justo valor *(fair-value)*.

A aplicação desta técnica contabilística tem como principal consequência que a ênfase é dada à mensuração das rubricas do balanço, passando, em consequência, a expressar-se muitas das rubricas desta demonstração financeira em valores de mercado[49]. Assim sendo, e embora reconhecendo a importância da adopção do critério de justo valor na qualidade da informação financeira prestada pelas empresas, facto que permite reflectir com maior relevância o seu verdadeiro desempenho, entende-se que deverá haver alguma limitação à distribuição dos resultados positivos que tenham sido gerados a partir da aplicação do referido critério de valorimetria. Quanto às componentes negativas da aplicação do justo valor, não deixa de ter aplicação o princípio da prudência, pelo que não é contemplada qualquer alteração nesta vertente, continuando a afectar, neste caso negativamente, a distribuição de resultados, já que, primeiro, terão de ser compensadas estas perdas, e só depois se poderão libertar bens para distribuição».

A nova redacção do art. 32.º, com a introdução do seu n.º 2, visa concretamente limitar a distribuição de resultados derivados de incrementos gerados pela aplicação do justo valor. Discordamos, por isso, da posição de Guimarães (2005: 6), quando refere a respeito deste preceito que «o art. 32.º do CSC constitui, efectivamente, uma norma do direito societário que interfere (limita) directamente na aplicação do critério de mensuração do

---

[49] Não concordamos com PAULO TARSO (in COUTINHO DE ABREU, 2010: 501) quando afirma que o SNC veio substituir o princípio do custo histórico pelo critério do justo valor, pois encontra-se expressamente estatuído no § 99 da EC que o critério de mensuração geralmente adoptado pelas entidades ao preparar as suas DF é o custo histórico, ainda que este possa ser combinado com outras bases de mensuração. Mais adiante refere o mesmo autor que o SNC veio permitir a utilização do justo valor (fair value) – do valor de mercado – como critério para a mensuração dos bens da sociedade. O que à partida também não assume natureza geral, bem pelo contrário, a mensuração ao justo valor é apenas admitida para alguns elementos do activo, e somente para os casos expressamente permitidos nas NCRF do SNC.

justo valor»; pois o legislador societário não limita a aplicação do critério de mensuração do justo valor, apenas limita a distribuição de resultados não realizados em nome da prudência e do princípio da intangibilidade do capital social. Constitui, em nossa opinião, uma limitação objectiva à distribuição de bens resultantes de incrementos (rendimentos por aumentos de justo valor), em nome do princípio da realização. O legislador contabilístico considera que a mensuração ao justo valor permite, em alguns casos, evidenciar as suas alterações nos resultados, enquanto em outros casos essas alterações são evidenciadas como variações patrimoniais nos capitais próprios. Algumas dessas alterações de valor verificam-se em *itens* estruturais, cuja realização financeira/monetária não faz sentido no curso normal das operações da entidade. *In casu* importa referir as variações por alterações de justo valor (perdas por reduções de justo valor e ganhos por aumentos de justo valor) nos activos biológicos consumíveis, nas propriedades de investimento e nos investimentos financeiros, cujas alterações são reconhecidas nos resultados do período. Consideram-se, por isso, realizados todos os rendimentos por aumentos de justo valor naqueles elementos activos.

Em outros casos, essas alterações de justo valor, provocadas pela adopção do modelo de revalorização nos activos fixos tangíveis e intangíveis são reconhecidos nos capitais próprios na subconta apropriada. Afasta a ideia da realização dos aumentos de justo valor em activos fixos tangíveis e intangíveis, optando por os considerar uma variação patrimonial positiva na conta 58 – Excedentes de Revalorização de activos fixos tangíveis e intangíveis. Assim, a realização desse excedente de revalorização pode ser obtida, ou pelo uso, *i.e*, pela consideração da depreciação ou amortização de um activo fixo tangível e intangível, respectivamente, ou pela alienação do referido activo, ou, ainda, por qualquer outra razão que conduza também ao seu desreconhecimento[50]. A parte realizada dos excedentes de revalorização vai afectar os resultados transitados, na medida da utilização dos respectivos bens ou direitos, ou aquando do seu desreconhcimento, momento a partir do qual estes podem ser distribuídos por decisão da Assembleia geral, uma vez que constituem resultados distribuíveis.

Para Paulo Tarso (2010: 502)[51] a utilização do justo valor comporta «o risco de consentir numa revalorização dos bens e, consequentemente, num aumento do valor da situação patrimonial societária – de permitir uma mais fácil distribuição de bens pelos sócios, em prejuízo dos credores sociais que verão diminuído o património que garante os seus créditos. Por isso, para a distribuição de bens aos sócios – que tenha por base aumentos da situação patrimonial resultantes da avaliação pelo justo valor, dos bens sociais –, o art. 32,2 determina que se observe o «princípio da realização»; *i.é*, apenas quando o valor dos bens – actualizados pelo seu justo valor – for, *hoc sensu*, realizado (*e.g.*, quando os bens forem vendidos) é que esse montante poderá ser distribuído pelos sócios».

Optando por uma interpretação sistemática e teleológica, vejamos para os principais elementos activos que podem ser valorizados pelo justo valor, o que se deve inferir da disposição geral do legislador societário.

Para as **propriedades de investimento** as alterações (aumentos ou reduções) de justo valor ainda que reconhecidas em resultados não são aceites como ajustamentos que concorrem para a formação do lucro tributável[52], como analisámos, mais

---

[50] O desreconhecimento pode resultar, para além da transmissão do activo, do seu abate físico, do desmantelamento, do abandono ou da inutilização do mesmo.

[51] *In* COUTINHO DE ABREU (2010).

[52] O legislador fiscal vem a admitir a sua depreciação quando contabilizados ao custo de aquisição – cfr. n.º 1 do art. 29.º do CIRC.

pormenorizadamente, no ponto anterior. Assim, e em nome da unidade do sistema jurídico, defendemos que as alterações das mesmas devem ser afastadas para efeitos de distribuição de bens aos sócios, tal como parece entender-se do disposto no n.º 2 do art. 32.º, pois adianta-se neste preceito que a possibilidade da distribuição fica condicionada pela alienação, exercício, extinção, ou liquidação dos elementos ou direitos que lhes deram origem. Todavia, importa atender que no preâmbulo do Decreto--Lei 185/2009 de 12 de Agosto, existe uma clara intenção de considerar que as reduções de justo valor concorrem sempre para a determinação dos lucros distribuíveis, independentemente do que se vier a considerar em outros ramos do Direito, nomeadamente no Direito Fiscal. Assim, para efeitos da limitação da distribuição de bens sociais constante do n.º 2 do art. 32.º apenas relevam os aumentos de justo valor, sendo que as reduções neste tipo de investimentos contribuem para a redução do resultado líquido do período, pelo facto de as mesmas serem reconhecidas como gastos do período[53], influenciando, deste logo, a distribuição dos resultados do período em que ocorram.

No caso dos **activos fixos tangíveis e intangíveis** as alterações de justo valor verificadas pela opção da utilização do justo valor na mensuração subsequente não concorrem, regra geral, para os resultados contabilísticos e, também, não concorrem para o lucro tributável no período em que são reconhecidos, pelo que se pode afirmar que estas alterações estão claramente contempladas pelo n.º 2 do art. 32.º, não sendo possível que esses

---

[53] Esta opção do legislador contabilístico colhe o nosso total desacordo. Entendemos, conforme referimos anteriormente, que essas alterações positivas e negativas do justo valor deviam ser reconhecidas como variações patrimoniais em capitais próprios, à semelhança do que acontece com a revalorização de activos fixos tangíveis e intangíveis, não devendo afectar os resultados do período em que essas alterações ocorrem.

incrementos sejam distribuídos aos sócios[54]. Esta distribuição fica condicionada pela alienação, exercício, extinção, ou liquidação dos elementos ou direitos que lhes deram origem ou, também, quando se verifique o seu uso.

A consideração desses excedentes no lucro distribuível conduziria à violação do princípio da realização, e, adicionalmente, os valores dos excedentes de revalorização reconhecidos nos capitais não assumem estabilidade, pois estes excedentes podem vir a ser diminuídos ou mesmo eliminados por futuras perdas por imparidades nos bens sujeitos a revalorização. No caso de a revalorização conduzir, numa primeira fase, a uma perda de imparidade esta é reconhecida em resultados, através da conta 65 – Perdas por imparidade. Se, porventura, se tiver registado um excedente de revalorização numa revalorização anterior e, posteriormente, se vier a verificar uma perda por imparidade, esta deve ser debitada directamente no capital próprio até ao ponto em que se anule esse excedente de revalorização. Logo, uma revalorização positiva afecta directamente uma conta de capitais próprios e uma revalorização negativa pode afectar directamente a conta de excedentes de revalorização ou os gastos do exercício, tendo por isso um impacto negativo mas indirecto no capital próprio.

O excedente de revalorização reconhecido é transferido para resultados transitados quando o activo for desreconhecido, sendo realizado na totalidade, ou pelo uso do activo, e sê-lo-á

---

[54] As componentes negativas (perdas) resultantes da aplicação do justo valor são consideradas perdas por imparidade (nos activos fixos tangíveis e nos activos intangíveis) podendo ou não concorrer para o resultado em função de existirem ou não excedentes criados no concreto activo. Já as perdas por reduções de justo valor (no caso dos instrumentos financeiros, nos investimentos financeiros, nas propriedades de investimentos e nos activos biológicos), afectam negativamente os resultados líquidos do período e, por essa via, influenciam a capacidade de distribuição de resultados.

neste caso, pela quantia correspondente à diferença entre a depreciação baseada na quantia escriturada revalorizada do activo e a depreciação baseada no custo original do activo. Quando o excedente de revalorização é transferido para resultados transitados não há qualquer limitação para efeitos de concurso para a distribuição de bens da sociedade aos sócios. Situação diversa era prevista pelo legislador no âmbito do Decreto-Lei 31/98, de 11 de Fevereiro[55] (n.º 2 do art. 5.º), em que nenhuma parcela da reserva de reavaliação era passível de distribuição aos sócios, ficando sujeitas ao regime da reserva legal (alínea b) do n.º 2 do art. 295.º do CSC). À luz da lei societária também as actuais reavaliações previstas pelo legislador contabilístico e decorrentes de diplomas legais, que figuram numa subconta «58.1 – Reavaliações decorrentes de diplomas legais» – parecem estar abrangidas por esta disposição societária.

Diversa é a situação no que respeita aos activos biológicos e instrumentos financeiros. Para os primeiros, os **activos biológicos**, as alterações de justo valor são reconhecidas em resultados, logo o legislador contabilístico considera realizados todos os ganhos por aumentos de justo valor em activos biológicos consumíveis. Entendimento que o legislador fiscal segue não apenas por efeito da regra geral de dependência, mas através de uma específica regra fiscal que concretiza e confirma o entendimento do legislador contabilístico[56]. Assim, e em nome da unidade do sistema jurídico, pensamos que as alterações das mesmas relevam para poderem ser distribuídas aos sócios, ou seja, os ganhos por aumentos de justo valor podem concorrer para a distribuição de bens aos sócios, principalmente devido, também, à irrelevância material que pode estar associada à generalidade dessas alterações.

---

[55] Diploma que permitiu a última reavaliação legal realizada em Portugal até ao momento.

[56] Analisámos mais desenvolvidamente esta temática no ponto *supra*.

Nos segundos, **os instrumentos financeiros**, o caso afigura-se muito mais complexo. Assim, e segundo as disposições contabilísticas ínsitas na NCRF 27, os instrumentos financeiros em outras entidades, desde que não sejam investimentos em subsidiárias, associadas e entidades conjuntamente controladas são mensurados ao custo ou ao justo valor.

Logo, e numa lógica fiscal, qualquer ganho reconhecido por efeito de aumentos de justo valor que não estejam contemplados na específica regra fiscal de ajuste contraria a solução contabilística e não é entendido como rendimento ou gasto realizados, não concorrendo para o lucro tributável.

A solução do legislador contabilístico e fiscal afastam-se significativamente. O legislador contabilístico não impõe qualquer limitação a esses investimentos, considerando realizados todos os ganhos por aumentos de justo valor em instrumentos financeiros, sejam estes instrumentos de negociação ou de investimento. Na essência, o conceito de instrumentos financeiros envolve os instrumentos financeiros e também os investimentos financeiros[57] desde que mensurados ao justo valor[58]. Logo, e para os casos de investimentos que não sejam de qualificar como investimentos em subsidiárias, empreendimentos conjuntos e associadas, e sempre que exista um mercado activo onde essas partes de capital sejam negociáveis, ou sempre que o seu justo valor possa ser determinado com fiabilidade, o legislador contabilístico considera realizados os ganhos por aumentos de justo valor. Outro é o entendimento do legislador fiscal[59] que vai limitar os ajustamentos decorrentes da aplicação do justo valor

---

[57] Para um maior entendimento desta questão ver nota 12 *supra*.

[58] Os investimentos financeiros que não sejam valorizados ao justo valor são reconhecidos em subcontas da classe 4, mais especificamente, na conta 414 – Investimentos noutras empresas; e 415 – Outros investimentos financeiros.

[59] Temática tratada no ponto 5 deste trabalho.

que concorrem para a formação do lucro tributável aos instrumentos do capital próprio que tenham um preço formado num mercado regulamentado, sempre que o investidor não detenha, directa ou indirectamente, uma participação de capital superior a 5%. Logo, qualquer ganho reconhecido por efeitos de aumentos de justo valor que não esteja contemplado na específica regra fiscal de ajuste contraria a solução contabilística e não é entendido como rendimento ou gasto realizado, não concorrendo, assim, para o lucro tributável. Neste caso, e do ponto de vista societário, para os instrumentos financeiros com natureza de investimentos, em obediência ao princípio da imutabilidade do capital, somos da opinião que esses rendimentos por aumentos de justo valor não devem concorrer para efeitos de distribuição de bens aos sócios, ainda que tenham sido considerados rendimentos para efeitos contabilísticos. Devem, por isso, ser deduzidos aos resultados líquidos do período para efeitos de determinação do resultado distribuível aos sócios/accionistas, condicionando inexoravelmente os limites de distribuição dos bens aos sócios. Deste modo, e para os instrumentos financeiros com natureza de investimentos, em obediência ao princípio da imutabilidade do capital, somos da opinião que esses rendimentos por aumentos de justo valor não devem concorrer para efeitos de distribuição de bens aos sócios, ainda que tenham sido considerados rendimentos para efeitos contabilísticos. Devem, por isso ser deduzidos ao resultado líquido do período para efeitos de determinação do resultado distribuível aos sócios/accionistas.

O legislador societário tentou, assim, afastar todos ou alguns dos incrementos decorrentes da aplicação do justo valor. Todavia, olvidou-se de todas as outras estimativas de rendimentos que não se reconduzem à base de mensuração do justo valor.

Pode, ou deve, fazer-se uma interpretação extensiva da noção do justo valor para abarcar estas estimativas? Em nossa opinião não. Não faz sentido qualquer interpretação que ultrapasse o conceito de justo valor tal como o legislador contabilístico o definiu. O n.º 2 do art. 32.º do CSC refere-se apenas à impossibilidade de distribuição dos incrementos decorrentes da aplicação do justo valor.

É nosso entendimento que o legislador societário podia ter ido mais longe, se tivesse incluído no âmbito deste preceito outros incrementos patrimoniais não realizados, nomeadamente os ajustamentos em activos financeiros relacionados com o método da equivalência patrimonial (MEP) e as variações das diferenças de conversão de DF, entre outras. Todavia, não o fez.

Guimarães (2009: 6) considera que «o n.º 2 do art. 32.º constitui a principal novidade da alteração do articulado face à referida aplicação do critério de mensuração do justo valor, constituindo uma limitação objectiva à distribuição de bens resultante de incrementos (variações positivas) decorrentes da aplicação do justo valor através de componentes em capital próprio (aumentos nas contas da Classe 5 do SNC), nomeadamente os agora denominados excedentes de revalorização evidenciados na conta «58 – Excedentes de revalorização de activos fixos tangíveis e intangíveis» e os ajustamentos positivos decorrentes da aplicação do método da equivalência patrimonial relevados na conta «571 – Ajustamentos em activos financeiros – Relacionados com o método da equivalência patrimonial». Discordamos do autor acima citado, pois entendemos que a interpretação do preceito em análise não poderá envolver os ajustamentos resultantes da aplicação do método da equivalência patrimonial, nem mesmo quaisquer outros ajustamentos estranhos àqueles que resultem da adopção do padrão mensurativo do justo valor. Pelo que os incrementos resultantes da aplicação do método da equivalência patrimonial (MEP), nomeadamente, no que respeita aos lucros imputáveis, parecem não estar contemplados pelo legislador societário neste preceito. Assim sendo, esses acréscimos resultantes da aplicação do MEP concorrem para o resultado contabilístico e, não sendo excluídos pelo legislador societário, podem contribuir para a distribuição dos lucros nas sociedades mãe/investidora/empreendedora, no próprio ano da imputação. Também os ajustamentos de transição resultantes dos ajustamentos em activos financeiros relacionados com o método da equivalência patrimonial, ou os ajustamentos decorrentes de outras variações nos capitais próprios das participadas poderão conduzir a acréscimos no capital próprio que não foram afastados pelo legislador no preceito em análise. Importa entender se serão ou não passíveis de concorrer para ser distribuídos aos sócios bens da sociedade.

Não existindo específica regra societária que contrarie tal resultado contabilístico, importa perceber se o recurso ao princípio da intangibilidade do capital se afigura suficiente para impedir a distribuição desses incrementos patrimoniais. Numa análise sistemática, e apelando à coerência do sistema jurídico, será que podemos importar as disposições do legislador fiscal (n.º 8 do art. 18.º do CIRC) para afastar da hipótese de distribuição todos esses ajustamentos? Parece-nos que a interpretação do preceito não nos conduz à rejeição desses ajustamentos para concurso da distribuição de resultados ou, mesmo, da limitação da distribuição de bens da sociedade aos sócios.

Contrariamente ao entendimento de Guimarães (2009) não nos parece, também, que o legislador societário vise afastar apenas os ajustamentos reconhecidos na classe 5 do estatuído no n.º 2 do art. 32.º, pois a ser assim não faria sentido o segmento do preceito que se refere ao resultado líquido do exercício/período. Assim, o legislador societário estabelece que os «incrementos decorrentes da aplicação do justo valor através de componentes do capital próprio, incluindo os da sua aplicação através do resultado líquido do exercício», não relevam para poderem ser distribuídos aos sócios bens da sociedade. Para a interpretação do legislador societário importa atender à *ratio* dessa norma.

Em nossa opinião, essa *ratio* passa por afastar os ajustamentos resultantes desse critério valorativo, que não se considerem realizados no período, para evitar distribuir aos sócios bens da sociedade por mero efeito de padrões contabilísticos.

Difícil será explicar ao accionista que um resultado líquido do período correspondente a lucro do balanço[60] não é inteiramente distribuível, porque para esse valor concorreram rendimentos por aumentos de justo valor, que por não serem realizados devem ser expurgados dos bens sociais passíveis de distribuição. Em nossa opinião esta situação afigura-se complexa e difícil de concretizar, pois implica criar mais um esquema contabilístico que permita conhecer qual o valor desses rendimentos por aumentos de justo valor, para os eliminar do resultado líquido do período, logo pós-impostos, para efeitos de distribuição.

A adopção desta métrica contabilística releva para outras problemáticas societárias. Veja-se, a título de exemplo, o efeito resultante da aplicação deste *iter* valorativo no que respeita à influência que pode exercer na fixação das remunerações de natureza variável dos membros dos órgãos de gestão, já que existe uma margem de discricionariedade significativa na sua fixação, sendo normalmente a *ratio* de referência os resultados líquidos do período, ou quaisquer outros indicadores de desempenho previamente acordados entre as partes. Este facto pode conduzir a que os preparadores tendam a reconhecer todos os rendimentos por aumentos de justo valor, por conduzirem a maiores resultados, podendo diferir ou omitir grande parte dos gastos por reduções de justo valor, numa tentativa de não penalizar esse indicador de referência subjacente à fixação dessas mesmas remunerações.

Em síntese, a disposição do legislador societário visa, em nossa opinião, a protecção do capital das sociedades, constituindo

---

[60] Ver por todos, Paulo de Tarso no comentário ao CSC *in* COUTINHO DE ABREU (2010: 489 e ss.).

uma garantia necessária e indispensável para evitar a descapitalização através da distribuição de valores não realizados aos sócios[61], em nome do princípio da conservação do capital.

7. Conclusões

As perplexidades e dificuldades de lidar com gastos e rendimentos que resultam de estimativas, e que hoje dominam a contabilidade na sua fase pós Regulamento (CE) 1606/2002, do Parlamento e da Comissão, de 19 de Julho, são realidades presentes no enquadramento contabilístico nacional. A adopção do SNC e das normas do IASB-UE trouxeram consigo uma maior subjectividade em algumas áreas do relato financeiro, nomeadamente pela coexistência de modelos de valorização alternativos, e uma dominância de estimativas apelando a juízos profissionais. Estimativas essas que se apoiam em pressupostos não menos duvidosos, como os que dimanam da determinação do justo valor, particularmente quando este é apoiado na abordagem rendimento, nomeadamente no método dos *cash flows* descontados, o qual tem como núcleo uma taxa de desconto que depende, entre muitos outros factores, de um prémio de risco que cada um dos vários agentes económicos está disposto a suportar. Portugal, até ao momento, no SNC, afastou-se dessa maior subjectividade na determinação do justo valor ao optar por um conceito de «justo valor regulado», por admitir muito residualmente as técnicas de determinação do justo valor com base em modelo de valorização ou mensuração assentes numa abordagem pelo rendimento (designados por modelos *mark-to--model*).

---

[61] Posição semelhante é defendida por GUIMARÃES (2009: 5). Ver também MENEZES CORDEIRO (2009: 158 e ss.) e PAULO TARSO (*in* COUTINHO DE ABREU, 2010).

O justo valor será um critério de mensuração, em nossa opinião, particularmente adequado para activos correntes transaccionados em mercados activos, e desde que esses mercados apresentem níveis de liquidez significativos, onde rapidamente qualquer detentor de um bem ou direito o possa transaccionar, se o objectivo desses activos for a mera detenção para negociação. Daí sermos avessos à valorização ao justo valor de bens fundamentais para o desenvolvimento da actividade operacional da entidade e que permanecem no seu seio por períodos longos, não podendo ser alienados ao ritmo das valorizações dos mercados, como é o caso dos activos fixos tangíveis e de alguns investimentos financeiros. Assim, em nossa opinião, apenas os bens negociáveis em mercados líquidos poderão ou deverão ser valorados ao justo valor e só quando a função desses bens nas entidades seja a detenção para negociação a curto prazo.

Todavia, a inexistência de mercados activos para alguns bens e ou direitos, para os quais se admite no normativo contabilístico nacional a mensuração ao justo valor, poderá afectar de modo significativo a fiabilidade dessas mensurações, e para alguns desses elementos, o custo de determinar o justo valor pode constituir um constrangimento sério à sua utilização. Não obstante, a principal questão é que a ausência de um mercado activo pode conduzir a um excesso de estimativas, particularmente se atendermos às disposições constantes no normativo IASB, baseadas em pressupostos também eles discutíveis, podendo em muito deturpar a compreensibilidade, a fiabilidade e mesmo a comparabilidade da informação. Assim, embora a opção por uma avaliação de activos ao justo valor possa proporcionar uma melhor base para a previsão dos fluxos financeiros futuros, conduz ao reconhecimento de gastos e rendimentos não realizados na Demonstração dos Resultados e, portanto, no resultado líquido do período. Esta questão é particularmente gravosa para alguns dos activos não correntes, cujas alterações de justo valor (perdas ou ganhos por reduções ou aumentos de justo valor, respectivamente), acabam reconhecidos nos resultados líquidos do período, quando deveriam, na melhor das hipóteses, ser reconhecidas no capital próprio como variações patrimoniais (negativas ou positivas) à semelhança do que acontece para os activos fixos tangíveis e intangíveis. Para estes casos, só com sistemas eficientes de controlo (de *enforcement*) se poderá ultrapassar o maior subjectivismo provocado pela maior exigência de juízos profissionais e até alguma eventual criatividade excessiva por parte dos preparadores da informação, a que este normativo é permissível.

As cotações em mercados activos são entendidas como o expoente máximo do conceito/padrão de justo valor. São, contudo, na generalidade dos casos, valores muito voláteis, não se revelando bases de mensuração adequadas para activos que sejam detidos por períodos mais longos pelas entidades empresariais. Mesmo na mensuração dos elementos para os quais existe um mercado activo de referência, a utilização do justo valor pode vir a não se revelar neutral, pois os tempos de divulgação de informação e as alterações dos preços/valores de mercado são muito diversos. A divulgação da informação contabilística é, em geral, de periodicidade anual, semestral ou trimestral, não permitindo reconhecer esses bens ou direitos detidos para negociação ao ritmo de variação das cotações no mercado, podendo existir atraso significativo no reconhecimento de perdas ou ganhos associados a muitos desses instrumentos financeiros. Com efeito, o ritmo dos mercados é muito diferente do da prestação de informações contabilísticas, ou mesmo porque não interessa ao órgão de gestão divulgar o reconhecimento, particularmente se se tratar de perdas, que podem conduzir a pior desempenho da entidade que dirige, e de algum modo influenciar as suas próprias remunerações, sempre que estas estejam dependentes desse eventual desempenho.

A utilização desta métrica pode aprofundar os efeitos da fase do ciclo em que nos encontrarmos, funcionando como pró--cíclico, e não como seria desejável contra-ciclo, reforçando os efeitos positivos nas fases ascendentes e os efeitos negativos nas fases descendentes do ciclo. Deve atender-se que apesar de não podermos afirmar incontestavelmente que o justo valor foi indutor da crise que ainda hoje faz sentir os seus efeitos um pouco por todo o mundo, podemos pelo menos afirmar que a evolução do justo valor, quando a referência é o mercado activo, estará dependente da fase do ciclo em que o mercado se encontra, podendo reforçar tanto as fases de euforia como as de depressão, dada a volatilidade associada a este referencial de mensuração.

O justo valor é ainda hoje um conceito ou uma base de mensuração que enferma de algumas incoerências significativas, pelo que desde Fevereiro de 2006 se discute uma plataforma de convergência entre o IASB e o FASB, no sentido de os dois organismos mais influentes em termos mundiais criarem normas consistentes a este propósito, no sentido de harmonizar as mensurações e as divulgações ao justo valor. Pela primeira vez em uníssono, e reforçando a ideia da subjectividade associada ao conceito, este dois organismos apelam, conjuntamente, a uma hierarquia enquanto fonte adequada para a determinação do justo valor. Assumem com toda a clareza que o justo valor não é um valor, mas vários valores para diferentes realidades em função da abordagem adoptada. O justo valor não se identifica em exclusivo com o valor de mercado, já que se pode recorrer em muitas situações a estimativas, sejam elas baseadas nas abordagens rendimento ou custo. Assim, hoje e no futuro também, a hierarquia normativa prevista para a determinação do justo valor prevê mensurações que vão da obtenção de dados num mercado activo até à obtenção de estimativas com base em pressupostos de gestão, desde que estes sejam devidamente justificados na divulgação, podendo, todavia, e em nossa opinião, enviesar qualquer análise a jusante.

Em síntese, e atendendo a uma visão multidisciplinar, importa precisar as diferentes orientações previstas no nosso ordenamento jurídico para um mesmo conceito. O legislador contabilístico admite a aplicação do justo valor, sempre que os elementos a mensurar sejam negociados em mercados regulamentados, ou se o justo valor deles puder ser obtido de forma fiável, admitindo, ainda que excepcionalmente, outras fontes para a determinação do justo valor. Já o legislador fiscal afasta, talvez em nome da verificabilidade, os ajustamentos decorrentes da aplicação do justo valor para a formação do lucro tributável nos períodos em que estes ocorrem, sempre que estes não resultem de cotações em mercados organizados, ainda que os venha a considerar posteriormente aquando da sua efectiva realização; todavia, e para o caso dos instrumentos financeiros, opta por uma posição que nos parece desadequada face ao seu objectivo de actuação, o qual visa maximizar receitas fiscais. Contudo, é o legislador societário que se nos afigura, talvez, como o mais previdente, limitando os bens a distribuir aos accionistas quando o acréscimo patrimonial resultou de meros efeitos da aplicação do critério mensurativo do justo valor.

E, por último, permitindo-nos terminar com as eternas questões em aberto nesta temática: o que deve entender-se por justo valor? Quais os bens e direitos a que se deve aplicar esse *iter* mensurativo? Como calcular o justo valor na ausência de mercados activos? Questões ainda hoje escaldantes na agenda das negociações do IASB e do FASB.

Bibliografia

Abreu, J. Coutinho de (Coord.) (2010), *Código das Sociedades Comerciais em Comentário*, Coimbra, Almedina.

Barth, M. e Ladsman, W. (1995), "Fundamental Issues Related to Using Fair Value Accounting for Financial Reporting", *Accounting Horizons*, 9, 4, December, p. 97-107.

BENSTON, J. (2008), "The shortcomings of fair-value accounting described in SFAS 157", *Journal of Accounting and Public Policy*, 27, p. 101-114.

CORDEIRO, A. MENEZES (Coord.) (2009), *Código das Sociedades Comerciais Anotado*, Coimbra, Almedina.

DUQUE, JOÃO (2008), "Em Defesa do Justo Valor", *Revista da OTOC*, 105, Dezembro, p. 34-35.

FERREIRA, R. FERNANDES (2008), "A Globalização (Economicista) Piora Também a Ética Contabilística?", *Revista da OTOC*, 102, Setembro, p. 42-43.

GRENHA, CARLOS et al. (2009), *Anotações ao Sistema de Normalização Contabilística*, Lisboa, Ed. CTOC.

GUIMARÃES, J. F. DA CUNHA (2009), «O 'Justo Valor' no SNC e o art. 32.º do CSC», *Contabilidade & Empresas*, n.º 1, 2.ª Série, Janeiro//Fevereiro de 2010, p. 14-20 e na *Revista Electrónica INFOCONTAB*, n.º 47, Novembro, p. 1-7.

HOLTHAUSEN, R. e WATTS, R. (2001), "The relevance of the value-relevance literature for financial accounting standard setting", *Journal of Accounting and Economics*, 31, p. 3-57.

IASB/FASB Joint Meeting – week beginning 13 September 2010 IASB Agenda reference 9A Staff Paper FASB Agenda reference 9 *Project Fair value measurement*

LAUX C. e LEUZ C. (2009), *The crisis of fair value accounting: making sense of the recente debate,* The University of Chicago Booth School of Business, Working Paper, 33.

LÉRIAS, G. (2009), "Relato Contabilístico: dos Valores Históricos aos Benefícios Económicos Futuros", *Revista da OTOC*, 109, Abril, p. 35-46.

MARTINS, ANTÓNIO (2010), *Justo Valor e Imparidade em Activos Fixos Tangíveis e Intangíveis – aspectos financeiros, contabilísticos e fiscais*, Almedina.

PEREIRA, M. H. DE FREITAS (1988), "A Periodização do Lucro Tributável", *Cadernos de Ciência e Técnica Fiscal*, Janeiro--Março.

RODRIGUES, ANA MARIA (2006), *O Goodwill e as Contas Consolidadas*, Coimbra, Coimbra Editora.

RODRIGUES, ANA MARIA (2011), "Activos Intangíveis – Algumas Reflexões Contabilísticas e Fiscais", Estudos em memória do Prof. Doutor J. L. Saldanha Sanches (no prelo).

RODRIGUES, ANA MARIA (Coord.) (2010), SNC " Sistema de Normalização Contabilística, Almedina.

RODRIGUES, ANA MARIA et al. (2010), SNC – Contabilidade Financeira: sua aplicação, Almedina.

RYAN, S. (2008), "Accounting in and for the sub prime crisis", The Accounting Review, 83, p. 1605-1638.

SÁ, A. LOPES DE (2009), "Contabilidade e Crise Financeira", Revista da OTOC, 105, Dezembro, p. 47-48.

SANCHES, J. L. SALDANHA (1995), "A quantificação da obrigação tributária, deveres de cooperação, autoavaliação e avaliação administrativa", Cadernos de Ciência e Técnica Fiscal, 173.

TAVARES, T. C. CASTRO (1999), «Da relação de Dependência Parcial entre a Contabilidade e o Direito Fiscal na Determinação do Rendimento Tributável das Pessoas Colectivas: Algumas Reflexões ao nível dos Custos», Cadernos de Ciência e Técnica Fiscal, n.º 396, Outubro-Dezembro.

DIFICULDADES DA RECUPERAÇÃO DE EMPRESA NO CÓDIGO DA INSOLVÊNCIA E DA RECUPERAÇÃO DE EMPRESA

FÁTIMA REIS SILVA
Juíza de Direito

Quero começar por agradecer ao IDET, na pessoa do Professor Coutinho de Abreu, o convite e a oportunidade.

Há cerca de cinco anos, também a convite do Professor Coutinho de Abreu e do IDET tive a oportunidade de fazer uma primeira abordagem do, então prestes a entrar em vigor, Código da Insolvência e da Recuperação de Empresas e partilhar as reflexões suscitadas.

Transmiti opiniões, receios, críticas e elogios sobre um diploma complexo cuja célere entrada em vigor fazia prever alguns problemas.

Também nessa altura lancei ao IDET um repto – que nos encontrássemos passado um ano para avaliar os efeitos da profunda reforma que este diploma trouxe.

Sensatamente, o convite para o efeito surgiu cinco anos mais tarde, período muito mais adequado à avaliação. E devo acrescentar que ainda não suficiente para a avaliação de alguns dos aspectos do regime.

Antes ainda da entrada em vigor da versão inicial do Código da Insolvência e da Recuperação de Empresas, o diploma foi alterado pelo Decreto Lei n.º 200/04, diploma que não só procedeu a algumas rectificações como mesmo a algumas necessárias correcções.

E no decurso destes cinco anos teve pequenas alterações – por exemplo o Decreto Lei n.º 282/07 de 07/07 e o Decreto Lei n.º 76-A/06 de 29/03 – e uma intensa e crescente aplicação. Todos saberão ou adivinharão que, nos últimos meses, mercê da conjuntura económica e financeira, pelo menos no Tribunal de

Comércio de Lisboa, os processos de insolvência tiveram um grande aumento, com especial incidência nas apresentações à insolvência.

Antes de iniciar a análise de um dos aspectos que mais me impressionou nestes mais de quatro anos de aplicação intensiva do Código da Insolvência e da Recuperação de Empresas, e que adianto ser a quase total inadequação e ineficácia do mesmo como instrumento de recuperação de empresa, gostaria de revisitar o passado e recordar alguns dos meus prognósticos feitos há cinco anos atrás.

Na fase inicial do processo preocupou-me desde logo o regime previsto nos n.ᵒˢ 2, 3 e 4 do art. 8.º do diploma. Receava que, fazer cessar a prejudicialidade de outra causa e, logo, a suspensão, perante o indeferimento do pedido de insolvência noutro processo, independentemente do trânsito em julgado pudesse ocasionar julgados contraditórios e levar a que a mesma realidade fosse simultaneamente apreciada em dois ou mais processos contrariando os princípios da celeridade, economia processual e segurança jurídica.

Sem retirar as reservas de princípio, devo dizer que, na prática, esta minha preocupação se revelou infundada. Não me recordo de nenhum caso em que este regime tenha suscitado problemas deste teor.

Sucede, porém, com grande frequência que são intentados e correm termos simultaneamente vários processos de insolvência contra uma mesma devedora, questão que, a certo ponto acaba por ser revelada – no limite com duas insolvências decretadas (como já sucedeu) – problema porém mitigado com o vingar, penso que generalizado, da posição de que, em processo de insolvência, a incompetência em razão do território é de conhecimento oficioso, o que acaba por concentrar no mesmo tribunal competente os vários processos que corram contra uma empresa. Refira-se que este problema poderia ser definitivamente resolvido com uma base de dados acessível e de consulta rápida, a nível nacional.

O mecanismo legal da dispensa de citação previsto no art. 12.º veio, como era de prever, a tornar-se num importante instrumento de incremento de celeridade processual. Devo dizer que as dificuldades a este nível continuam hoje a passar pelas mesmas causas – o excesso de pendências, os quadros de funcionários e juízes mal dimensionados, a falta de preparação técnica dos intervenientes, etc.

Também o regime da audiência de julgamento – art. 35.º – se revela prático e eficiente, independentemente da bondade da solução dada à questão das faltas das partes e a sua conjugação com as causas de adiamento da audiência.

A clarificação, no texto da lei, das regras do ónus da prova e a extensão e desmembramento das situações presuntivas de insolvência também acabaram por simplificar o processado, em geral. Empiricamente direi que desapareceram defesas típicas em processo de falência relativas a suficiência da causa de pedir e ónus de alegação e, em geral, os articulados simplificaram-se, sendo mais concretos e específicos.

Previ que as medidas cautelares previstas no art. 31.º seriam de rara aplicação oficiosa o que, efectivamente se veio a verificar. Mesmo a requerimento são de aplicação esparsa face ao universo de processos e passam essencialmente pela nomeação de um administrador provisório com ou sem poderes exclusivos de administração. Pressinto aliás, no que posso estar rotundamente enganada, que muitas vezes o requerimento de aplicação de medidas cautelares é usado como uma forma de reforço da pressão – à falta da publicidade do requerimento inicial que o processo de falência proporcionava – para a obtenção de pagamento, fim para que o processo continua a ser usado com frequência.

A aplicação do regime do art. 39.º do Código da Insolvência e da Recuperação de Empresa saiu um pouco mais facilitado, do ponto de vista do tribunal com a consagração de um valor concreto como sendo o limite mínimo abaixo do qual se considera que a massa insolvente não é suficiente para suportar as suas despesas e custas do processo (alteração introduzida pelo Decreto Lei n.º 282/07 de 07/08) mas não eliminou nenhum dos problemas que já se adivinhavam e que a prática veio confirmar. E mais uma vez anoto que a falta de uma base de dados nacional e de acesso e consulta rápidos implica a quase inutilidade da disposição contida no art. 39.º n.º 7, al. d).

Tencionava aplicar pouco este preceito e de facto é raro recorrer ao mesmo, reservando-o para casos muito claros de total ausência de património comprovada à data de prolação da sentença de declaração de insolvência.

Temi problemas com a reintrodução da dúplice possibilidade de impugnação da sentença por meio de embargos e recursos devido à possibilidade de contradição de julgados, receios esses que a prática veio desmentir. Até hoje nenhum caso chegou ao meu conhecimento em que o regime em causa tivesse tido efeitos perversos. A possibilidade teórica existe, mas no concreto, se suceder, será residual.

O carácter *inter partes* do processo de insolvência e a consequente possibilidade de acordos entre o credor requerente e o devedor requerido trouxe pelo menos a vantagem de possibilitar o desaparecimento, antes da fase de apreciação da situação de insolvência, dos processos de insolvência intentados como forma de pressão para obter o pagamento na sua fase declarativa.

Não sendo esta, obviamente, uma intenção declarada só posso "adivinhar" que seja assim pela quantidade de acordos e desistências que ocorrem até à audiência de julgamento.

Sem querer ser fastidiosa termino esta viagem pelo passado reconhecendo que o regime legal previsto para a verificação e graduação de créditos contribuiu para a celeridade desta decisão. Com todos os defeitos que tem e problemas que cria, na generalidade dos casos o cominatório estabelecido – para o caso de não haver impugnações e para o caso de ausência de resposta às impugnações – trouxe sérias vantagens em termos quantitativos embora não infelizmente em termos qualitativos.

*

No ponto 6 do preâmbulo do Decreto Lei n.º 53/04 o legislador afirmou, após frisar o afastamento da errónea ideia da suposta prevalência da recuperação da empresa, que a primazia é dada à vontade dos credores com a opção de se acolherem ao abrigo do regime supletivo que é o da liquidação. Afirma-se também a preferência pela alienação da empresa como um todo e que, textualmente "Não valerá, portanto, afirmar que no novo Código é dada primazia à liquidação do património do insolvente. A primazia que efectivamente existe, não é demais reiterá-lo, é a da vontade dos credores, enquanto titulares do principal interesse que o direito concursal visa acautelar: o pagamento dos respectivos créditos, em condições de igualdade quanto ao prejuízo decorrente de o património do devedor não ser, à partida e na generalidade dos casos, suficiente para satisfazer os seus direitos de forma integral."

O Decreto Lei n.º 200/04 eliminou um sério obstáculo que a versão original do Código da Insolvência e da Recuperação de Empresas trazia às suas próprias intenções declaradas ao alterar o art. 209.º, eliminando a necessidade de que tivesse sido proferida sentença de graduação de créditos e se houvesse esgotado o respectivo prazo de interposição de recurso como uma das condições necessárias para a reunião de assembleia de discussão e votação de plano de insolvência. Substituiu-se este requisito pelo bem mais praticável e realista decurso do prazo de impugnação da lista de credores reconhecidos.

Manteve-se porém a necessidade de trânsito em julgado da sentença de declaração de insolvência. Os resultados, na prática são que tendo sido interposto recurso ou opostos embargos dessa sentença por um credor tal obriga a negociações "veladas" com esse mesmo credor sob pena de o decurso do tempo inviabilizar de todo a pretendida possibilidade de recuperação, sem prejuízo da urgência do processo e da rapidez da decisão por parte do tribunal superior.

Tem sucedido também, por regra em casos de insolvência requerida, que o próprio devedor se apresenta como pretendendo apresentar um plano de insolvência que contemple a recuperação mas impugna a sentença, obrigando o juiz a uma explicação, normalmente em plena assembleia de apreciação do relatório, sobre o regime legal e as suas consequências.

Este último caso não pode, obviamente, ser imputado como um defeito do Código. No entanto tenho verificado, continuamente, que a sistemática do diploma não ajuda os intervenientes menos "frequentes" a ter uma visão integrada do regime legal e que isso tem frequentes vezes consequências efectivas (e nefastas).

Desde a entrada em vigor do Código da Insolvência e da Recuperação de Empresa decretei cerca de 350 insolvências[1].

Neste universo homologuei três deliberações de aprovação de plano de insolvência cujo conteúdo era de recuperação.

---

[1] Com referência a Abril de 2009.

Embora todas tenham transitado em julgado, houve recurso da sentença homologatória nos três casos.

Ficaram pelo caminho – ou seja – apenas pela intenção, decaindo ou logo na assembleia de apreciação do relatório devido à posição dos credores, ou pela inviabilidade face ao tempo decorrido, à alteração das circunstâncias do mercado ou da própria empresa ou ainda pela não aprovação do plano, não mais de dez empresas.

Penso que os números falam por si.

Farei uma breve incursão pelas disposições do Código em demonstração das dificuldades que enfrenta uma empresa que pretenda efectivar a sua recuperação através de um processo de insolvência.

A escolha do Administrador da Insolvência

Dita a necessidade uma preparação cuidadosa, quer da própria apresentação, quer já do plano previsível a moldar e perspectivar de acordo com o universo de credores e as possibilidades da empresa. O ideal, ensina a experiência, é que esta empresa desde logo se faça acompanhar por um Administrador de Insolvência que faça do processo uma continuidade e um desfecho de um trabalho já devidamente preparado.

Isto porque, e adiantando-me um pouco, facilita muito que o Administrador de Insolvência esteja à vontade e conheça profundamente a empresa nos momentos decisivos da tramitação processual.

As funções gerais e por excelência do Administrador da Insolvência estão previstas no n.º 1 do art. 55.º, sendo certo que este sempre tem que as exercer mesmo no pico das exigências de ordem processual que, na minha experiência, é o período de tempo que rodeia a assembleia de apreciação do relatório, momento fulcral do processo de insolvência e no qual se determina o futuro do devedor.

No momento de realização desta assembleia o Administrador da Insolvência já apreendeu ou inventariou os bens do devedor e promoveu os registos necessários, no 1.º caso, avaliou a necessidade de proceder a actos de liquidação urgentes (158.º n.º2), procedeu às publicações, elaborou o relatório e respectivos anexos, entrou em contacto com a devedora, não apenas para elaborar o relatório mas também para a avaliar, ponderar a continuidade de actividade ou o encerramento, a adequação da elaboração de plano de insolvência ou opção pela liquidação e, em muitos casos, já elaborou e apresentou a lista dos créditos reconhecidos e não reconhecidos prevista no art. 129.º.

Muito mais pode suceder simultaneamente: se se trata de uma empresa em actividade – o que sucederá na maioria dos casos em que se visa a recuperação – deve mantê-la e geri-la, caso a administração não tenha sido atribuída ao devedor, lidar com as questões laborais ou promover a cessação antecipada de actividade nos termos do art. 157.º.

Tudo isto se concentra no período de tempo que decorre entre a prolação da sentença e a assembleia de apreciação do relatório.

Se estivermos a falar de uma empresa de média dimensão, com um universo de credores que ronde a centena, o prévio conhecimento e preparação são uma séria vantagem quer para o Administrador da Insolvência quer para a empresa ou, em última instância, para os credores.

Daqui resulta a conveniência de que o devedor, quando se apresenta ou quando é citado como requerido, indique um Administrador da Insolvência para que essa indicação possa ser tida em conta pelo juiz.

O art. 52.º n.º 2 e o art. 32.º, para o qual este remete, foram alterados pelo Decreto Lei n.º 282/07.

Antes desta alteração devia o juiz ter em conta a proposta efectuada na petição inicial – 32.º n.º 1. Passou a prever-se que o juiz pode ter em conta a proposta eventualmente feita na petição inicial no caso de processos em que seja previsível a existência de actos de gestão que requeiram especiais conhecimentos.

Ou seja, o juiz não tem que atender à proposta e só o pode fazer se estiver em causa uma realidade muito específica.

Este regime levanta sérias dificuldades ao devedor que pretenda efectuar uma indicação e vê-la atendida.

No entanto, conjugando o art. 32.º n.º 1, na sua actual redacção, com a 2.ª parte do art. 52.º, entendo que, quando a indicação é feita pelo devedor, não há necessidade de alegação da existência de actos de gestão que requeiram especiais conhecimentos. Defendo esta solução com base na interpretação literal do preceito, que distingue o caso de a indicação ser feita na petição inicial para o administrador provisório, caso em que estaremos ante uma insolvência requerida – não há, obviamente, lugar à nomeação de administrador provisório em apresentação à insolvência, mas sim de Administrador da Insolvência – e o caso de nomeação de administrador "definitivo", em 1.ª nomeação (caso da indicação do devedor) ou na sequência de substituição ou destituição (caso do devedor e Comissão de Credores), distinguindo as indicações feitas pelo devedor e Comissão de Credores e as feitas pelo credor requerente. Entendo assim excepcionadas estas duas primeiras situações e atendo à indicação do devedor.

É um entendimento discutível, mas tem a vantagem de possibilitar que as empresas que se apresentem à insolvência nas quais não se verifique a existência de actos de gestão que requeiram especiais conhecimentos, a prévia preparação dessa apresentação assessorada por um Administrador da Insolvência capaz de prosseguir com o processo.

É esta a única hipótese de o devedor poder influenciar a escolha do Administrador da Insolvência, já que a hipótese de substituição na 1.ª assembleia, prevista no art. 53.º está nas mãos dos credores.

O Administrador Provisório

O administrador provisório é uma figura prevista no art. 31.º, nomeado pelo juiz na fase anterior à declaração de insolvência. A sua escolha recai necessariamente sobre pessoa inscrita na lista oficial (diferentemente do Administrador da Insolvência que pode ser pessoa diversa nos termos do art. 53.º).

Mantém-se em funções até ser proferida a sentença e tem preferência na nomeação como Administrador da Insolvência, caso esta seja decretada, e cessa imediatamente funções caso esta não seja decretada, independentemente do trânsito em julgado da decisão – art. 32.º n.º 2.

Esta preferência pode ser afastada pelo juiz na sentença, mas de forma fundamentada.

Não obstante o conteúdo das respectivas funções estar nitidamente desenhado para a efectiva administração do devedor, pode haver nomeação de administrador provisório em casos de inactividade tendo em conta a latitude da noção de actos de má-gestão que visa prevenir (basta pensar numa sociedade em liquidação e sem actividade).

Estou colocar a hipótese de uma empresa que se prepara para se apresentar e que é surpreendida com a nomeação de um administrador provisório em insolvência requerida por um credor.

Nos termos do art. 31.º do Código da Insolvência e da Recuperação de Empresas, o decretamento de medidas provisórias dá-se em ordem a impedir o agravamento da situação patrimonial do devedor até ser proferida sentença, oficiosamente ou a requerimento.

De entre a panóplia de medidas possíveis, apenas limitadas pela necessidade e adequação ao fim que visam, destaca-se a nomeação de Administrador Provisório, na modalidade de administrador com poderes exclusivos para administração do património do devedor, claramente uma das mais graves na perspectiva do devedor.

Tenhamos presente que estamos sempre no âmbito de uma insolvência requerida e as medidas provisórias podem ser decretadas antes mesmo da citação do devedor (aliás, na prática, o caso mais frequente).

O Administrador Provisório, na maioria dos casos é nomeado e irá encontrar, no mínimo, um devedor surpreendido e, com grande probabilidade, hostil (ou pode também não encontrar o devedor...).

Digamos que o confronto será quase inevitável. Para o devedor e para os seus administradores, o Administrador Provisório representará um credor agressivo e um processo judicial indesejado e é, muitas vezes, a "cara" desta realidade até por ser por ele que os administradores do devedor sabem da situação. Mais um talento é, pois, exigido ao administrador de insolvência: o "tacto".

Nos casos de nomeação com poderes exclusivos para a administração, a cooperação dos administradores da insolvente é desejável, nomeadamente para efectiva assunção de funções, mas pode até não ser necessária, tudo dependendo do caso e empresas concretos.

A Lei prevê o conteúdo das funções do Administrador Provisório (art. 33.º) com poderes exclusivos no art. 33.º n.º 1, sendo a sua função principal providenciar pela manutenção do património e pela continuidade da exploração da empresa.

Estamos numa fase preliminar do processo, existindo sempre a possibilidade de a insolvência não ser decretada.

Pode o Administrador Provisório optar pela suspensão da actividade, se a medida for (previamente) autorizada pelo Juiz.

A suspensão de actividade da requerida (art. 33.º n.º 1) tem que ser requerida e justificada pelo próprio Administrador Provisório e sujeita a contraditório, caso já haja sido citado o devedor.

O Administrador Provisório tem, em primeiro lugar, que submeter à apreciação do juiz as razões que o levam a crer que a suspensão de actividade é mais vantajosa para o interesse dos credores. A decisão de submeter este pedido é sua mas a decisão de suspensão é exclusiva do Juiz. Por outras palavras, o Administrador Provisório não pode suspender a actividade e depois submeter o facto consumado à ratificação judicial.

Várias razões se alinham para tal, além de a insolvência não estar ainda decretada:
- há que ponderar os dois interesses em confronto, o do devedor e dos credores;
- uma decisão de suspensão de actividade tem grandes hipóteses de não ser facilmente reversível.

Mesmo quando depare com uma empresa praticamente inactiva, o Administrador Provisório deve seguir este percurso, havendo que ponderar, por exemplo, as questões laborais (também os trabalhadores, ou são já credores ou potenciais credores).

O incumprimento deste ponto gera responsabilidade do Administrador Provisório (arts. 34.º e 59.º n.º 1) e é justa causa de destituição (arts. 32.º n.º2 e 56.º n.º 1).

O Juiz pode também nomear um Administrador Provisório apenas para assistir o devedor na administração e nesse caso fixa os seus deveres e competências, ou especificamente ou por indicação genérica, no que deve servir como um guião para a sua actividade.

A cooperação dos administradores do devedor é essencial para que efectivamente a nomeação do Administrador Provisório cumpra os seus objectivos – aplica-se aqui a previsão legal do dever de cooperação, que, diria, incentiva esta mas não a substitui. A ser decretada a insolvência, o incumprimento do dever de colaboração nesta fase é também valorável em sede de qualificação da insolvência (art. 186.º n.º 2, al. i).

Essencial é que o Administrador Provisório mantenha também a objectividade nesta fase: ele está lá para proteger os interesses dos credores mas deve também zelar pelo devedor, dada a fase processual, num tempero que, no concreto, pode ser difícil.

*

Conforme o caso, poderá também o devedor – no caso de apresentação, requerer lhe seja entregue a administração da massa insolvente, juntando ou protestando juntar no prazo de 30 dias, plano de insolvência que preveja a continuidade da exploração da empresa por si próprio – art. 224.º n.ºs 1 e 2, tema ao qual voltarei.

Decretada a insolvência – eventualmente atribuída a administração ao devedor – é nomeado Administrador da Insolvência e designado dia para a realização de assembleia de apreciação do relatório.

*

Começaria por enumerar alguns aspectos gerais do regime previsto para as assembleias.

A assembleia de credores é convocada pelo juiz, oficiosamente ou a pedido do Administrador de Insolvência, da Comissão de Credores, ou de um credor ou grupo de credores cujos créditos ascendam, na estimativa do juiz, a um quinto do total de créditos não subordinados (art. 75.º, n.º 1).

A publicitação da assembleia é feita com a antecedência mínima de 10 dias através da publicação de um anúncio no Diário da República e por afixação de editais na sede da insolvente e nos estabelecimentos da empresa, se for o caso (art. 75.º, n.º 2). Daqui resulta que a assembleia, na prática, tem sempre de ser convocada com uma antecedência mínima de trinta dias para dar tempo a que o anúncio no Diario da República seja publicado pelo menos dez dias antes da data designada.

Caso dúvidas houvesse sobre o papel do juiz na assembleia, estabelece o art. 74.º que a mesma é presidida pelo juiz. Ao juiz cabe, pois, para além de convocar a assembleia (art. 75.º), dirigir os trabalhos e assegurar o cumprimento da legalidade quer da própria assembleia quer das deliberações aprovadas pelos credores. Cabe-lhe, ainda, decidir as reclamações apresentadas pelo Administrador da Insolvência ou por qualquer credor relativas às deliberações aprovadas (art. 78.º) para além de determinar e fixar os votos dos credores cujos créditos tenham sido impugnados se tal por eles for requerido (art. 73.º, n.º 4).

Dispõe o art. 76.º que a assembleia pode ser suspensa pelo juiz uma única vez, devendo ser retomada num dos cinco dias úteis seguintes.

O prazo aqui fixado, compreensível dada a natureza urgente do processo, é de todo irrealista e, em alguns casos, incompatível com a própria razão da suspensão.

Irrealista porque as agendas dos tribunais não permitem o agendamento a cinco dias, como é de conhecimento geral. Em anotação a este código Carvalho Fernandes e João Labareda[2] referem que o adiamento para lá dos cinco dias não tem qualquer relevância processual para além da eventual responsabilidade disciplinar do juiz e que, tratando-se de um processo de natureza urgente, a continuação dos trabalhos deve preceder outros serviços do tribunal agendados, ainda que tal implique o seu adiamento.

Se em teoria concordo com estas considerações, na prática constato que as mesmas não fazem sentido. É que, por exemplo, cada juízo do tribunal de comércio de Lisboa tem cerca de dois mil processos de natureza urgente. Logo, para se continuar uma assembleia nos cinco dias subsequentes terá sempre que se desconvocar uma diligência agendada noutro processo que terá, muito provavelmente, natureza igualmente urgente! Trata-se, pois, de um prazo impraticável.

Incompatível com o propósito da suspensão porque por vezes o objectivo da suspensão é permitir aos credores uma análise mais serena e aprofundada da situação, análise essa que pode inclusive estar dependente da realização de determinadas diligências por parte do Administrador da Insolvência, diligências essas que não podem ser realizadas em cinco dias. Nos casos em que se perspectiva a apresentação de um plano de insolvência há já certamente nesta fase negociações a decorrer, nomeadamente com os credores públicos (cujos tempos de resposta são regra geral mais demorados).

Pode ainda suceder, na assembleia para apreciação do relatório, que na data designada o Administrador da Insolvência, por razões de ordem vária, ainda não tenha junto aos autos o relatório a que alude o art. 155.º. Ora se a assembleia se destina a apreciar o relatório a mesma não se pode realizar sem o relatório estar junto aos autos. Mas se o relatório tem de ser junto aos

---

[2] Código da Insolvência e da Recuperação de Empresa Anotado.

autos com uma antecedência mínima de oito dias (art. 155.º, n.º 3) e o relatório for junto no próprio dia da assembleia, então os trabalhos não podem ser suspensos por cinco dias.

Por outro lado, prever a suspensão por uma única vez é imprudente e injustificado já que há situações em que é necessário suspender mais do que uma vez sob pena de se poder inviabilizar uma real possibilidade de recuperação da empresa devedora.

Dispõe o art. 73.º que os créditos conferem um voto por cada euro ou fracção desde que estejam já reconhecidos por decisão definitiva proferida no apenso de verificação e graduação de créditos ou em acção de verificação ulterior de créditos (i.e., a acção prevista nos arts. 146.º e segs.). Ora, uma vez que a primeira assembleia, a assembleia de apreciação do relatório, terá lugar no máximo 75 dias após decretada a insolvência (art. 36.º, al. n), é bom de ver que na data da sua realização é impossível ter já sido proferida sentença, transitada em julgado, quer no apenso de verificação e graduação de créditos quer em acções sumárias para verificação ulterior de créditos.

Com efeito, face ao tempo necessário para a publicação no Diário da República, sendo certo que o prazo para reclamar créditos fixado na sentença só começa a correr depois de finda a dilação, e o próprio prazo de reclamação fixado na sentença, entre a publicação do anúncio e o prazo para reclamar créditos, temos de considerar, no mínimo, 60 dias. Seguem-se os prazos de junção da lista, impugnação, resposta à impugnação e junção de parecer pela Comissão de Credores (arts. 129.º a 131.º e 135.º).

Significa isto que, partindo do princípio que todos os prazos são escrupulosamente respeitados, o apenso de verificação só termina a fase dos articulados 105 dias após proferida a sentença que declara a insolvência. Ora como a assembleia se tem de realizar dentro dos 75 dias seguintes à prolação da sentença, é evidente que não há qualquer possibilidade de, na data da realização da assembleia para apreciação do relatório, ter já sido proferida sentença de verificação e graduação de créditos e muito menos que esteja transitada em julgado.

O mesmo sucede, por maioria de razão, nas acções para verificação ulterior de créditos (art. 146.º e ss.).

Em suma, pelo menos no que à assembleia de apreciação do relatório respeita, quando a mesma tem lugar não há sentença definitiva no apenso de verificação e graduação de créditos ou em qualquer acção para verificação ulterior de créditos.

Temos então de passar à segunda hipotese prevista no art. 73.º: podem participar na assembleia os credores desde que já tenham reclamado no processo os seus créditos (nos termos do art. 128.º ou do art. 146.º) ou desde que os reclamem na própria assembleia, se ainda não estiver decorrido o prazo para reclamação dos créditos fixado na sentença (art. 73.º, n.º 1, al. a), e não sejam aí impugnados pelo administrador ou por algum credor com direito de voto (art. 73.º, n.º 1, al. b).

Chamo aqui a atenção para o facto de, em meu entender, a impugnação ter sempre que ser feita na assembleia e poder sempre ser aí feita. Quer isto dizer que mesmo que tenha já havido impugnações de créditos nos termos do art. 130.º, se o impugnante não comparecer na assembleia e, consequentemente, nela não voltar a impugnar o crédito, tudo se passa como se o mesmo não tivesse sido impugnado. De igual modo, mesmo que já tenha decorrido o prazo de impugnações fixado no art. 130.º, pode qualquer credor ou o Administrador da Insolvência impugnar o crédito na assembleia, isto porque a alínea b) aqui em causa não limita o exercício desse direito às situações em que ainda não decorreu o prazo de impugnações, ao contrário do que faz na alínea a) no que toca ao direito de reclamar créditos na assembleia.

Esta última hipótese levanta problemas práticos substanciais. Basta imaginar uma empresa com cerca de 100 credores, caso não raro. Por razões de ordem vária, os anúncios não foram publicados assim que foi decretada a insolvência (ou porque o administrador pediu escusa e foi substituído por outro, ou porque se recusou, legitimamente, em meu entender, a publicar os anúncios enquanto não recebeu a provisão para despesas, etc.). Chegamos ao dia da assembleia, que até pode ter sido designada para o fim do prazo previsto no CIRE, e ainda não decorreu o prazo de reclamação de créditos. O que sucede, neste caso, é que os credores, para poderem participar na assembleia têm de reclamar na própria assembleia os seus créditos.

Para além do tempo que entretanto já decorreu desde a hora designada para a assembleia e o início da mesma (por dificuldades de ordem prática na chamada já que o funcionário judicial não tem qualquer lista de suporte coma identificação dos credores e, por conseguinte, tem de identificar todos os que se apresentem para participar – credores e respectivos mandatários), o tempo que é despendido na sala com a apresentação das reclamações de créditos é considerável. Não podemos esquecer que os credores não se podem limitar a alegar um crédito. Têm sempre de referir, para além do montante, a sua natureza, já que nem todos os créditos conferem direito de voto, o que implica distinguir o capital dos juros, indicar datas de vencimento, etc.

Uma vez apresentadas as reclamações de créditos podem as mesmas ser impugnadas de imediato. Se o credor, perante a impugnação nada disser, o crédito não confere qualquer voto. Se o credor requerer que sejam conferidos votos ao crédito impugnado, cabe ao juiz decidir a questão de imediato, fixando a quantidade respectiva de votos a atribuir ao credor, «*com ponderação de todas as circunstâncias relevantes, nomeadamente da probabilidade da existência, do montante e da natureza subordinada do crédito e ainda, tratando-se de créditos sob condição suspensiva, da probabilidade da verificação da condição»* (art. 73.º, n.º 4).

Devo referir que esta disposição tem levantado vários problemas, uma vez que muitas vezes, nem os credores, nem o Administrador da Insolvência têm consigo os elementos documentais necessários a uma decisão desta natureza. Noutros casos a própria natureza do crédito torna extremamente dificil o imediato proferimento de uma decisão devidamente ponderada e fundamentada.

A decisão que atribui ou não atribui votos aos créditos impugnados é irrecorrível (art. 73.º, n.º 5), sendo certo que a validade das deliberações que vierem a ser aprovadas não é posta em causa se se vier posteriormente a comprovar que ao crédito correspondia um número de votos inferior ao que lhe foi atribuído (art. 73.º, n.º 6).

Ha ainda que considerar, nesta sede, os créditos sob condição, ou seja, os créditos cuja constituição ou subsistência está sujeita à verificação ou à não verificação de um acontecimento futuro e incerto, tanto por força da lei como de negócio jurídico (art. 50.º).

Estes créditos têm os votos que o juiz lhes atribuir, tendo em atenção a probabilidade da verificação da condição (art. 73.º, n.º 2). Entendo que a fixação do número de votos é oficiosa, não dependendo de requerimento face à redacção do art. 73.º n.º2, nomeadamente em confronto com a parte inicial do n.º 4 do mesmo preceito.

A regra é a da inexistência de quorum constitutivo, isto é, a assembleia realiza-se independentemente do número de credores presentes ou da percentagem de créditos presente (art. 77.º). A unica excepção prevista é a da assembleia para discussão e votação do plano de insolvência.

Quanto ao quorum deliberativo consagrou-se a regra da maioria simples: as deliberações são tomadas pela maioria dos votos emitidos, não se considerando como tal as abstenções (art. 77.º). Há, porém, casos concretos em que se exige uma maioria qualificada ou diversa. É caso da aprovação de um plano de insolvência ou da escolha de outro Administrador de Insolvência pelos credores nos termos do art. 53.º n.º 1.

Assembleia de apreciação do relatório

Na sentença de declaração de insolvência, para além das várias referências, avisos e advertências previstas no art. 36.º, deve o juiz designar dia para realização da assembleia de apreciação do relatório – art. 36.º, al. n).

Declarada a insolvência o administrador elabora o inventário previsto no art. 153.º, a lista provisória de credores prevista no art. 154.º (e que não se confunde com a relação de créditos reconhecidos e não reconhecidos prevista no art. 129.º) e o relatório constante do art. 155.º, a juntar aos autos oito dias antes da assembleia de apreciação do relatório.

Caso estes elementos não sejam juntos com a antecedência legal, deverá ser posta à consideração da assembleia a realização da mesma ou a sua suspensão e realização posterior.

É nesta assembleia que se decide o destino do devedor e do processo – pode cometer-se ao administrador o encargo de elaborar um Plano de insolvência, subsequentemente determinar-se a suspensão da liquidação e partilha – ou decidir a manutenção em funcionamento de estabelecimento ou estabelecimentos compreendidos na massa.

Surpreendo aqui uma particularidade do regime que pode levantar alguns problemas.

Se na sentença se atribuiu a administração ao devedor, não há liquidação enquanto esta não seja retirada – art. 225.º.

Note-se que o art. 156.º n.º 3 faz depender a possibilidade de a assembleia deliberar a suspensão da liquidação e partilha da massa insolvente da atribuição ao administrador da insolvência do encargo de elaborar um plano de insolvência.

Assim sendo, como proceder quando a administração não está entregue ao devedor, este pretende apresentar ou já apresentou um plano de insolvência e a assembleia não deliberou cometer ao Administrador da Insolvência o encargo de elaborar (outro) plano de insolvência?

Há inúmeras razões que podem levar uma empresa a não requerer a entrega da administração, nomeadamente passando pela confiança dos interlocutores na actual administração ou maior confiança num administrador imparcial e nomeado pelo tribunal.

Nestes casos tenho entendido que o texto do art. 156.º não proíbe que a assembleia delibere a suspensão da liquidação e partilha mesmo quando não tenha cometido a elaboração de um plano de insolvência ao devedor, mas se perspective a apresentação de um plano de insolvência pelo devedor.

Por força do disposto no art. 158.º n.º 1, se nada for deliberado em contrário, a liquidação inicia-se após a realização da assembleia de apreciação do relatório. Como é mais ou menos evidente as hipóteses de recuperação de uma empresa diminuem drasticamente se a liquidação se iniciar.

Assim, e caso seja essa a vontade dos credores, a meu ver nada impede que a suspensão seja deliberada, balizada, também ela, em termos temporais, pelo disposto no art. 156.º n.º 4, al. a), ou seja, por um prazo máximo de 60 dias.

Para permitir aos credores dispor de toda a informação necessária para tomar uma decisão, o Administrador da Insolvência, nos oito dias que antecedem a reunião, tem que juntar aos autos determinados elementos.

Desde logo o Administrador da Insolvência tem que juntar um inventário de todos os bens e direitos integrados na massa insolvente, estejam ou não reflectidos no balanço da empresa e tenham ou não sido já apreendidos para a massa, com indicação do seu valor (valor real e contabilístico, caso seja distinto), natureza, características, lugar em que se encontram, ónus que sobre eles recaiam e dados de identificação registral, se for o caso (art. 153.º).

Este inventário pode ser dispensado pelo juiz a requerimento fundamentado do Administrador da Insolvência, com o parecer favorável da Comissão de Credores, se existir (art. 153.º, n.º 5).

Caso o inventário não seja junto no prazo estabelecido na lei, podem os credores pronunciar-se no sentido de que sem o inventário não podem pronunciar-se sobre o destino da empresa, caso em que caberá ao juiz suspender os trabalhos da assembleia. Mas também podem os credores pronunciar-se no sentido de o inventário não ser essencial ou necessário para a sua tomada de posição, caso em que nada obstará a que a assembleia prossiga os seus termos.

Obrigatória é também a junção da lista provisória de credores (art. 154.º). Devo chamar a atenção para o facto de esta lista ser distinta da lista de credores que o Administrador da Insolvência tem que juntar e que dá lugar à abertura do apenso de verificação e graduação de créditos (art. 129.º). A lista que aqui está em causa tem como único objectivo apurar os credores que podem participar e votar na assembleia, sendo irrelevante o que vier a ser decidido nesta sede para efeitos de verificação e graduação de créditos, o que aliás resulta desde logo do já referido art. 73.º, n.º 6.

A lista a que alude o art. 154.º deve identificar todos os credores do insolvente, tenham ou não reclamado créditos, i.e., deve incluir todos os créditos que constem da contabilidade da empresa e de que o Administrador da Insolvência tenha conhecimento. Os credores devem ser identificados por ordem alfabética, com indicação do respectivo endereço, montante, natureza do crédito, existência de condições e possibilidades de compensação (art. 154.º, n.º 1). Deve ainda a lista conter uma avaliação das dívidas da massa na hipótese de pronta liquidação.

Nesta sede não cabe ao Administrador da Insolvência pronunciar-se sobre a existência ou não dos créditos, ou seja, não tem o Administrador de emitir parecer sobre o reconhecimento ou não reconhecimento dos créditos. Na lista tem apenas que elencar os créditos cabendo-lhe na assembleia, se assim o entender, impugnar, total ou parcialmente, os créditos que entenda inexistirem, total o parcialmente.

O inventário e a lista de credores são anexos do relatório que o Administrador da Insolvência tem que apresentar e que deve conter (art. 155.º):

– a análise dos elementos incluídos no documento junto pelo devedor com a p.i., se for o caso, em que explicita a actividade a que se dedicou nos últimos três anos, identifica os seus estabelecimentos e esclarece as causas da situação em que se encontra;
– a análise do estado da contabilidade e a sua opinião sobre os documentos de prestação de contas;
– a indicação das perspectivas de manutenção da empresa do devedor, da conveniência de se aprovar um plano de insolvência e das consequências decorrentes para os credores nos diversos cenários possíveis;
– a indicação do montante de remuneração que se propõe auferir caso seja incumbido pelos credores de elaborar um plano de insolvência;
– todas as demais informações que entenda serem relevantes para a tramitação ulterior do processo.

Nesta assembleia podem ainda os credores deliberar sobre inúmeras outras questões. Concretamente na assembleia de apreciação do relatório, e só nesta, podem os credores substituir o administrador nomeado pelo tribunal, sendo neste caso possível a eleição de pessoa que não se encontre inscrita na lista oficial de administradores da insolvência do distrito judicial respectivo (art. 53.º). Esta deliberação, para ser válida, precisar de ser aprovada não só pela maioria dos votos emitidos, desconsiderando as abstenções, mas também pela maioria dos votantes, especificidade que foge ao regime geral.

Para que esta eleição, de pessoa não constante da lista, seja possível, basta que, previamente à assembleia, seja junta aos autos a aceitação do proposto (art. 53.º, n.º 1) e que a situação concreta o justifique (dada a dimensão da empresa, a especificidade do ramo de actividade ou a complexidade do processo – art. 53.º, n.º 2).

Algumas questões de extrema importância ficaram por regular, tais como se estes administradores estão sujeitos ao regime de incompatibilidade e impedimentos dos administradores inscritos na lista ou se quanto ao regime disciplinar estão sob a alçada da Comissão de Apreciação e Controle da Actividade dos Administradores da Insolvência. Se a resposta à primeira questão me parece ser afirmativa ja quanto à segunda tenho grandes dúvidas: as sanções aplicadas pela comissão podem ir até à suspensão e ao cancelamento da inscrição. Ora se estes administradores não estão inscritos na lista estas sanções não lhes são, obviamente, aplicáveis.

O juiz só pode deixar de nomear a pessoa eleita pelos credores se considerar que o mesmo não tem idoneidade ou aptidão para o exercício do cargo ou que a sua remuneração é excessiva. Caso se trate de pessoa não inscrita nas listas, o juiz não o nomeará se não se verificarem as circunstâncias previstas no n.º 2 deste artigo, ou seja, se a massa não compreender uma empresa com especial dimensão, se o ramo de actividade não for específico ou se o processo não revelar especial complexidade.

Sendo o administrador eleito pela assembleia terá direito à remuneração que esta lhe fixar (art. 21.º da Lei 32/04 e art. 53.º). Neste caso não é regulado o modo de pagamento, ficando por apurar se a remuneração é mensal ou se é global e, neste caso, quando é que se vence, o que me parece terá também de ser decidido pelos credores.

Na assembleia, se for deliberado manter o estabelecimento em actividade, devem os credores fixar a remuneração devida ao administrador pela sua gestão (art. 22.º, n.º 3 da Lei 32/04). Esta remuneração é suportada pela massa e, prioritariamente, pelos proventos obtidos com a exploração do estabelecimento (art. 26.º, n.º 4 da Lei 32/04).

Finalmente os administradores têm direito a receber uma remuneração se a assembleia os encarregar de elaborar um Plano de Insolvência, remuneração essa que é também fixada pela assembleia (art. 24.º da Lei 32/04).

Só após realizada a assembleia de credores se pode reunir a assembleia para discussão e votação de plano de insolvência, assembleia crucial em que os assuntos que os credores são chamados a discutir são essenciais.

No regime anterior, os processos de recuperação de empresa prosseguiam, muitas vezes, por mera inércia dos credores.

Actualmente a inércia dos credores funciona em sentido inverso. Dado que o regime supletivo é o da liquidação, uma empresa que pretenda ver discutido e aprovado um plano de insolvência deverá assumir uma postura pró-activa, que na minha opinião deve passar por uma preparação cuidada do processo, de preferência por apresentação à insolvência, por negociações atempadas com os credores e por um grande rigor.

Se os credores nesta assembleia deliberarem o encerramento do estabelecimento ou estabelecimentos da insolvente, tal poderá, no caso concreto, comprometer qualquer plano de insolvência.

Se os credores deliberarem a manutenção em actividade mas não suspenderem a liquidação e partilha do activo convirá requerer ao juiz que declare que uma das deliberações tomada pelos credores se opõe ao início da liquidação do activo.

Se a empresa vai apresentar ou apresentou plano de insolvência e a assembleia não deliberou cometer a elaboração de outro plano de insolvência ao administrador, terá que haver uma proposta de suspensão de liquidação do activo.

Ou seja, as opções têm que ser tomadas cedo e uma série de cenários têm que ser considerados.

Os prazos têm que ser encarados com rigor: se a empresa pediu a atribuição a si da administração da massa insolvente e se comprometeu a apresentar plano de insolvência em 30 dias tem que o apresentar nesse prazo, sob pena da retirada da administração e início da liquidação após a realização da assembleia de apreciação do relatório.

Se a assembleia suspendeu a liquidação e partilha do activo por 60 dias, antes disso o plano de insolvência tem que ser apresentado, sob pena de início da liquidação e inviabilização de facto da recuperação.

Plano de insolvência

Visando as finalidades previstas no art. 192.º n.º 1, o plano de insolvência pode ser apresentado (art. 193.º):
– pelo administrador da insolvência;
– pelo devedor;
– por responsável legal das dívidas da insolvência (art. 6.º n.º 2);
– por credor ou grupo de credores que representem 1/5 do total dos créditos não subordinados, ou já reconhecidos, ou na estimativa do juiz.

A iniciativa pode também partir da assembleia de credores (na assembleia de apreciação) que cometa ao administrador o encargo de o elaborar, devendo este apresentá-lo em prazo razoável. Este prazo razoável, dependendo do conteúdo do plano, que passará em princípio, mas não necessariamente, por medida de recuperação, acaba por ficar dependente, na prática de uma outra deliberação da mesma assembleia, a de suspensão da liquidação, que não pode ultrapassar 60 dias – 156.º n.ºs 3 e 4 alínea a).

Também o juiz, a requerimento do proponente pode suspender a liquidação e partilha nos termos do art. 206.º. Note-se, porém que o juiz tem necessariamente que ouvir o Administrador da Insolvência e a Comissão de Credores (cfr. n.º 2 do art. 206.º) ou mesmo a assembleia de credores se a convocação de assembleia para o efeito lhe for requerida por quem para tanto detenha legitimidade. O tempo é aqui uma factor a considerar.

De notar que o plano de insolvência pode até ser apresentado em momento anterior ao da declaração de insolvência – nos casos previstos no art. 224.º, embora na prática tal não suceda com frequência.

Também as pessoas singulares titulares de empresas não pequenas podem agora, ser objecto de plano de insolvência, como resulta do disposto nos arts. 235.º, 237.º, al. c) e 250.º.

O conteúdo do plano está previsto nos arts. 195.º e ss., sendo de aplaudir o seu carácter aberto, já que é nossa experiência, no Código dos Processos Especiais de Recuperação da Empresa e de Falência, que havia em casos em que a realidade não se adequava às medidas então taxativamente previstas, mesmo combinadas.

Os elementos referidos no art. 195.º são obrigatórios e a sua falta dá lugar a não admissão do mesmo – cfr. art. 207.º n.º 1, al. a).

O plano é admitido por despacho judicial irrecorrível – art. 207.º.Admitido liminarmente o plano recolhem-se os pareceres previstos no art. 208.º e é convocada a assembleia para discutir e votar o plano nos termos do art. 209.º. A antecedência mínima é de 20 dias mas, porque o prazo de publicações, regra geral, ronda mais ou menos os 15 dias, pessoalmente nunca convocarei esta assembleia com uma antecedência tão curta.

O n.º 2 do art. 209.º traz uma das maiores dificuldades: a assembleia de credores para discutir e votar plano de insolvência não pode reunir sem que:

- tenha transitado em julgado a sentença de declaração de insolvência;
- tenha decorrido o prazo de 10 dias para impugnação da lista de credores apresentada pelo administrador;
- se tenha realizado a assembleia de apreciação de relatório.

Ora, e como já referi, não é difícil vislumbrar que, conjugado este preceito com a renovada possibilidade de interposição de recurso e de embargos da sentença e ainda recurso da decisão destes, se um credor ou, no caso de uma sociedade, mesmo um sócio dissidente assim o desejarem, largos meses se passarão até ao trânsito da decisão. Dificilmente uma empresa em estado de insolvência se "aguentará" passe a expressão durante tanto tempo.

Os arts. 209.º a 212.º regulam o funcionamento da assembleia, o art. 213.º a publicidade e o art. 214.º, em consonância com algumas das possíveis medidas previstas e seu regime (*vide* 201.º n.º 1), prescreve que o plano não pode ser homologado senão passados 10 dias sobre a data da aprovação ou sobre a data da publicação em caso de alterações ao plano na própria assembleia.

Aliás, a não realização dos actos prévios à homologação é causa de recusa da mesma – art. 215.º – que regula a não homologação oficiosa.

A homologação também pode ser recusada a pedido – art. 216.º.

A homologação implica, em regra, o encerramento do processo – cfr. art. 230.º n.º1, al. b) e 220.º n.º 1 – podendo, não obstante o encerramento, caso o plano o preveja, a sua fiscalização pelo administrador da insolvência – art. 220.º.

Nos casos de encerramento do processo deve o administrador proceder ao pagamento das dívidas da massa insolvente e, quanto às litigiosas presta caução nos termos dos arts. 981.º e ss. do Código de Processo Civil.

A execução do plano está regulada no art. 217.º e o seu incumprimento, implicando ineficácia de moratória ou perdão previstos no plano, no art. 218.º.

Aprovado e homologado o plano de insolvência uma outra questão tem surgido, a qual tem motivado sempre a interposição de recurso da sentença homologatória por parte dos credores públicos (Estado e Segurança Social).

Estes credores, com fundamento na impossibilidade de uma deliberação alterar as regras prescritas para o pagamento de créditos tributários e contribuições, que entendem imperativo (cfr. arts. 196.º e 199.º CPPT e Decreto Lei n.º 411/91 de 17/10), têm recorrido das decisões homologatórias de deliberação de aprovação de plano de insolvência quando este implique redução, moratória ou regime prestacional diverso dos estabelecidos na lei tributária ou no Decreto Lei n.º 411/91.

Embora a jurisprudência seja largamente maioritária no sentido de que o princípio da igualdade e o regime prescrito no Código da Insolvência e da Recuperação de Empresa quanto aos créditos tributários e da Segurança Social impõem que o plano de insolvência que refere o pagamento destes créditos de forma diversa da prevista nas normas privativas dos mesmos – CPPT, LGT e Decreto Lei n.º 411/91 – não se trata de questão que tenha tido tratamento unânime.

Tal implica, a não se alterar o cenário actual, em todos os casos em que os credores público votem contra a aprovação de um plano de insolvência que altere os seus créditos ou altere a sua forma e prazo de pagamento, será interposto recurso.

Na prática esta é uma dificuldade que as recuperandas têm que enfrentar: se o voto dos credores públicos for necessário para a aprovação do plano é essencial negociar com eles, negociações essas lentas e difíceis pelo que, em regra 60 dias não serão suficientes, de acordo com a minha experiência. Se o voto dos credores públicos não for necessário para a aprovação do plano e este alterar os respectivos créditos, a empresa pode contar com interposição de recurso da sentença homologatória, o qual, embora tenha efeito devolutivo, prolonga uma situação de incerteza e pode afectar a confiança dos demais credores e outros parceiros, correndo o risco de ver a homologação revogada.

Deixo como nota que do Tribunal da Relação de Lisboa[3] apenas conheço decisões no sentido de que o plano pode afectar os créditos tributários e da Segurança Social, havendo também decisões neste sentido do Tribunal da Relação de Guimarães[4] e do Porto[5]. Neste último Tribunal há pelo menos dois acórdãos em sentido contrário[6]. Já existem pelo menos dois acordãos do Supremo Tribunal de Justiça sobre esta matéria, de 13/01/09 e de 02/03/10[7], no sentido da legalidade da alteração, pelo plano de insolvência, dos créditos tributários e da Segurança Social.

---

[3] Ac. RL de 06/07/09 disponível *in* www.dgsi.pt

[4] Acs. RG 26/10/06, 22/01/09 e 09/07/09 também disponíveis *in* www.dgsi.pt

[5] Acs. RP de 15/12/05, 26/05/08, 01/07/08, 06/11/08, 22/01/09, 12/03/09, 31/03/09, 10/09/09, 02/02/10 e 09/02/10, todos disponíveis no mesmo local.

[6] Dos quais se encontra publicado nno mesmo local o Ac. RP de 30/06/08.

[7] Também disponíveis *in* www.dgsi.pt

Administração pelo devedor

A administração pelo devedor surge estreitamente interligada com o plano de insolvência – cfr. al. b) do n.º 2 do art. 224.º. Só pode ser concedida, pelo Juiz, nos termos do art. 224.º n.º 1, ou pela assembleia de credores, nos termos do n.º 3, se o devedor assim o requerer, e tendo como limite máximo a assembleia de apreciação do relatório.

É aplicável nos casos em que a massa insolvente compreenda uma empresa – arts. 223.º e 224.º.

A entrega da administração ao devedor também tem por efeito a suspensão da liquidação, ou seja, o Administrador da Insolvência também então nomeado, fica privado das suas funções principais: administrar e liquidar.

O art. 226.º regula de forma atenta a intervenção do Administrador da Insolvência neste caso.

A sua principal função é de fiscalizar, vigiar a administração efectuada pelo devedor – art. 226.º n.º 1 – devendo comunicar de imediato quaisquer circunstâncias que possam determinar o termo da administração do devedor.

O devedor não pode contrair obrigações se o administrador de insolvência se opuser quanto aos actos de gestão corrente – art. 226.º n.º 2 al. a) – o que pressupõe o acompanhamento muito próximo da gestão pelo Administrador da Insolvência.

Já para as obrigações que constituam actos de administração extraordinárias não basta a passividade do Administrador de Insolvência – exige-se o seu consentimento expresso (art. 226.º n.º 2 al. b).

O n.º 3 do art. 226.º traz a necessária adaptação ao regime previsto no art. 36.º al. m) e 81.º n.º 7: se o Administrador da Insolvência o exigir, ficam a seu cargo todos os recebimentos em dinheiro e todos os pagamentos.

Ou seja, no caso de administração pelo devedor, não se aplica a regra do 81.º n.º 3: é o devedor que por regra faz os pagamentos e recebimentos. Só assim não é quando o Administrador da Insolvência use desta faculdade.

Embora o texto legal não o refira, concordamos com João Labareda e Carvalho Fernandes que, em anotação a este preceito (CIRE anotado, vol II, pg. 157) entendem que a exigência do Administrador de Insolvência não pode valer por si, tendo que haver decisão do Juiz nesse sentido, mesmo que não possa ser outra a decisão. E mais, entendo que a decisão do Juiz pode ser outra, havendo que fundamentar esta exigência, sob pena de o Juiz nada decidir materialmente.

O n.º 4 do art. 226.º prevê a possibilidade de, oficiosamente ou a pedido da assembleia de credores, o Juiz pode proibir a prática de determinados actos pelo devedor sem que sejam aprovados pelo Administrador da Insolvência. A consequência para a prática destes actos sem a aprovação do Administrador da Insolvência é a ineficácia (diferentemente do que sucede no caso previsto no n.º 2).

Também como referem os autores citados, o n.º 5 deste preceito não tem salvação possível: ficamos a saber que a resolução de actos em benefício da massa insolvente é da competência exclusiva do Administrador, mas a verdade é que o contrário não resultava do preceito que vimos analisando. O capítulo III do título IV estabelece efeitos legais da declaração de insolvência sobre os créditos e aí nenhum poder pode caber ao devedor...

O n.º 6: responsabilidade pela elaboração e depósito das contas é lógico e quase dispensável.

A latere uma nota sobre o preceito que o que acabámos de citar excepciona – o art. 65.º do CIRE.

Prevê-se aqui que persiste o dever de elaborar e depositar contas anuais nos termos legais obrigatórios para o devedor – o caso das sociedades comerciais, naturalmente.

Secamente, a Lei nada mais estabelece, deixando aos intérpretes a tarefa de integrar este preceito. E a primeira pergunta é quem deve elaborar e depositar as contas.

A resposta é, como não podia deixar de ser, o Administrador da Insolvência, interpretação ajudada pelo art. 226.º n.º 6.

Também me parece claro que esta obrigação, que se mantém até à extinção da pessoa colectiva (234.º n.º 3), respeita apenas aos exercícios abrangidos pela declaração de insolvência.

Mas também sei que as coisas não são assim tão simples!

Diz-me a experiência que o contabilista é um dos primeiros a deixar de receber (se for prestador de serviços). Depois há dissabores "habituais", retenção de escrita, cessação da prestação de serviços e não contratação de outro profissional. Em suma, muitos são os casos em que a contabilidade precisa de ser recuperada por anos a fio. Já para não falar dos casos em que não existe para ser encontrada.

A contratação de auxiliares para a tarefa (55.º n.º 3) e de técnico de contas é a solução e se a massa não comportar esta despesa, o encerramento por insuficiência da massa insolvente, nos termos do art. 232.º do CIRE, o desfecho.

Voltando ao art. 226.º, o n.º 7 clarifica o que já resulta das disposições anteriores: ao Administrador da Insolvência continuam a caber todas as demais competências previstas por Lei e todos os poderes necessários para o efeito.

Para terminar esta matéria, quero partilhar convosco uma questão prática que me surgiu com a aplicação do regime da administração pelo devedor – a apreensão dos bens e direitos e dos elementos da contabilidade do devedor.

A apreensão é decretada na sentença que declara a insolvência e implica a imediata entrega de todos os bens do devedor e elementos da contabilidade ao Administrador da Insolvência – art. 36 al. g).

A apreensão dos bens e sua entrega ao Administrador da Insolvência é tendencialmente incompatível com a manutenção em actividade sob administração de outrem.

Por outro lado, há certo tipo de bens que em nada prejudicaria que fossem apreendidos – é o caso dos imóveis – registando-se a apreensão e mais tarde levantando-a em caso de aprovação de um novo plano de insolvência e sua homologação.

Para o administrador da Insolvência, parece-me que terá que fazer o que a sentença que decretar a insolvência ordenar: se ordenar a apreensão, apreende e nomeará fiel depositário o devedor ou seus administradores mencionando exactamente a circunstância de a administração estar entregue ao devedor; se não for ordenada a apreensão, não apreende.

*

Penso que ilustrei algumas dificuldades que uma empresa que se queira recuperar enfrenta quando o faz através de um processo de insolvência.

Devo referir que na minha experiência pessoal o Código da Insolvência e da Recuperação de Empresas ainda não foi testado numa "grande recuperação". No entanto a experiência que tenho da tramitação processual em processos de grandes empresas, embora para liquidação, faz-me recear a impraticabilidade de muitas das soluções legais.

O PROCESSO ESPECIAL
DE DESTITUIÇÃO E SUSPENSÃO
DOS GERENTES
PROBLEMAS SUSCITADOS PELO N.º 2 DO ARTIGO 1484.º-B CPC

SOLANGE FERNANDA MOREIRA JESUS

Advogada-Estagiária; Mestre em Direito Penal pela Faculdade de Direito da Universidade de Coimbra; Pós-Graduada em Direito das Empresas pelo IDET

Introdução – Justificação do Tema e sua Delimitação

O objecto do presente estudo é o Processo Especial de Destituição e Suspensão dos Gerentes previsto pelo artigo 1484.º-B do CPC.

Numa abordagem inicial e mais genérica, que constitui a primeira parte deste estudo, apreciaremos o contencioso societário antes e depois da reforma do Código de Processo Civil de 1995/96, dando mostras da conexão existente entre o direito substantivo do Código das Sociedades Comerciais e o direito adjectivo do Código de Processo Civil.

O processo civil é essencial à tutela, promoção e eficácia dos direitos dos sócios, dos credores sociais, dos terceiros e da própria sociedade, constituindo o *grosso* do contencioso societário. Acontece, porém, que o direito processual civil não se adaptou, desde logo, à realidade do direito societário, envolvendo um longo e progressivo processo de transformação, consolidado com a reforma de 1995/96; pelo que ao longo de uma década, os críticos do direito e os operadores judiciários travaram uma luta constante pela adaptação do contencioso à nova realidade do direito societário, surgida com a entrada em vigor do Código das Sociedades Comerciais, logo em 1986.

De seguida, e numa análise mais pormenorizada, por aqui se encontrar a essência do nosso estudo, procuraremos demonstrar como o novo artigo 1484.º-B do Código de Processo Civil reflecte a reforma do contencioso societário operada pelo DL n.º 329-A/95, de 12 de Dezembro. O processo especial de destituição dos titulares dos órgãos sociais surge agora mais adaptado à litigiosidade da vida societária e às necessidades dos operadores económicos; e reúne no mesmo procedimento o pedido cautelar de suspensão, garantindo assim, quando necessário, o imediato afastamento do incumpridor (que de outra forma se manteria em exercício de funções na sociedade até trânsito em julgado da decisão final de destituição), num reforço da tutela da própria sociedade e do seu património.

A este propósito abordaremos várias questões suscitadas na jurisprudência portuguesa, discutindo as opções do legislador no que especialmente concerne ao formalismo do novo incidente de suspensão e às consequências da falta de precisão legal.

Cumpre desde já deixar claro que circunscrevemos o tema à suspensão dos gerentes das sociedades por quotas. Indiscutivelmente dominantes em Portugal, as sociedades por quotas são constituídas predominantemente por pequenos grupos de pessoas que mantêm relações pessoais entre si e que desenvolvem a sociedade à 'sua própria imagem', dirigindo-a à realização dos seus concretos interesses; pelo que no seio deste tipo societário se desenvolve uma litigiosidade abundante e rica em questões controversas e inovadoras.

1. O Contencioso Societário antes da Reforma do Código de Processo Civil de 1995/96: Breve Resenha

O Código das Sociedades Comerciais, aprovado pelo Decreto-Lei n.º 262/86, de 2 de Setembro, significou um avanço legislativo extraordinário em matéria comercial e uma novidade em matéria societária.

O Código Comercial, em vigor desde 1888, mostrava-se desadequado à realidade económica da época e incapaz de dar resposta aos problemas e às carências dos novos operadores económicos, as sociedades comerciais.

Com o Código das Sociedades Comerciais o ordenamento jurídico português ficou dotado de um conjunto de novas disposições, de natureza substantiva, reguladoras das relações societárias. De referir, nomeadamente, as disposições que tutelam os direitos dos sócios, as que impõem os respectivos deveres, assim como as normas que disciplinam as relações dos sócios entre si, dos sócios com a sociedade, e dos sócios com os credores sociais e com os terceiros; note-se que muitas destas disposições dão hoje resposta à necessidade crescente de garantir a tutela dos sócios minoritários.

O Código introduziu ainda, como novidade, normas reguladoras do próprio contrato de sociedade e outras que definem as formas de reacção dos sócios contra os vícios do contrato, assim como disposições que impõem 'regras de conduta' e limites na actuação dos membros dos órgãos sociais e, em consequência, prevêem mecanismos de reacção dos sócios, da própria sociedade e dos terceiros, contra as condutas que, em concreto, lhes sejam prejudicais.

Acautelando as não raras situações de litígio que inviabilizam a concretização pacífica e voluntária dos direitos de cada sujeito, o código previu – nos casos enunciados e nos demais que nos dispensamos de nomear – formas concretas para o exercício judicial de direitos.

Ainda assim, também o direito societário carece de ser adjectivado, de forma a garantir a sua efectiva realização. De facto, só através do respectivo direito processual se promove a real resolução dos litígios, surgidos em consequência do não acatamento das regras que regulam as relações societárias.

Ora, muito embora o código contivesse um conjunto de normas de natureza processual[1], a verdade é que, na falta do respectivo processo, seria necessário o recurso ao Código de Processo Civil.

---

[1] Veja-se, a título de exemplo, os artigos 67.º, 142.º a 144.º, todos do CSC.

Acontece que, ao contrário do que seria de esperar, o direito processual civil não foi imediatamente ajustado à entrada em vigor do Código das Sociedades, mantendo-se inalterado, com os mesmos instrumentos e mecanismos de tutela e realização coerciva dos direitos.

Resulta assim evidente que o direito processual ao serviço do direito societário substantivo não era, à época da entrada em vigor do Código das Sociedades Comerciais, capaz de uma resposta adequada e satisfatória às necessidades dos operadores económicos, mostrando-se insuficiente para garantir a tutela jurisdicional efectiva dos direitos dos sócios, das sociedades, dos credores societários e dos terceiros. O Código de Processo Civil, na redacção anterior ao DL n.º 329-A/95, de 12 de Dezembro, continha apenas um pequeno número de instrumentos susceptíveis de realizar, com especialidade, a adjectivação das normas de direito substantivo do Código das Sociedades Comerciais, designadamente:

Procedimento Cautelar de Suspensão de Deliberações Sociais (artigo 396.º);
Processo Especial de Consignação em Depósito (artigo 1024.º);
Acções de Arbitramento (artigo 1052.º);
Processo Especial para Reforma de Títulos (artigo 1069.º);
Processo Especial de Liquidação (artigo 1122.º);
Processo Especial para Fixação de Prazo (artigo 1456.º);
Inquérito Judicial (artigo 1479.º);
Processo Especial de Destituição de Administradores ou Gerentes (artigo 1484.º);
Processo Especial para Convocação de Assembleias (artigo 1486.º);
Processo Especial para Redução do Capital Social (artigo 1487.º);
Acções de Averbamento, Conversão e Depósito de Acções (artigo 1490.º);

Acções de Exame de Escrituração e Documentos (artigo 1497.º);
Processo Especial de Investidura em Cargos Sociais (artigo 1500.º)[2].

É de salientar em primeiro lugar, e quanto aos procedimentos acabados de mencionar, a sua insuficiência para garantir a tutela efectiva dos direitos e garantias então introduzidos no ordenamento jurídico português, mostrando-se descaracterizados e não adaptados à nova realidade. Ora, se os processos de jurisdição voluntária beneficiavam já do princípio da adequação formal – potenciador de uma melhor adequação do procedimento, pelo juiz, aos efeitos pretendidos pelas partes –, os restantes processos especiais reguladores das relações societárias estavam, como estão hoje, sujeitos à rígida disciplina do artigo 460.º do CPC, o qual restringe a sua aplicação aos casos *expressamente previstos na lei.*

Acresce que, todos os direitos não abrangidos por uma tutela jurisdicional específica (conseguida apenas por via dos procedimentos já nomeados) eram judicialmente exercidos através do processo comum, uma forma de processo descaracterizada e ampla, em nada adaptada à realidade do direito societário[3-4].

Impunha-se ao intérprete e ao aplicador do direito um enorme esforço interpretativo e de integração de lacunas, de forma a

---

[2] Todos na redacção anterior ao DL n.º 329-A/95, de 12 de Dezembro.

[3] Para mais desenvolvimentos, VAZ, Teresa Anselmo, *Contencioso Societário,* Lisboa: Livraria Petrony – Editores, 2006, em particular, págs. 30 a 36.

[4] De referir que no concreto caso da destituição de gerentes, a par de um processo especial de jurisdição voluntária, previsto no artigo 1484.º CPC (na redacção anterior ao DL n.º 329-A/95, de 12/12), tínhamos apenas uma providência cautelar inominada, comum, para o pedido de suspensão imediata e provisória do gerente; assim como uma acção declarativa comum, para a nomeação judicial de gerente, em substituição do gerente destituído ou suspenso. Desta forma, mostrava-se prejudicada a tutela e a eficácia pretendidas com a entrada em vigor do CSC.

garantir a efectiva realização dos efeitos pretendidos e a evitar o desperdício de meios e a denúncia antecipada das estratégias definidas.

2. A Reforma do Código de Processo Civil de 1995/96 e a sua Influência no Contencioso Societário

No preâmbulo do DL n.º 329-A/95, de 12 de Dezembro pode ler-se, a propósito dos objectivos da reforma, que *"finalmente – e será talvez a alteração mais relevante e significativa nesta área –, procurou realizar-se uma adequação entre o Código de Processo Civil e o Código das Sociedades Comerciais, adaptando numerosos preceitos deste, criando procedimentos expeditos para realizar interesses societários, nas hipóteses em que tal enquadramento pareceu justificável"*.

Após uma abordagem pormenorizada sobre os processos especiais e os critérios da sua reforma, o legislador processual reportou-se, ainda que de forma tímida, à reestruturação do contencioso societário, dando assim resposta à carência que se fazia sentir desde 1986, com a entrada em vigor do CSC.

À primeira vista fica a dúvida sobre os motivos e o porquê de terem sido tão parcas as palavras do legislador...

Terá o legislador societário considerado inúteis maiores desenvolvimentos, na medida em que a reforma do contencioso *falaria por si*, dando provas da sua perfeição e adequação? Ou, por sua vez, evidenciava já tal discurso, tímido e recatado, o carácter pouco inovador e, sobretudo, pouco esclarecido da reforma do contencioso societário?

Dando corpo ao princípio que presidiu à reforma dos processos especiais[5], o Código de Processo Civil de 95/96 surgiu

---

[5] *"Nesta área, partiu-se do princípio de que só devem subsistir como processos especiais aqueles cuja tramitação comporte desvios ou particularidades*

dotado de novos procedimentos, agora adaptados à realidade societária introduzida pelo Código das Sociedades Comerciais. Desde logo, e no que especialmente concerne ao nosso tema, é de mencionar a reestruturação da SUBSECÇÃO II – NOMEAÇÃO E DESTITUIÇÃO DE TITULARES DE ÓRGÃOS SOCIAIS, traduzida na nova redacção do artigo 1484.º do CPC e no aditamento dos artigos 1484.º-A e B do CPC.

Regula-se, a partir de então, o regime processual destinado à nomeação judicial de titulares dos órgãos sociais – tal como o regime processual de nomeação de representantes ocasionais –, afastando-se assim o recurso ao processo declarativo comum ou à providência cautelar comum, ambos com uma estrutura mais complexa e genérica; regula-se também, e agora em simultâneo com o processo de destituição, o incidente de suspensão imediata dos titulares dos órgãos sociais; por fim, e ainda no que respeita ao processo de destituição, de salientar que o artigo 1484.º-B do CPC abrange agora todos os casos de destituição dos titulares dos órgãos sociais e não apenas dos administradores e gerentes[6].

Com a reforma, foram também adaptados à realidade societária, vigente desde 1986, alguns processos já existentes na redacção anterior do Código de Processo Civil, nomeadamente, o processo de consignação em depósito e o processo de liquidação judicial de sociedades, assim como excluído o processo de arbitramento[7].

É bom de ver como eram elevadas – e fundadas! – as expectativas em relação à reforma do contencioso societário. Os intérpretes e os aplicadores do direito, em especial os profis-

---

significativos que desaconselhem a recondução à matriz do processo declarativo", cit. preâmbulo do DL n.º 329-A/95, de 12/12 (sublinhado nosso).

[6] Foram ainda criados outros processos especiais, nomeadamente os agora previstos nos artigos 1488.º e 1489.º do CPC.

[7] Para mais desenvolvimentos, VAZ, Teresa Anselmo, *cit.*, págs. 32 a 42.

sionais do foro, ansiaram durante toda uma década pela adaptação dos instrumentos de direito adjectivo pré-existentes no Código de Processo Civil, de forma a reforçar a garantia e a satisfação dos interesses daqueles que se debatem, todos os dias, nos tribunais.

Durante todo esse período os intervenientes foram identificando e denunciando as deficiências e as imperfeições dos mecanismos e as lacunas da lei, esperando certamente ver reflectidas na reforma operada pelo DL n.º 329-A/95, de 12/12, as soluções que, aqui e ali, iam sendo avançadas.

2.1. *"Linha de desburocratização e modernização": o Princípio da Adequação Formal*

Na linha da reestruturação do contencioso societário, materializada, como vimos, na criação de instrumentos processuais adaptados à lógica do direito societário substantivo, a reforma do Código de Processo Civil trouxe consigo uma grande novidade, com incidência ao nível da própria estrutura do processo, dos seus princípios e objectivos, com especial relevo para o tratamento dos litígios envolvendo os operadores económicos.

O legislador afirmou definitivamente o princípio da adequação formal, com vista à tão aguardada simplificação processual e maleabilidade dos procedimentos.

A estrutura excessivamente rígida e estanque dos mecanismos de intervenção em juízo impunha-se, até então, como um verdadeiro entrave à correcta resolução dos litígios, obviando, não raras vezes, à descoberta da verdade material. Na sua apreciação e decisão das causas, os juízes estavam limitados pelo rígido princípio da legalidade, agora mais aliviado e mais flexível[8].

---

[8] Citando o preâmbulo do DL n.º 329-A/95, de 12/12: *"Procura, por outro lado, obviar-se a que regras rígidas, de natureza estritamente procedimental,*

Permite-se agora, mediante o acordo das partes e sempre que a estrutura e a tramitação processual pré-estabelecidas se revelem desadequadas às exigências da justa composição do litígio, que o juiz adapte o processado e pratique actos idóneos à realização dos fins pretendidos. Em concretização do princípio anunciado foi aliás criada a nova disciplina da cumulação de pedidos (cf. artigos 470.º-1 e 31.º-1-2, ambos do CPC, na redacção dada pelo DL n.º 329.º-A/95, de 12/12), admitindo-se que sejam cumulados e discutidos, no mesmo processo, pedidos que, sendo conexos do ponto de vista da factualidade, correspondem a formas processuais distintas.

Reportando ao próprio preâmbulo do DL n.º 329-A/95, de 12/12, podemos afirmar ser admissível a cumulação das causas que *"embora diversas, não sigam uma tramitação absolutamente incompatível, sempre que ocorra interesse relevante na respectiva cumulação ou quando a apreciação conjunta das pretensões se revele indispensável para a justa composição do litígio"*. São estes os critérios que, casuisticamente e sempre que solicitada a cumulação (envolvendo formas de processo abstractamente incompatíveis), devem presidir à decisão do juiz.

No fundo, a reforma processual veio permitir que o mesmo julgador aprecie conjuntamente vários ou todos os pedidos relativos a uma mesma situação de facto, assim se reforçando a confiança no próprio ordenamento jurídico, que favorece agora decisões completas e esclarecidas.

Numa análise mais pormenorizada, e reportando ao nosso tema, importa salientar que a mais-valia da nova disciplina da cumulação dos pedidos se fez sentir essencialmente ao nível dos processos especiais, com grande relevo nos processos do contencioso societário.

---

possam impedir a efectivação em juízo dos direitos e a plena discussão acerca da matéria relevante para propiciar a justa composição do litígio".

Tendo por referência o preceituado no artigo 460.º-2 do CPC, imediatamente concluímos que o princípio da adequação formal veio permitir uma maior flexibilização do *processado* nos processos especiais, reforçando o seu efeito útil.

Não raras vezes, os operadores judiciários eram obrigados a discutir a mesma situação de facto (o mesmo litígio, tendo por base os mesmos fundamentos e os mesmos intervenientes!) em várias "parcelas", materializadas em vários processos, atenta a incompatibilidade processual das acções; hoje, com fundamento no citado princípio, poderá ser requerida a cumulação de pedidos a que correspondem formas de processo distintas – comum e especial, ou processos especiais abstractamente incompatíveis[9-10].

Ora, no contexto societário, a mesma factualidade controversa – materializada, a maioria das vezes, em comportamentos desviantes dos titulares dos órgãos sociais, ou em condutas ilegítimas dos sócios, que motivam a sua exclusão – poderá ser aproveitada para justificar uma pluralidade de pedidos, permi-

---

[9] A título de exemplo, considere-se o seguinte caso: o sócio X requer a destituição judicial do gerente da sociedade e, simultaneamente, com fundamento na mesma matéria de facto, a sua condenação numa indemnização à sociedade pelos danos causados com a sua conduta. No presente caso teríamos uma acção especial de destituição e uma acção de indemnização; logo, respectivamente, um processo especial e um processo comum, sendo possível, agora com maior flexibilidade, a cumulação de pedidos; aplicando-se a mesma disciplina, sem razão para discriminações, sempre que estejam em causa dois ou mais processos especiais, como seja o caso da nomeação judicial e da destituição.

[10] Seguindo de perto VAZ, Teresa Anselmo, *cit.,* pág. 33, recordamos que, ainda assim, *"alguns obstáculos se colocam a esta cumulação, na medida em que hoje, com a criação dos tribunais de comércio, muitas das matérias que são da competência material destes constituem objecto de processos especiais, sendo certo que nem todos os processos que se prendem com o contencioso societário cabem na competência daqueles tribunais".*

tindo assim um aperfeiçoamento de estratégias e um melhor aproveitamento dos meios de prova, conduzindo a uma decisão mais séria, rigorosa e sobretudo mais consciente.

3. O Artigo 1484.º-B do Código de Processo Civil: os Problemas Emergentes da Falta de Concretização Legal

Como tivemos já oportunidade de referir, o artigo 1484.º-B do CPC reflecte indiscutivelmente a reforma do contencioso societário operada pelo DL n.º 329.º-A/95, de 12/12. Dando resposta à necessidade de adjectivação das disposições introduzidas pelo Código das Sociedades Comerciais, e beneficiando de uma década de experiência e de crítica, o legislador criou um novo regime processual para a destituição dos titulares dos órgãos sociais – no que particularmente nos importa, de destituição dos gerentes das sociedades por quotas.

Na anterior redacção do Código de Processo Civil estava apenas regulado o processo especial de destituição de administradores (e gerentes), sem que fosse dado tratamento particular ao processo de suspensão, antecipatório e provisório relativamente ao pedido principal: *"O sócio que, nos termos do artigo 986.º do Código Civil, pretenda a revogação judicial da cláusula do contrato que atribua a outro a administração da sociedade especificará os factos que justifiquem o pedido"*[11].

Acontece que o pedido de suspensão dos gerentes surge quase inevitavelmente associado ao pedido de destituição, na medida em que os fundamentos que justificam a destituição, quando consolidados, justificam também, e por si só, a suspensão

---

[11] Artigo 1484.º-1 do CPC, na redacção anterior ao DL n.º 329.º-A/95, de 12/12.

provisória do gerente; aliás, sendo a suspensão um pedido antecipatório do efeito final pretendido, menos exigente será o juízo de apreciação imposto ao julgador *(juízo de verosimilhança)* e suficiente a prova indiciária oportunamente produzida. Acreditamos até que a acção de destituição surgirá descaracterizada – quiçá até vazia de resultado – sempre que não acompanhada de um pedido cautelar de suspensão: quebrado o vínculo de confiança que deve existir entre o gerente da sociedade, seu representante, e os sócios[12] – determinante para o correcto desenvolvimento do escopo social e para a realização do seu objecto – dificilmente se justificará que seja tolerado na sociedade um gerente alegada e potencialmente incumpridor, até trânsito em julgado da decisão de destituição. Nesse sentido, pronunciava-se já RAUL VENTURA, ao salientar que *"o legislador reparou que o sistema por ele criado tinha um grave inconveniente: a manutenção do gerente, apesar da justa causa, até ao trânsito em julgado da sentença que o destitua e que produz efeito 'ex nunc'"*[13].

Acresce que, a ser real a imputação dirigida ao gerente, fundada na violação das normas de conduta e/ou dos deveres funcionais, é legítimo que surja no espírito do requerente o receio de dissipação dos meios de prova que fundamentam o pedido de

---

[12] No presente trabalho reportamos ao processo especial de destituição e suspensão dos gerentes com fundamento em justa causa (artigos 257.º-4 do CSC e 1484.º-B do CPC), pelo que admitimos, por princípio, estar violado o vínculo de confiança existente entre os intervenientes. Acontece, porém, que uma conduta abstractamente censurável poderá não ser suficiente, no caso concreto, para pôr em crise a confiança essencial à prossecução do objecto social, ou inviabilizar a realização do interesse societário, levando à decisão de improcedência do pedido de destituição, e muito provavelmente do pedido de suspensão. Assim, Acórdão do Tribunal da Relação de Lisboa, de 05-02-2009, consultado em www.dgsi.pt.

[13] VENTURA, Raul, *Sociedades por Quotas, Comentário ao Código das Sociedades Comerciais,* Volumes III, 1ª Edição, 2ª Reimpressão, Coimbra: Almedina, 1991, pág. 111.

destituição. Pode inclusive assistir-se à paralisação da sociedade ou à irrecuperável dissipação do seu património; sendo ainda vulgar a subtracção efectiva de documentação contabilística, em prejuízo da prova do litígio, e bem assim do direito que o requerente pretende fazer valer em juízo.

A manter-se a redacção anterior[14], qualquer sócio poderia, é certo, requerer a suspensão imediata do gerente através do procedimento cautelar comum, intentado em simultâneo ou mesmo previamente à acção de destituição[15]; assim como poderia recorrer, nomeadamente, ao procedimento cautelar de arresto (artigo 406.º do CPC) ou até ao inquérito judicial à sociedade (artigo 1479.º do CPC), salvaguardando os interesses da sociedade e o seu património, e potenciando, desde logo, a prova (antecipada) da situação de facto que viesse a invocar no pedido de destituição.

Ainda assim – e aqui se encontra, na nossa opinião, a grande vantagem da reforma operada ao nível do processo especial de destituição e suspensão dos gerentes –, tratando-se de acções distintas, com processamento autónomo e em separado, sempre implicariam custos mais elevados e um maior transtorno para os operadores judiciários, impondo uma proliferação de acções e um desperdício de meios, envolvendo inevitavelmente a denúncia antecipada das estratégias delineadas e potenciando a contradição do julgador. Acresce que, do ponto de vista da apreciação e da decisão do litígio, o novo procedimento vem facilitar a prova da *situação-fundamento*, favorecendo o seu conhecimento

---

[14] Leia-se: a manter-se o procedimento do artigo 1484.º do CPC, na redacção anterior ao DL n.º 329-A/95, de 12/12, sem que se acrescentasse no mesmo procedimento o pedido de suspensão.

[15] Referimo-nos às providências cautelares antecipatórias, previstas no artigo 383.º-2 do CPC.

completo, simultâneo e global, com garantia de maior eficácia das decisões tomadas.

A procedência do pedido de suspensão continua hoje dependente da verificação, no caso concreto, do fundado receio de perda da eficácia do pedido, quer antecipatório, quer do pedido final de destituição, ainda que mediatamente (é o *periculum in mora*, recuperado do artigo 381.º do CPC, subsidiariamente aplicável), e bem assim da existência de indícios de *justa causa* (artigo 257.º do CSC).

A *justa causa* afere-se de factos que indiciem a violação grave dos deveres de conduta (artigo 64.º do CSC) e dos deveres funcionais (dispersos pelo código) impostos ao gerente, e da incapacidade objectiva para o exercício normal das respectivas funções. Exemplos típicos são, nomeadamente, as atitudes de deslealdade e/ou de incúria, gravemente perturbadoras do normal funcionamento da sociedade, passíveis de causar prejuízos relevantes; todos os actos que envolvam a paralisação ou a deserção da sociedade; a dissipação do património e a realização de interesses pessoais; a prática de concorrência desleal e a dissipação dos elementos contabilísticos, etc.; tudo se aferindo pela diligência de um gestor criterioso e ordenado. Diga-se, aliás, que a *justa causa*, aqui ainda indiciária, implica necessariamente uma quebra do vínculo de confiança existente entre a sociedade, os seus sócios e o gerente, tornando inexigível a permanência deste na sociedade[16-17].

Quanto mais grave for a factualidade alegada pelo requerente e mais forte o juízo de verosimilhança que daí resulte,

---

[16] Neste sentido, Acórdão do Tribunal da Relação de Lisboa, de 05-02--2009, consultado em www.dgsi.pt.

[17] Para maiores desenvolvimentos acerca dos deveres dos administradores, *vide* ABREU, Jorge M. Coutinho de, *Responsabilidade Civil dos Administradores de Sociedades*, 2ª Edição, publicações IDET, Cadernos n.º 5, Coimbra: Almedina, 2010, págs. 7 a 48.

mais facilmente se demonstrará o perigo de afectação do fim ou perda da eficácia do procedimento. Perigo que necessariamente envolve a verificação de uma ameaça objectiva e actual, que não meros temores subjectivos e infundados, e bem assim a forte probabilidade de que se concretizem danos graves e dificilmente reparáveis (ou até irreparáveis) à sociedade. No fundo, torna-se indispensável demonstrar que a conduta imputada ao gerente incumpridor tem influência directa e negativa no desenvolvimento da actividade da sociedade, sendo de evitar a consolidação de outros prejuízos.

A *condensação* dos pedidos num único processo tem a indiscutível vantagem de concentrar no mesmo requerimento toda a factualidade relevante; e, ao impedir que a alegação quanto à suspensão ocorra num requerimento separado (como acontecia ao utilizar-se o procedimento cautelar comum), evita-se que a *factualidade-fundamento* seja apreendida de forma estanque e descontextualizada, permitindo ao julgador uma apreciação global e uma decisão mais rigorosa e concertada.

3.1. *A Natureza Cautelar do Pedido de Suspensão*

A pouco rigorosa redacção do artigo 1484.º-B do CPC vem suscitando algumas dúvidas, como aliás se retira da análise da jurisprudência sobre o tema, criando dificuldades para os agentes judiciários, que assim se vêem confrontados com a incerteza e a imprecisão legal no momento de acautelarem os interesses dos seus representados.

Ainda assim, longe da controvérsia está a natureza cautelar do pedido de suspensão do n.º 2 daquela norma. Seguindo de perto a boa jurisprudência, afirmamos com convicção que o artigo 1484.º-B do Código de Processo Civil *"configura um processo principal definitivo de destituição, que pode ter, enxertado no processo principal, uma providência cautelar inominada de suspensão; é o que se extrai do n.º 2 do preceito em causa*"[18-19].

Partindo da presente premissa, facilmente se admitiria existir um paralelismo absoluto entre o procedimento em que ora nos movemos e o típico procedimento cautelar comum.

De facto, é inquestionável a sua identidade, designadamente no que diz respeito à instrumentalidade e dependência mantida entre os pedidos cautelar e principal, sendo o pedido de suspensão antecipatório e provisório relativamente ao pedido final de destituição. Deve ainda reconhecer-se que, em ambos os casos, as decisões relativas a cada um dos pedidos (cautelar e principal) são autónomas entre si, esgotando-se nos respectivos procedimentos. Aliás, como bem constatou o Tribunal da Relação do Porto, *"cada uma das decisões põe termo a procedimentos funcionalmente autónomos e independentes entre si"*[20]. É por isso de admitir, mesmo que no estritamente necessário, a aplicação subsidiária do regime do procedimento cautelar comum ao processo especial de destituição.

De todo o modo, será precipitado (e até infundado!) acreditar que a reforma processual de 95/96 não imprimiu *singularidade* ao novo processo especial de destituição e suspensão dos gerentes!

O incidente de suspensão[21] dos gerentes apresenta uma estrutura particular, porque autuado num único procedimento,

---

[18] Cit. Acórdão do Tribunal da Relação do Porto, de 28-05-2009, Proc. n.º JTRP00042647, disponível em www.dgsi.pt. Neste sentido, por todos, Acórdão do Tribunal da Relação do Porto, de 19-05-2001, CJ, 2001, Tomo III, pág. 191.

[19] Para mais desenvolvimentos, REGO, Carlos F. O. Lopes do, *Comentários ao Código de Processo Civil*, Vol. II, 2.ª Edição, Almedina, Coimbra, 2004, págs. 333 a 336.

[20] Cit. Acórdão do Tribunal da Relação do Porto, de 28-05-2009, Proc. n.º JTRP00042647, disponível em www.dgsi.pt.

[21] Seguindo de perto alguma jurisprudência, preferimos tal designação para bem distinguir o procedimento de suspensão do típico procedimento cautelar inominado do artigo 381.º CPC.

juntamente com o pedido de destituição, não separado e em simultâneo; não é um processo urgente, aproveitando antes, isso sim, o regime dos processos de jurisdição voluntária. Acreditamos também que se distingue em matéria de contraditório, já que aceitamos, como regra, a audição diferida do requerido, em oposição do que vemos acontecer no procedimento cautelar inominado do artigo 381.º do CPC.

Fica assim prejudicada a aplicação directa dos normativos que regulam o procedimento cautelar comum, sendo indispensável uma adaptação dos princípios e dos conceitos, por referência às particularidades acabadas de enunciar.

Muito embora tenham origem no mesmo requerimento inicial e sejam autuados num único processo, os pedidos de suspensão e destituição dos gerentes mantêm a sua autonomia relativamente aos meios de prova. É certo que o artigo 383.º-4 do CPC, aqui aplicável, apenas impõe a autonomia do julgamento da matéria de facto e da decisão final do procedimento relativamente ao pedido principal, nada regulando sobre a prova. Ainda assim, *"os factos da decisão cautelar de suspensão não se integram nem complementam, muito menos de forma automática e implícita na decisão final de destituição"*[22]. É necessário que a decisão final de destituição 'recupere' na sua motivação todos os elementos constantes da decisão cautelar, reiterando-os ou reforçando-os: por um lado, e por apenas ter sido feita prova indiciária, é necessário confirmar a convicção do julgador; por outro lado, no que especialmente concerne ao depoimento de testemunhas e ao conteúdo de documentos, será necessário garantir o contraditório previamente suprimido, permitindo o pedido de

---

[22] Cit. Acórdão do Tribunal da Relação do Porto, de 28-05-2009, Proc. n.º JTRP00042647, disponível em www.dgsi.pt.

esclarecimentos e a contra-prova dos documentos, só assim se cumprindo o disposto no artigo 517.º do CPC[23].

Entendemos, a este propósito, que a alegação e a prova do incidente de suspensão, ao estarem insertas no mesmo requerimento da acção principal de destituição, sempre sairão reforçadas. Independentemente do carácter indiciário da prova, menos exigente, o certo é que, em princípio, se esgotarão no requerimento inicial todos os factos relevantes para a boa decisão da demanda.

Na esteira do aresto do Tribunal da Relação do Porto de 28-05-2009, há que retirar, neste ponto, **duas importantes conclusões**: não pode aceitar-se que *"tendo em vista a decisão principal e definitiva de destituição, os meios de prova produzidos no âmbito do procedimento cautelar (enxertado) de suspensão, não sirvam em situação alguma, para nada e/ou todos os meios de prova tenham, todos eles, que ser repetidos"*. Há, todavia, *"que juntar tais meios de prova 'pré-constituídos' (em relação ao processo principal e à decisão definitiva), entretanto 'enriquecidos' pelo contraditório, aos novos meios de prova produzidos e, a partir de todos eles, efectuar uma única e global análise crítica, cujo resultado (de tal apreciação crítica única e global) será vertido numa única decisão de facto"*[24].

Precisamente por se tratar de um incidente autónomo, mesmo que *enxertado* na acção principal de destituição, o pedido de suspensão terá de ser apreciado previamente e decidido em sepa-

---

[23] Essencial quanto à prova no âmbito dos procedimentos cautelares, GERALDES, António S. Abrantes, *Temas da Reforma do Processo Civil, Procedimento Cautelar Comum,* Vol. III, 3ª Edição, Coimbra: Almedina, 2004, págs.73 a 85, 156 a 158.

[24] Cit. Acórdão do Tribunal da Relação do Porto, de 28-05-2009, Proc. n.º JTRP00042647, disponível em www.dgsi.pt.

rado, não se confundindo com um dos pedidos da acção principal de destituição; assim será mesmo quando o Tribunal, contra o que se julga ser a intenção do legislador, decidir citar imediatamente o requerido para se opor, procedendo à inquirição de testemunhas e à análise de documentos, com garantia imediata do princípio do contraditório.

Poderá também acontecer que se produza toda a prova imediatamente aquando da apreciação do pedido de suspensão, estando aparentemente tratados todos os elementos que sejam essenciais para a decisão de mérito deixada ao tratamento do juiz. De todo o modo, e porque estão em causa dois procedimentos autónomo, reitera-se, terá de haver necessariamente duas decisões, ainda que no mesmo sentido e baseadas *grosso modo* nos mesmos elementos de prova. Só assim estará verdadeiramente garantido o exercício do contraditório, por estarem as partes conscientes do que está em causa em cada uma das decisões sucedâneas. Recorde-se que o espaço de intervenção no âmbito do incidente de suspensão está bastante limitado, atenta a celeridade e a simplicidade a ele associadas; por sua vez, no pedido de destituição – e apesar de estar em causa um processo de jurisdição voluntária, por si só mais abreviado –, são mais alargadas, a nível processual, as possibilidades de intervenção das partes, pelo que sempre poderão orientar de forma diferente a sua estratégia, inquirir de forma mais rigorosa as testemunhas, estruturar de um outro modo as suas alegações,...[25]

Pelo que, caso se decidam ambos os pedidos em simultâneo e numa única sentença, será nula a decisão, na parte referente ao pedido de destituição, por violação do princípio do contraditório (cf. arts. 201.º-1 e 3.º-2 e 3, ambos do CPC).

---

[25] Assim, Acórdão do Tribunal da Relação do Porto, de 19-05-2001, CJ, 2001, Tomo III, pág. 191.

3.2. A Dispensa de Citação Prévia e o Princípio do Contraditório

Apesar da identidade parcial com o procedimento cautelar comum, nos termos já avançados, acreditamos que o pedido de suspensão introduzido pela nova redacção do artigo 1484.º-B do CSC apresenta particularidades que merecem atenção e análise. Aliás, estranho seria se a reforma de 95/96, com incidência directa no contencioso societário, não houvesse inovado, limitando-se tão-só a criar uma estrutura paralela à providência cautelar já existente, agora designada de incidente ou pedido de suspensão.

Atente-se, desde logo, no *'modus operandi'* da decisão de suspensão dos gerentes: *"se for requerida a suspensão do cargo, o juiz decidirá imediatamente o pedido de suspensão, após a realização das diligências necessárias"*.

Questiona-se, a este propósito, o 'sentido' e o 'alcance' da decisão de suspensão, assim como a urgência do pedido.

O que deverá compreender-se por decisão imediata, com recurso, se necessário, a diligências probatórias? Estará o legislador processual a admitir, sem necessidade de qualquer fundamentação, a citação diferida do requerido, mesmo nos casos em que se considere conveniente proceder à audição de testemunhas, a fim de decidir de forma mais consciente e informada? Ou será que, ao invés, o legislador processual quis garantir uma ponderação casuística, assente em requisitos determinados, deixando *nas mãos* do aplicador do direito a decisão quanto ao pedido, que deverá ser tomada de acordo com a particularidade do caso concreto[26]?

---

[26] Não nos parece ser de aventar a hipótese do legislador processual ter excluído, em absoluto, a possibilidade de dispensa de citação prévia, na medida em que sairia prejudicado o sentido e a eficácia do incidente de suspensão e, não raras vezes, do próprio pedido de destituição.

Não é unânime a jurisprudência portuguesa, assim como não o é a parca doutrina[27] existente sobre o tema.

A questão foi já amplamente abordada, em especial por ALBERTO DOS REIS, como aliás se retira do Acórdão do Tribunal da Relação de Lisboa de 18-12-2008 que, citando o autor, salvaguarda que *"a prolação de resoluções no âmbito da jurisdição voluntária, como é aqui o caso, nem sempre exige obrigatoriamente a audição do requerido, só quando estiver especialmente prevista ou quando se revelar necessária"*. E, continuando, reconhece que *"esta jurisdição implica o exercício de uma actividade substancialmente administrativa, em que o julgador não está adstrito ao acatamento rigoroso do direito aplicável à situação em apreço. Pelo contrário, funcionando mais como um árbitro, o juiz é livre de proferir a decisão que lhe pareça mais equitativa, aquela que melhor serve os interesses em causa"*[28].

Na verdade, e no que particularmente concerne ao incidente de suspensão dos gerentes, consideramos que o legislador processual pecou por falta de precisão e esclarecimento na redacção da norma, sendo por isso compreensível a tendência da jurisprudência para admitir com alguma reserva a dispensa de citação prévia do requerido, por referência ao regime do procedimento cautelar comum.

---

[27] A propósito da (dispensa de) citação prévia do requerido no âmbito do pedido de suspensão pronunciaram-se entre nós, ainda que de forma *aligeirada* e sempre no âmbito de estudos de natureza prático-processual, nomeadamente PEREIRA, J. Timóteo Ramos, *Prontuário de Formulários e Trâmites – Procedimentos e Medidas Cautelares (com incidentes conexos)*, Vol. II, 2ª Ed. (actualizada e aumentada), Lisboa: Quid Iuris, 2005, págs. 167 ss. e VAZ, Teresa Anselmo, *cit.*, pág. 174.

De salientar que ambos os autores admitem como regra a dispensa de citação prévia do requerido.

[28] Cit. Acórdão do Tribunal da Relação de Lisboa, de 18-12-2008, consultado em www.dgsi.pt.

Ainda assim, não nos espanta que a reforma do Código de Processo Civil de 95/96 tenha procurado inovar o contencioso societário, *rompendo* preconceitos através da efectiva individualização dos seus mecanismos processuais, dando corpo às necessidades que vinham sendo reclamadas.

Porque acreditamos que a resposta à referida inquietação deverá ser encontrada no *espírito* e na *ratio* do sistema, em particular por consideração do próprio procedimento, defendemos que, ao impor a decisão imediata, nos termos em que o fez (cf. n.º 2 do artigo 1484.º-B do CSC), o legislador processual terá querido dispensar, por princípio, a citação prévia do requerido[29], assim salvaguardando o efeito útil e/ou prático da decisão de suspensão, ainda que, não raras vezes, com excesso de *garantismo* relativamente às minorias.

Aliás, *"do teor deste normativo parece resultar com alguma evidência que o legislador quis que fosse tomada decisão célere quanto ao pedido de suspensão, após realização de diligências estritamente necessárias, o que não se compadece com a eventual audição prévia do requerido, sob pena de aquela não poder ter aquela celeridade"*[30].

Citando novamente a Relação do Porto, *"impõe-se acentuar que só assim pode ser dado acatamento ao princípio da prevalência dos critérios de oportunidade e conveniência sobre a legalidade estrita, à sombra do disposto no art. 1409.º""*[31].

Por certo, deverá sempre garantir-se ao requerido o exercício do contraditório, através dos meios processuais ao seu dispor (recurso ou oposição – cf. artigo 388.º-1, al. *a)* e *b)* do

---

[29] Neste sentido, *vide* nomeadamente o Acórdão do Tribunal da Relação do Porto, de 05-04-2001, disponível em www.dgsi.pt.

[30] Cit. Acórdão do Tribunal da Relação do Porto, de 05-04-2001, disponível em www.dgsi.pt.

[31] Cit. Acórdão do Tribunal da Relação do Porto, de 12-05-2008, Proc. n.º 0850755, disponível em www.dgsi.pt.

CPC), o que acontecerá imediatamente após ser proferida a decisão sobre o pedido de suspensão.

Acresce que a consideração do pedido de suspensão nestes termos – isto é, admitindo como regra a dispensa de citação prévia do requerido –, não implicará que a decisão do julgador seja necessariamente favorável ao requerente, nos termos peticionados[32]. Acreditamos aliás que a consciência de se poder incorrer num prejuízo para o requerido, não ouvido no imediato, impõe ao juiz uma apreciação mais rigorosa da fundamentação apresentada; por sua vez, ao requerente impõe-se uma maior diligência na elaboração do próprio requerimento inicial. Está também salvaguardada a possibilidade de realização de diligências probatórias, nomeadamente, a inquirição de testemunhas, assim se garantindo, como aliás exige o Tribunal Constitucional, que *"a suspensão só pode ser deferida se a prova produzida para o efeito a justificar..."*[33].

Ora, a vantagem da citação diferida prende-se, em grande medida, com a maior celeridade do procedimento e, sobretudo, com a garantia de eficácia do pedido, numa matéria de extrema sensibilidade e de enorme relevo para o bem-estar social e vida societária[34].

E, reitera-se, há que *"haver-se como assente que o juiz que aprecia livremente a prova, unilateralmente produzida pelo requerente da suspensão, não se limita a ser um receptáculo*

---

[32] Recordamos que o deferimento do pedido cautelar de suspensão envolverá uma ponderação global dos requisitos legais aplicáveis: não apenas do fundado receio de perda da eficácia do pedido (*periculum in mora*, recuperado do artigo 381.º CPC, subsidiariamente aplicável), mas também da existência de indícios de *justa causa* (artigo 257.º CSC).

[33] Cit. Acórdão do Tribunal Constitucional n.º 131/02, de 14-03-2002, disponível em www.tribunalconstitucional.pt.

[34] Recorda-se a tendência dos requeridos para dissiparem o património da sociedade na pendência do procedimento ou para ocultarem documentação determinante à procedência do pedido principal, sempre em prejuízo da sociedade.

acrítico da mesma, tudo interiorizando e absorvendo, em tal qualidade, antes devendo proceder, nos genéricos e aplicáveis termos previsto no art. 653.º, n.º 2, à análise e ponderação crítica da mesma"[35].

Acreditamos que apenas a interpretação sufragada evidencia a adaptação do contencioso às mudanças reivindicadas, e bem assim uma atitude de autonomia relativamente aos mecanismos genéricos pré-existentes, pelo que *"entre dois riscos, sempre será preferível o decretamento duma suspensão que, 'logo adiante', poderá ser corrigida e emendada, do que manter no exercício das funções de gerente da sociedade quem, indiciariamente, vem mantendo um comportamento integrante, objectivamente, do conceito de justa causa condicionador de tal suspensão"*[36].

Apesar da denunciada imprecisão legal, que alimenta, ainda hoje, alguma reserva relativamente à audição diferida do requerido, a jurisprudência portuguesa tende, cada vez mais, a admitir a dispensa de citação prévia nos termos expostos. Ainda assim, importa alertar que se conhecem decisões judiciais em sentido absolutamente diverso, onde o Princípio do Contraditório é apreciado numa perspectiva rígida e inflexível.

Aproveitando a identidade parcial entre o pedido de suspensão regulado no artigo 1484.º-B do CPC e o procedimento cautelar comum, esta corrente mais radical, adepta da 'citação imediata', reporta à letra do artigo 385.º-1 do CPC – *"o Tribunal ouvirá o Requerido, excepto quando a audiência puser em risco sério o fim ou a eficácia da providência"* – para assim afirmar que a decisão de suspensão deverá ser, em regra, precedida da audição do requerido.

---

[35] Cit. Acórdão do Tribunal da Relação do Porto, de 12-05-2008, Proc. n.º 0850755, disponível em www.dgsi.pt.

[36] Cit. Acórdão do Tribunal da Relação do Porto, de 12-05-2008, Proc. n.º 0850755, disponível em www.dgsi.pt

Recordam que o legislador processual expressamente consagrou casos de dispensa de citação (*v.g.* artigos 394.º e 408.º do CPC), fazendo assim depender a derrogação da regra legal da constatação *in casu* do que dizem ser um risco efectivo e sério para o fim ou a eficácia do procedimento. Acontece que, na sua alegação, mais não fazem do que constatar o óbvio, recusando a relevância do temor ou sugestão pessoal, enquanto critérios de apreciação não objectivos!

Uma alegação séria, completa e rigorosa da factualidade que comporta uma *justa causa* de destituição (tudo para fundamentar o pedido final e definitivo) necessariamente preencherá, a nosso ver, o sobredito conceito objectivo de risco; pelo que, a ter-se por indiciariamente provadas as condutas imputadas ao requerido, facilmente se demonstrará, com igual suficiência, o fundado receio de perda da eficácia do pedido de suspensão, na medida em que legitimamente se admite que o infractor tudo faça para, na pendência do processo, ocultar os *rastos* da sua conduta reprovável. A intervenção do requerido, no exercício do contraditório, será tanto mais relevante quando promovida num momento em que os interesses da sociedade, dos sócios e dos terceiros estão já provisoriamente salvaguardados.

Por último, e mais uma vez estabelecendo a fronteira entre o incidente de suspensão e o procedimento cautelar inominado, diga-se ainda que, neste procedimento, o requerido apenas não será ouvido se e quando a sua audiência *puser em risco sério o fim ou a eficácia da providência* (cf. artigo 385.º-1 do CPC). O afastamento daquela que é a regra legal do artigo 381.º do CPC exige, como bem constatou Abrantes Geraldes[37], a verificação de *um perigo ao quadrado,* sendo inequivocamente mais exigente o critério de ponderação.

---

[37] Geraldes, António S. Abrantes, *cit.,* pág. 192.

3.3. A Constitucionalidade do artigo 1484.º-B do Código de Processo Civil

A este propósito vem sendo também suscitada a questão da constitucionalidade da norma do artigo 1484.º-B do CPC, quando interpretada no sentido de admitir a suspensão imediata do requerido, sem audição prévia – interpretação que, aliás, partilhamos e admitimos como regra.

Os adeptos da inconstitucionalidade da norma argumentam estar em crise o princípio do contraditório e, numa abordagem mais ampla, o princípio constitucional do Estado de Direito e da Garantia de Acesso à Justiça e aos Tribunais, consagrados, respectivamente, no artigo 3.º-3 do CPC, e nos artigos 2.º e 20.º da CRP.

Consideramos, no entanto, tratar-se de uma *falsa questão*!

Recordamos que o Tribunal Constitucional, a quem cabe o *crivo* da conformidade das normas relativamente à nossa lei fundamental, já se pronunciou, vezes sem conta, sobre a matéria do contraditório no âmbito do processo civil[38]; e em todas as vezes afirmou que o princípio do contraditório – princípio decorrente daqueles outros princípios constitucionais supra identificados –, sendo determinante para a salvaguarda da *equidade* no acesso ao direito, não deixa de figurar como um princípio flexível, que sofre alguns desvios, em especial quando estão em causa decisões provisórias ou quando há um risco sério de ineficácia da acção[39].

Nesta medida, e seguindo de perto os ensinamentos daquele Tribunal, sempre diremos que a interpretação da jurisprudência maioritária, que admite a citação diferida do requerido quando

---

[38] Cf. nomeadamente os Acórdãos do Tribunal Constitucional n.º 249/97, n.º 259/00, n.º 739/98, n.º 163/01, n.º 162/00, n.º 522/00, n.º 598/99 e n.º 131/02, todos em www.tribunalconstitucional.pt.

[39] Neste sentido, *vide* Acórdãos do Tribunal Constitucional n.º 739/98, n.º 598/99 e n.º 131/02, em www.tribunalconstitucional.pt.

peticionada e fundamentada a sua suspensão imediata, é conforme ao princípio do contraditório e à norma do n.º 2 do artigo 1484.º-B do CPC, assegurando de forma satisfatória a defesa do requerido, quer através da oposição, quer por via de recurso (cf. artigos 1484.º-B, n.º 3 e 388.º-1, al. *a)* e *b)*, todos do CPC) – tendo então o requerido oportunidade de pugnar contra a factualidade que lhe seja desfavorável, quer quanto à suspensão, quer quanto ao pedido final de destituição[40].

No que especialmente concerne à norma em análise, vale também a esclarecida fundamentação do aresto do Tribunal Constitucional n.º 131/02 (tirado para o julgamento da constitucionalidade da norma que proíbe a audição prévia do requerido no caso da providência de restituição provisória da posse), onde se concluiu do seguinte modo: *"É sabido que o princípio do contraditório é um dos princípios fundamentais do Processo Civil, e que tem tutela constitucional. É uma exigência clara do princípio da igualdade das partes, por sua vez manifestação do princípio da igualdade perante a lei e do próprio Estado de Direito. Isso não significa, porém, que não existam situações em que ele tem de ceder face à necessidade de eficácia de determinadas medidas judiciais, inoperantes se precedidas de audiência da parte contra quem são requeridas. É o que em geral, sucede com a justiça cautelar..."*[41].

Não estará pois posta em causa a constitucionalidade da norma do artigo 1484.º-B do CPC, na interpretação mencionada, quando a suspensão seja ordenada depois de globalmente

---

[40] Neste sentido, Acórdão do Tribunal da Relação do Porto, de 05-04-2001, Proc. n.º 0130120, que deu origem ao Acórdão do Tribunal Constitucional n.º 131/02.

Acresce que, porque o processo de destituição tem uma tramitação simplificada e célere, pode o requerido contestar logo após a decisão sobre a suspensão, o que normalmente envolverá um curto espaço de tempo.

[41] Cit. Acórdão do Tribunal Constitucional n.º 131/02, em www.tribunal constitucional.pt.

apreciada a prova admissível, trazida ao processo pela parte requerente ou ordenada pelo juiz, e o tribunal concluir *indiciariamente* pela existência de justa causa de destituição, e bem assim de fundado receio de perda da eficácia do procedimento, assim se afastando qualquer sacrifício desproporcionado do princípio do contraditório.

3.4. Erro na Forma de Processo e suas Consequências Práticas

Mesmo após a entrada em vigor da nova redacção do artigo 1484.º-B do CPC, essencialmente renovado quanto ao pedido de suspensão, verificamos que, não raras vezes, os agentes judiciários ignoram o novo procedimento, recuperando a antiga estrutura da providência cautelar inominada do artigo 381.º do CPC, assim peticionando a suspensão dos gerentes, como pedido antecipatório e provisório relativamente ao pedido final de destituição.

Não nos cabe agora especular sobre as razões que motivam o uso de um procedimento que, a partir da reforma de 95/96, se mostra *aparentemente* desadequado aos fins pretendidos. Ainda assim, e porque a reforma do Código de Processo Civil procurou, entre tão vastas inquietações, realizar a sua adequação relativamente ao Código das Sociedades Comerciais, não podíamos deixar de alertar para uma realidade que, no mínimo, suscita alguma perplexidade!

Parece-nos sobretudo importante apreciar, do ponto de vista da prática judiciária, as consequências da mencionada confusão, concretizada em erro na forma de processo.

Nos termos do artigo 199.º do CPC, *"o erro na forma de processo importa unicamente a anulação dos actos que não possam ser aproveitados, devendo praticar-se os que forem estritamente necessários para que o processo se aproxime, quanto possível, da forma estabelecida pela lei (n.º 1); não devem, porém, aproveitar-se os actos já praticados, se do facto resultar uma diminuição de garantias do réu (n.º 2)"*.

Partindo da letra da lei, e recuperando o sentido e o alcance do princípio da adequação formal, não nos impressiona que em caso de erro na forma de processo, consequência da utilização indevida da providência cautelar comum do artigo 381.º do CPC, se conclua, como concluiu o Tribunal da Relação de Coimbra, que *"a consideração de uma possível existência de erro na forma de processo [...] assumiria nula relevância prática na tramitação seguida no quadro da suspensão [...], tudo aquilo que foi realizado no quadro do que se qualificou como 'procedimento cautelar não especificado' não deixaria de ser feito dentro do rito estabelecido para a suspensão cautelar do gerente, no quadro do mencionado artigo 1484.º-B. Com efeito, seguir--se-iam os pressupostos da concessão em geral da tutela cautelar e isso sempre poderia passar pela dispensa da audição em sede de suspensão da Requerida, ora Apelante. Tal como passaria em tudo mais pelo processamento efectivamente seguido pelo Tribunal"* de primeira instância[42].

Ainda assim, e levando em linha de conta que o legislador processual procurou criar mecanismos processuais expeditos, aptos a realizar eficazmente os concretos interesses no âmbito societário – assim adjectivando a disciplina do Código das Sociedades Comerciais –, permitimo-nos discordar, neste ponto, da solução avançada pelo aresto citado.

Antes de mais, existe hoje um procedimento específico e especialmente criado para regular o pedido de suspensão dos gerentes no âmbito de uma acção de destituição. Nesta medida, e porque o procedimento cautelar comum tem o seu âmbito de aplicação limitado (cf. princípio da legalidade das formas, nos

---

[42] Cit. Acórdão do Tribunal da Relação de Coimbra, de 26-05-2009, Proc. n.º 30/08.4TBVLF-C.C1, disponível em www.dgsi.pt.

termos dos artigos 460.º-2 e 381.º-3, todos do CPC), deverá ter-
-se o processo especial do artigo 1484.º-B como o único adequado à providência requerida.

Acresce que os procedimentos cautelares têm natureza contenciosa, não se confundindo com os procedimentos de jurisdição voluntária, sujeitos às regras dos artigos 1409.º e 1410.º do CPC, pelo que as decisões tomadas no âmbito destes procedimentos estão inequivocamente marcadas pela equidade e não já pela legalidade estrita.

Por fim, recordamos que a estrutura procedimental do artigo 1484.º-B do CPC não se compadece, em parte, com a estrutura do procedimento cautelar. Repare-se, a este propósito, que a nova redacção do artigo impõe um único requerimento inicial, sendo inevitável que se proponha simultaneamente a acção principal de destituição dos gerentes. Ora, sendo certo que o procedimento cautelar comum de suspensão tinha por referência uma acção principal de destituição, não estará hoje cumprido, sem que se peticione imediatamente a destituição, aquele requisito formal mínimo imposto pela nova redacção do artigo 1484.º-B do CPC. O que, diga-se com certeza, porá em crise o arranjo procedimental previsto para o concreto caso.

Pelo que somos levados a concluir não ser possível, no caso que nos ocupa, o aproveitamento de actos processuais já praticados, atenta a particularidade estrutural do procedimento do artigo 1484.º-B do CPC e a sua natureza como processo de jurisdição voluntária.

4. O novo artigo 1484.º–B do Código de Processo Civil: solução ou problema? – Conclusões

Ao longo da nossa exposição, e a propósito dos diferentes pontos abordados, fomos apresentando conclusões intercalares, pronunciando-nos acerca das opções legislativas em matéria de contencioso societário, com maior incidência ao nível do processo especial de suspensão e/ou destituição dos órgãos sociais.

Recuperando o que defendemos, não deverá surpreender que aqui chegados afirmemos o mérito do legislador e a bondade do processo em referência, reconhecendo-lhe, aliás, indiscutíveis vantagens.

O legislador processual, ciente de que o pedido de suspensão surge quase sempre associado ao pedido de destituição, sob pena de ineficácia, veio permitir que a *materialidade-fundamento* (isto é, a *justa causa* de destituição) seja agora condensada num único procedimento, *enxertando* no processo especial de destituição – já existente antes da reforma do Código de Processo Civil de 1995/96 –, o pedido cautelar de suspensão.

Somos então levados a admitir que o processo especial de destituição e suspensão, tal como hoje configurado no artigo 1484.º-B do CPC, favorece o tratamento completo do litígio e potencia uma decisão mais justa, concertada e conforme à realidade de facto.

De todo o modo, a solução encontrada para dar resposta, neste ponto, à necessidade de especialização do contencioso societário, carece ainda de adaptação e de algum aperfeiçoamento...

Como vimos, a falta de precisão legal acarreta um sem número de inconvenientes, suscitando um conjunto de questões controversas na jurisprudência portuguesa.

Desde logo, pouco se *diz* quanto à aplicabilidade do regime jurídico do procedimento cautelar comum ao incidente de suspensão *enxertado* no processo especial de destituição.

Seguindo de perto a boa jurisprudência, e atenta a natureza cautelar do novo incidente, consideramos ser de aceitar a aplicação subsidiária do artigo 381.º e seguintes do CPC, em tudo o que não esteja especialmente regulado, salvaguardando a concreta singularidade do processo especial. Ainda assim, mantém-se a convicção de constituir um procedimento material e formalmente distinto do procedimento cautelar comum.

Um *marco* essencial da individualidade do incidente de suspensão encontra-se desde logo, a nosso ver, no *'modus operandi'* da citação do requerido. Também aqui a redacção legal suscita inúmeras dúvidas, levando a que tendencialmente se defenda uma solução de princípio, a qual apela ao casuísmo e admite a discricionariedade do julgador, por estar em causa uma apreciação eminentemente subjectiva.

Ora, porque consideramos que o legislador processual teve por objectivo inovar, ousamos contrariar aquela tendência, defendendo como regra a citação diferida do requerido, desde que feita prova indiciária da *justa causa* de destituição e bem assim do justo receio de perda da eficácia do incidente. Assim, ou o requerente fundamenta com todo o rigor e diligência o seu pedido cautelar e provisório de suspensão, sendo ele imediatamente deferido, mediante decisão célere e abreviada – logo, incompatível com a audição do requerido; ou o requerente não suporta suficientemente o seu pedido, e a decisão, também aqui imediata e sem contraditório prévio, deverá ser necessariamente de indeferimento.

Acreditamos que só desta forma se garantirá verdadeiramente a eficácia do procedimento, dando uma resposta capaz e satisfatória às necessidades reveladas por mais de uma década de experiência, e dotará o contencioso societário de mecanismos expeditos e céleres.

Tudo isto sem que, de modo algum, seja preterido o princípio do contraditório ou tão-pouco saia prejudicada a conformidade constitucional do normativo em estudo! Conclusão que, aliás, afirmamos por princípio.

Afirma-se também a regra da produção autónoma da prova, em sede cautelar; isto é, muito embora o processo especial de destituição comporte em si mesmo o incidente de suspensão, partindo ambos do mesmo requerimento inicial, a prova da factualidade alegada terá de ser feita em momentos distintos e sucedâneos; ainda assim, toda a prova cautelar poderá ser aproveitada para o pedido principal de destituição, desde que devidamente considerada e reforçada na decisão final. Pelo que qualquer decisão simultânea dos pedidos de suspensão e destituição comporta necessária e indiscutivelmente a nulidade do procedimento.

Constatámos também, ao longo do nosso estudo, a resistência relativamente ao novo formalismo do pedido de suspensão, continuando alguns intervenientes a utilizar o procedimento cautelar comum previsto e regulado no artigo 381.º do CPC. Assumindo embora que ambos os procedimentos comungam da mesma natureza – e tolerando, por isso, a tendência para a confusão negligente –, a verdade é que, fiéis aos objectivos da reforma de 1995/96, não podíamos deixar de criticar a solução de *compromisso* encontrada e assumida por alguma jurisprudência; admite-se, por esta via, o aproveitamento dos actos praticados no âmbito do procedimento cautelar comum incorrectamente utilizado, alegadamente à luz do princípio da economia de meios; neste ponto particular consideramos, ao contrário daquela posição, estar em causa um verdadeiro erro na forma de processo, o qual põe inevitavelmente em crise o incidente de suspensão.

Ainda assim, suscita-nos alguma curiosidade perceber a 'motivação' do erro, algumas vezes reiterado...

Considerando alguns casos da prática judiciária – muitos dos quais não chegaram sequer à apreciação dos tribunais superiores e que nos vêm ao conhecimento pelo contacto frequente com estas matérias –, atrevemo-nos a avançar que o erro na forma de processo, estratégico e vulgarmente intencional, transparece a desconfiança dos operadores judiciários no novo regime da cumulação de pedidos, conforme *desenhado* no preâmbulo do DL n.º 329-A/95, de 12 de Dezembro.

Olhando para trás, percebemos que era hábito na prática judiciária cumular-se um sem número de pedidos num único procedimento cautelar inominado, nomeadamente, o pedido de suspensão dos titulares dos órgãos sociais, de nomeação de representantes provisórios, de entrega de documentos e seu arrolamento, de privação de certas condutas... Desta forma os requerentes viam todos os seus pedidos simultaneamente apreciados, podendo acontecer, é certo, que um ou outro improcedesse.

Com a entrada em vigor do artigo 1484.º-B do CPC, e a consequente afirmação de um novo procedimento de destituição e/ou suspensão, de jurisdição voluntária, os agentes judiciários temem a incompatibilidade das providências, achando-se impedidos de compactar todas as suas pretensões provisórias num único processo.

É verdade que o processo especial do artigo 1484.º-B do CPC apenas comporta duas soluções: a destituição e a suspensão. Nada mais!

Acontece porém que o princípio da adequação formal veio permitir – em princípio! – a cumulação de pedidos a que correspondam formas de processo distintas, desde que o requerente assim peticione e a tramitação processual o permita, na medida em que os pedidos não sejam incompatíveis e a especificidade da causa potencie a cumulação.

Ainda assim, parece-nos que a experiência judiciária se vem mostrando *madrasta* para a cumulação, pelo menos no que se refere aos processos especiais de jurisdição voluntária, particularmente regulados pelos artigos 1409.º, 1410.º e 1411.º do CPC. Parece-nos que o *típico* julgador português não está ainda sensibilizado para as potencialidades da cumulação, encarando o processo de destituição e/ou suspensão de forma unilateral e estanque.

Numa fase final, não poderíamos deixar de reportar ao fundamento essencial do processo especial de destituição e/ou suspensão de titulares dos órgãos sociais, admitindo haver muito mais a acrescentar acerca da *justa causa* de destituição.

Reiteramos ser indispensável que a conduta imputada ao requerido, para além de abstractamente reprovável, seja efectivamente idónea a prejudicar a própria sociedade, afectando o equilíbrio societário e pondo em causa a confiança entre os vários intervenientes, assim se preenchendo o fundamento legal para a suspensão e, mais tarde, para a sua destituição; pelo que não relevam meros temores ou incompatibilidades pessoais, sendo essencial uma apreciação rigorosa da factualidade mobilizada no caso concreto.

Aqui chegados, resta-nos dar resposta à questão inicial: o novo incidente de suspensão, *enxertado* no processo especial de destituição, é a solução para as necessidades denunciadas ou, pelo contrário, constitui antes um verdadeiro problema, com reflexo directo na litigiosidade levada aos nossos tribunais?

Parece-nos ser de aceitar a boa intenção do legislador, acreditando no mérito e nas potencialidades do novo regime do artigo 1484.º-B do CPC; é ainda assim indiscutível que o procedimento em referência se encontra num *estado embrionário,* carecendo de alguma adaptação e, sobretudo, de concretização ao nível do seu regime, manifestamente insuficiente e duvidoso.

Há por isso que acreditar na *boa vontade* e na coragem da próxima reforma processual.

A SUBSTITUIÇÃO DE ADMINISTRADORES

MARIA JOÃO DIAS
Advogada Estagiária

1. Introdução – Objecto do trabalho

O presente trabalho visa analisar o regime da substituição de administradores, vertido no artigo 393.º do Código das Sociedades Comerciais[1]. O preceito em apreço integra-se nas disposições do CSC relativas à administração das sociedades anónimas, mais concretamente na secção do CSC respeitante ao conselho de administração. Assim, a presente análise da problemática da substituição circunscreve-se aos modelos de governação que compreendem tal órgão: o modelo de governação clássico, previsto na alínea a) do n.º 1 do artigo 278.º, e o modelo de governação anglo-saxónico, previsto na alínea b) do n.º 1 do mesmo artigo.

Fica fora do objecto deste trabalho o estudo do regime da substituição quanto a outros modelos de governação, quanto a outros órgãos e quanto a outros tipos societários. Assim, e designadamente, está excluída, quanto ao modelo germânico (previsto na alínea c) do n.º 1 do referido artigo 278.º), a análise da substituição de membros do conselho de administração executivo (prevista no artigo 425.º) ou do conselho geral e de supervisão (plasmada no artigo 438.º). Também está excluída deste trabalho a apreciação do regime de substituição quanto aos órgãos de fiscalização nos diferentes modelos de governação – i.e., quanto

---

[1] O Código das Sociedades Comerciais será, de aqui em diante, abreviadamente designado por "**CSC**" e, salvo menção em contrário, todas as disposições legais doravante indicadas reportam-se ao CSC.

aos membros do conselho fiscal e ao fiscal único (cuja substituição é regulada pelo artigo 415.º), quanto aos revisores oficiais de contas (que são designados nos termos dos artigos 413.º e 446.º) e quanto à comissão de auditoria.[2]

Por fim refira-se, quanto aos diferentes tipos societários, que está expressamente excluída a análise do regime da substituição de gerentes de sociedades por quotas, vertido no artigo 253.º, ou de sociedades em comandita, previsto no artigo 470.º.

Delimitado negativamente o âmbito do tema, cabe apenas descrever a perspectiva em que nos propomos a abordá-lo.

Cremos que o tema da substituição de administradores surge a meio caminho entre as matérias da designação e da cessação de funções de administradores. A meio caminho porque o tema se prende, simultaneamente, com a matéria da designação (o acesso ao cargo pelo administrador substituto é ainda um problema de designação de administrador) e com a matéria da extinção da relação de administração (em caso de substituição do administrador por falta definitiva). Mas também a meio caminho porque a substituição pode surgir como uma vicissitude no exercício do cargo pelo administrador, quando depois da designação, mas sem haver ainda extinção da relação de administração, haja necessidade de substituir o administrador por um determinado período de tempo (substituição por falta temporária).

Propomo-nos, assim, a analisar o regime da substituição de administradores, contextualizando o instituto (e as soluções que consideramos que o instituto permite) no espírito das regras que balizam o início e o termo da relação de administração.

---

[2] Quanto à comissão de auditoria, contudo, aplicar-se-á, *mutatis mutandis*, o mesmo regime que o aqui analisado, por remissão expressa do artigo 423.º-H.

2. Pressupostos: a falta definitiva e a substituição temporária do administrador

Nos termos do n.º 3 e do n.º 6 do artigo 393.º, há lugar à aplicação do instituto da substituição em caso de falta definitiva de um administrador (situação em que a substituição será, também ela, definitiva) e em caso de suspensão de administrador (situação em que a substituição será temporária).

Embora a redacção do preceito possa gerar alguma dificuldade interpretativa, por utilizar a qualificação "definitiva" para se referir à falta (i.e., à causa imediata da substituição) e a adjectivação "temporária" para se referir à substituição (i.e., à consequência), consideramos que as afirmações vertidas no parágrafo anterior são a única conclusão possível da leitura articulada dos referidos n.ºˢ 3 e 6 do artigo 393.º.

Resta, assim, determinar quais são as situações que poderão dar origem a um estado de falta definitiva relevante para efeitos de substituição (i.e., quais são as causas mediatas da substituição, em caso de substituição definitiva).

Com efeito – e ao contrário do que acontece quanto à substituição temporária, em que a própria lei restringe as causas mediatas da substituição à suspensão do administrador, retirando relevância a hipotéticas faltas temporárias com diferente motivo – a lei não elenca quais podem ser (nem quais *não* podem ser) as causas mediatas de substituição definitiva do administrador.

Assim, entendemos que a falta definitiva do administrador, seja qual for o seu motivo, legitimará a aplicação dos mecanismos de substituição previstos no artigo 393.º. Ou, por outra via, que verificando-se a falta definitiva, deverá haver lugar a substituição definitiva, independentemente de qual seja a causa mediata de tal substituição.

Em síntese, consideramos que (só) deverá haver substituição temporária do administrador quando este falte temporariamente por se encontrar suspenso e que deverá haver substituição definitiva do administrador sempre que este falte definitivamente, independentemente dos motivos da sua falta.

Interessa ainda, no entanto, compreender quais poderão ser as causas dessa falta, aquelas que designámos como as causas mediatas da substituição definitiva.

2.1. *Causas mediatas da substituição definitiva (ou causas de extinção da relação de administração)*

A redacção do artigo 393.º força-nos a distinguir uma falta definitiva em sentido lato (a falta definitiva de que temos vindo a falar, que resulta do n.º 3 do artigo 393.º e que consideramos ser a causa imediata da substituição definitiva) e uma falta definitiva em sentido estrito (a falta definitiva regulada pelos n.ºs 1 e 2 do artigo 393.º e que nos surge como uma causa autónoma de extinção da relação de administração).

Desenvolvendo: a redacção originária do artigo 393.º começava no actual n.º 3. E esse n.º 3 (então o n.º 1) cumpria o mesmo papel que lhe indicámos *supra*: apresentar a falta definitiva como o pressuposto da aplicação do instituto da substituição definitiva. Faltando-nos uma classificação mais acertada, e por entendermos que esta noção de falta definitiva alberga como causas mediatas da substituição definitiva várias realidades distintas (entre as quais aquela que consideramos ser a falta definitiva em sentido estrito), identificamos este conceito como a falta definitiva em sentido lato.

Contudo, com o Decreto-Lei n.º 76-A/2006, de 29 de Março[3], foram introduzidos os actuais n.ºs 1 e 2 do artigo 393.º, que

---

[3] O Decreto-Lei n.º 76-A/2006, de 29 de Março será, de aqui em diante, abreviadamente referido como "DL 76-A/2006".

fazem equivaler a falta definitiva à extinção da relação de administração por excesso de faltas do administrador a reuniões[4].
Com efeito, e de acordo com o referido n.º 1 do artigo 393.º, verificados três requisitos cumulativos – (i) a previsão pelos estatutos de um número máximo de faltas a reuniões; (ii) a ausência do administrador no número de reuniões fixado pelos estatutos; e (iii) a não aceitação pelo órgão de administração da justificação apresentada pelo administrador quanto a essas faltas – a relação de administração cessa. A cessação da relação de administração deve ser declarada pelo órgão de administração[5], nos termos do também já referido n.º 2 do artigo 393.º[6] Consideramos

---

[4] Neste sentido parece ir ALMEIDA, A. PEREIRA DE, *Sociedades comerciais*, 6.ª ed., Coimbra Editora, Coimbra, 2011, p. 462 ao incluir nas causas de extinção da relação de administração o excesso de faltas. No mesmo sentido, CUNHA, P. OLAVO, *Direito das sociedades comerciais*, 4.ª ed., Almedina, 2010, pp. 794 e 795. Por outro lado, ainda antes do DL 76-A/2006, LABAREDA, JOÃO, *Direito societário português – Algumas questões*, Quid Júris?, Lisboa, 1998, p. 154 parecia admitir a falta definitiva como causa autónoma de extinção da relação de administração, embora sem tratamento legal: *"Na verdade, é a própria lei que, mesmo sem obediência a qualquer critério dogmático ou, sequer, sistemático, evidencia, de modo disperso, a relevância de várias outras [causas de cessação da relação de administração]. E é possível enumerar algumas mais que não recebem tratamento legal ou, pelo menos, não são encaradas em ordem ou em função do que significam na perspectiva da cessação do vínculo administracional. Estão no primeiro grupo, por exemplo, a falta definitiva (...)"*.

[5] A lei refere-se a órgão de administração. Na impossibilidade de aplicar a disposição aos casos de administrador único, não compreendemos porque não se refere a lei a conselho ou conselho de administração no n.º 1 e no n.º 2 do artigo 393º, como aliás faz na alínea b) do n.º 3 do mesmo artigo.

[6] Parece-nos que a relação de administração caducará automaticamente por excesso de faltas não justificadas assim que o administrador falte, sem apresentar justificação, ao número de faltas previsto nos estatutos, ou assim que o órgão de administração recuse a justificação apresentada pelo administrador quanto ao mesmo número de faltas. O administrador que se mantenha em funções após a verificação do facto extintivo da relação de administração

ser esta a falta definitiva em sentido estrito, que se alinha com outras causas de extinção da relação de administração enquanto causa mediata da substituição definitiva.[7]

Cumpre dizer que consideramos esta distinção entre a falta definitiva em sentido lato e em sentido estrito (ou com qualquer outra classificação que se queira adoptar) absolutamente necessária, uma vez que rejeitamos, liminarmente, que o DL 76-A//2006 tenha tido por intuito reduzir o âmbito de aplicação da substituição definitiva aos casos em que o administrador atingiu um determinado número de faltas. Mantemos – como exposto em 2. – que a substituição definitiva pode apresentar diversas causas mediatas. Por outro lado, consideramos também a distinção necessária porque entendemos que o DL 76-A/2006 não veio caracterizar a falta definitiva enquanto pressuposto da substituição definitiva, impondo mais requisitos para a aplicação dos mecanismos de substituição. Aliás, seria irrazoável ter que aguardar que se preenchessem os requisitos exigidos pelos n.os 1 e 2 do artigo 393.º quando uma outra causa da extinção da relação de administração é já conhecida. Numa redução ao absurdo, para se aplicar o instituto da substituição seria necessário aguardar que o

---

torna-se administrador de facto. Assim, o órgão de administração limita-se a constatar a caducidade, que opera automaticamente, e a declarar o termo da relação de facto. No mesmo sentido, mas quanto à cessação da relação de administração por incapacidade ou incompatibilidade superveniente e à declaração do termo da relação de facto pelo conselho fiscal ou fiscal único, ABREU, J. M. COUTINHO DE, *Governação das sociedades comerciais*, Almedina, 2.ª ed., Coimbra, 2010, p. 146.

[7] A matéria da falta definitiva como causa autónoma da extinção da relação de administração oferecia desenvolvimentos muito mais detalhados, que não têm lugar no âmbito deste trabalho. Não resistimos, contudo, a questionar se o órgão de administração disporá, ou não, de discricionariedade quanto à aceitação da justificação apresentada pelo administrador, bem como quanto ao prazo em que deverá declarar verificada a falta definitiva. Por outro lado, cremos que será também de equacionar a possibilidade de os estatutos regularem estas matérias.

administrador faltasse a um determinado número de reuniões, mesmo que a sua renúncia se tivesse já tornado efectiva ou que a sua morte fosse já do conhecimento da sociedade. Por outro lado, e para enumerar apenas um de vários problemas, nunca seria possível aplicar os procedimentos de substituição previstos no artigo 393.º quando os estatutos não previssem um número máximo de faltas. Acresce que a noção de falta definitiva em sentido lato que aqui subscrevemos tem paralelo noutras disposições. Veja-se o artigo 253.º quanto aos gerentes das sociedades por quotas, nas quais o funcionamento colegial poderá nem ser adoptado, não havendo então reuniões a que faltar.

Resta-nos, assim, concluir que o DL 76-A/2006 introduziu no artigo 393.º uma causa de extinção da relação de administração – alteração legislativa com contornos e consequências de que não nos encarregaremos agora, por não ser esta a sede própria.

Em síntese, e retomando a ideia inicial, consideramos que a falta definitiva em sentido amplo corresponde à causa imediata da substituição definitiva e que a falta definitiva em sentido estrito corresponde a uma das causas mediatas da substituição definitiva. E corresponde a uma das causas mediatas da substituição definitiva por ser uma causa autónoma de extinção da relação de administração. Desta forma, e com a exposição que fizemos, antecipámos que há alguma coincidência entre as causas mediatas da substituição definitiva e as causas de extinção da relação de administração.

Aliás, a coincidência entre as causas mediatas da substituição definitiva e as causas de extinção da relação de administração só não é total porque está excluída daquelas, mas não destas, a caducidade da relação de administração pelo decurso do tempo.[8]

---

[8] Cfr. nota de rodapé 12, sobre a exclusão também da caducidade por nomeação judicial de novo administrador do âmbito das causas mediatas da substituição definitiva.

De facto, na esteira dos ensinamentos de Coutinho de Abreu, é necessário ter em atenção que "*a caducidade da relação administrativa* [pelo decurso do tempo só] *opera quando àquele termo se associa a* nova designação *(da mesma ou diferente pessoa)*"[9], nos termos do n.º 4 do artigo 391.º.[10]

Facilmente se compreende que se a relação de administração não cessa até haver nova designação[11], já está assegurada a administração da sociedade e, logo assim, tutelado o interesse que o instituto da substituição procura garantir. Por outro lado, há mesmo uma impossibilidade prática de fazer corresponder tal causa de extinção da relação de administração a uma causa mediata da substituição definitiva, porquanto o administrador já está substituído quando surge a necessidade de o substituir.[12]

---

[9] ABREU, J. M. COUTINHO DE, *ob. cit.*, p. 146.

[10] No mesmo sentido, LABAREDA, JOÃO, *ob. cit.*, p. 156: "*No que respeita ao vínculo de administração, o prazo não é, por si só, causa de extinção. Na verdade, mesmo quando o gestor é designado por um determinado período de tempo – como é obrigatório suceder nas sociedades anónimas e frequentemente acontece nos outros tipos de sociedades, sobretudo na sociedade por quotas –, a chegada do fim do prazo da designação não determina,* ipso facto, *o termo da relação de administração; em regra, o gestor mantém-se em funções até à sua substituição*".

[11] Salvo pela verificação, antes da nova designação, de uma causa autónoma de extinção da relação de administração para o administrador que permanece em funções – causa essa que, em nosso entender, poderá fundamentar a aplicação dos procedimentos de substituição previstos no artigo 393.º.

[12] O mesmo raciocínio é válido para a causa de extinção da relação de administração prevista no n.º 3 do artigo 394.º: a nomeação judicial de administrador. Também aqui, apesar de ocorrer uma causa específica de extinção da relação de administração, não há lugar à aplicação dos mecanismos da substituição. Todavia, uma vez que a nomeação judicial de administrador pressupõe, ela própria, que não se tenha procedido às substituições previstas no artigo 393.º, considerámos que seria de pouco relevo e utilidade analisar no corpo do texto a nomeação judicial enquanto causa de extinção da relação de administração.

Mas a exclusão da caducidade da relação de administração pelo decurso do tempo das causas mediatas da substituição definitiva é também ditada por motivos de fundo. Com a imposição de um prazo certo à designação dos administradores visa garantir-se a rotatividade nos órgãos de administração, para bem reflectir as eventuais variações na composição accionista. A lei assegura, assim, que possa haver ruptura. Ora o instituto da substituição está vocacionado para a manutenção da administração da sociedade num quadro, essencialmente, de continuidade ou estabilidade, dentro de cada ciclo.

Acresce que, seguindo de perto Raúl Ventura, consideramos que a falta definitiva relevante para efeitos do n.º 3 do artigo 393.º é a *"falta individual de um ou mais administradores"* e não a resultante *"do termo do tempo legal ou estatutário da duração das funções"* dos administradores.[13] Ou seja: se se verificar a falta individual de um, ou dois, ou todos os administradores, deverá haver lugar à sua substituição nos termos do artigo 393.º. Se, pelo contrário, o prazo pelo qual os administradores foram designados se esgotar, a assembleia geral terá que proceder a uma nova designação nos termos do artigo 391.º (nova designação, reitera-se, sem a qual a relação de administração dos anteriores administradores não se extingue), não havendo lugar à aplicação do artigo 393.º.

Interessa, assim, e finalmente, compreender em concreto o que será a falta individual dos administradores.

Assumindo recorrer às causas de extinção da relação de administração enumeradas por diferentes autores[14], e sem a

---

[13] VENTURA, RAÚL, *Novos estudos sobre sociedades anónimas e sociedades em nome colectivo*, Almedina, Coimbra, 1994, p. 162

[14] Designadamente, ABREU, J. M. COUTINHO DE, *ob. cit.*, p. 145 e ss, LABAREDA, JOÃO, *ob. cit.*, p. 65 e ss., e RODRIGUES, I. DUARTE, *A administração das sociedades por quotas e anónimas – Organização e estatuto dos administradores*, Petrony, Lisboa, 1990, p. 237 e ss.

pretensão de as sistematizar, elencam-se a final as principais causas mediatas de substituição definitiva[15]: (i) a renúncia; (ii) o acordo revogatório; (iii) a destituição; e – por determinarem a caducidade da relação de administração – (iv) a falta definitiva em sentido estrito ou o excesso de faltas; (v) a verificação de outros factos previstos em cláusulas estatutárias como causa de cessação da relação de administração; (vi) a morte; (vii) a verificação de incapacidade ou incompatibilidade superveniente; (viii) a falta de ratificação da cooptação realizada pelo conselho de administração ou da designação feita pelo conselho fiscal ou pela comissão de auditoria; e (ix) a falta de prestação de caução pelo administrador.

2.2. Causa mediata da substituição temporária (ou a suspensão de administrador)

Como já explanado, a substituição temporária tem por causa mediata exclusiva a suspensão do administrador, prevista no artigo 400.º.

Em traços muito gerais, a suspensão caracteriza-se como uma técnica que permite a manutenção da relação de administração, não obstante a impossibilidade temporária do exercício das funções de administração.

De acordo com Ilídio Duarte Rodrigues, o artigo 400.º subordina a suspensão à verificação de dois requisitos: "*a existência de um impedimento temporário ao exercício das funções;* [e] *a*

---

[15] Mas não todos os factos que constituem causas de caducidade da relação administrativa, como sejam a fusão, transformação ou dissolução e liquidação de sociedades, em que a sociedade, o órgão de administração ou a própria ideia de administração se extinguem, não relevando no âmbito da substituição (a propósito dos factos extintivos da relação administrativa ABREU, J. M. COUTINHO DE, *ob. cit.*, pp. 147 e 148 e LABAREDA, JOÃO, *ob. cit.*, Lisboa, 1998, p. 158 e ss).

conexão desse impedimento com a pessoa do administrador." E continua afirmando: *"O impedimento temporário do administrador que fundamenta a suspensão poderá derivar de duas ordens de razões: condições de saúde e outras circunstâncias pessoais"*. No segundo caso, a lei exige que o impedimento tenha a duração mínima de sessenta dias, sendo defensável que o mesmo limite mínimo se aplique à duração da doença. O limite máximo da suspensão, também na esteira dos ensinamentos de Ilídio Duarte Rodrigues, é o *"prazo de duração do mandato, que não pode exceder quatro anos civis"*.[16]

O órgão competente para suspender os administradores é, no modelo clássico, o conselho fiscal e, no modelo anglo-saxónico, a comissão de auditoria. Parece-nos que, sendo adoptado o fiscal único em lugar do conselho fiscal, tal órgão será competente para suspender.

Analisada sumariamente a suspensão, enquanto pressuposto necessário da substituição temporária, caberia analisar o próprio regime da substituição temporária. Todavia tal regime é no essencial, coincidente com o regime da substituição definitiva. Assim, propomo-nos a analisar agora o regime da substituição em geral, reportando-nos ao regime da substituição definitiva, e remetemos a análise das especificidades da substituição temporária para a parte final do presente trabalho.

3. Procedimentos de substituição

Verificados os pressupostos da substituição, interessa determinar quais os procedimentos ou modos aplicáveis à sua efectivação.

---

[16] A presente citação e as anteriores reportam-se a RODRIGUES, I. DUARTE, *ob. cit.*, pp. 232 e 233.

Os procedimentos de substituição admissíveis encontram-se taxativamente enumerados no n.º 3 do artigo 393.º: (i) a chamada de suplentes; (ii) a cooptação; (iii) a designação pelo conselho fiscal ou comissão de auditoria; e (iv) a eleição de novo administrador.

Em primeira linha, interessa aferir de que forma se articulam os diferentes procedimentos de substituição enumerados.

Neste ponto, seguimos de perto a doutrina de Raúl Ventura[17]. De acordo com o autor, a chamada de suplentes prevalece sobre os outros procedimentos de substituição. Assim sendo, os demais procedimentos de substituição só poderão ser empregues caso a chamada de suplentes não possa operar. Sendo esse o caso, a sociedade poderá recorrer, em alternativa, à cooptação (no prazo de sessenta dias a contar da falta) e à eleição pelos accionistas. Findo o referido prazo de sessenta dias, abre-se a possibilidade de o conselho fiscal (ou a comissão de auditoria, conforme o modelo de governação adoptado) designar o substituto – também em concorrência com a possibilidade de eleição pelos accionistas. Naturalmente, o emprego de qualquer um dos procedimentos implica que a vaga não tenha sido preenchida por outro modo. Todavia, convém recordar que a assembleia geral terá sempre uma palavra – inicial ou final, ou mesmo ambas – na designação dos administradores substitutos. Com efeito, a lei prevê mecanismos para dotar de "legitimidade democrática" todos os procedimentos de substituição – os administradores suplentes são aprioristicamente eleitos pelos accionistas e os administradores cooptados ou designados pelo conselho fiscal ou comissão de auditoria estão sujeitos à ratificação da assembleia geral na reunião subsequente. Acresce que, embora já fora dos quadros do artigo 393.º, também quanto aos administradores suplentes a assembleia geral terá a possibilidade de intervir

---

[17] VENTURA, RAÚL, *ob. cit.*, p. 162 e ss.

a jusante da designação, caso a escolha já não mantenha actualidade ou pertinência, fazendo uso da destituição a todo o tempo (com as competentes consequências indemnizatórias) nos termos do artigo 403.º. Por fim, ao admitir-se a competência da assembleia geral para eleger a par da competência do conselho de administração para cooptar e do conselho fiscal ou comissão de auditoria para designar, consagra-se também o primado da assembleia geral na designação dos administradores. Assim, o artigo 393.º estabelece uma hierarquia na aplicação dos procedimentos de substituição, com uma lógica e objectivo próprios – assegurar a gestão da sociedade, regulando mecanismos sucessivos e/ou alternativos que, com eficácia, obstem à paralisação da sociedade – mas que não descura os interesses dos accionistas consagrados na competência da assembleia geral para designar os administradores.

3.1. *Chamada de suplentes*

A chamada de suplentes encontra-se prevista na alínea a) do n.º 3 do artigo 393.º. Para que este modo de substituição opere, torna-se necessário que haja suplentes (i.e., que o contrato de sociedade, nos termos do n.º 5 do artigo 390.º, autorize a eleição de administradores suplentes e que estes tenham sido eleitos).

De acordo com a definição proposta por Luís Brito Correia, *"os administradores suplentes são os designados para suprir as eventuais faltas temporárias ou definitivas dos administradores efectivos, antes de se verificarem"*[18]. Assim, *"a designação de um administrador suplente equivale à designação de um administrador efectivo sob condição suspensiva de se verificar a*

---

[18] CORREIA, L. BRITO, *Os administradores de sociedades anónimas*, Almedina, Coimbra, 1993, p. 233.

falta temporária de outro administrador efectivo e a chamada do primeiro ao exercício pleno de funções".[19]

Os suplentes devem ser chamados pelo presidente pela ordem por que figurem na lista submetida à deliberação dos accionistas.

Embora a lei não especifique, parece dever entender-se que o presidente competente para a chamada de suplentes é o presidente do conselho de administração, em virtude das competências que lhe assistem na convocação de reuniões do conselho de administração e da proximidade e conhecimento que terá das situações de falta dos administradores – e não o presidente da mesa da assembleia geral.[20]

Faltando o próprio presidente do conselho de administração, parece-nos, contudo, que não será de afastar a aplicação do procedimento de chamada de suplentes. Consideramos antes que, existindo suplentes, deve-se ainda obediência à hierarquia dos procedimentos de substituição *supra* explanada, pelo que o próprio presidente do conselho de administração deverá ser substituído nos termos da alínea a) do n.º 3 do artigo 393.º. A diferença será apenas quanto à entidade competente para conduzir o chamamento dos suplentes. Na impossibilidade de ser efectuado pelo próprio presidente que se encontra a ser substituído, não nos parece descabido propor (sem obediência a uma ordem especial) que seja levado a cabo pelo membro do conselho a quem couber o voto de qualidade nas ausências e impedimentos do administrador (n.º 4 do artigo 395.º, se aplicável), pelo conselho

---

[19] CORREIA, L. BRITO, *ob. cit.*, p. 759, pronunciando-se sobre o regime previsto no Código Comercial mas estendendo depois o raciocínio ao regime consagrado no CSC.

[20] No mesmo sentido, CORREIA, L. BRITO, *ob. cit.*, p. 237, pp. 759 e 760 e p. 759 nota de rodapé (3). VENTURA, RAÚL, *ob. cit.*, p. 163 afirma também que "(...) *a chamada de suplentes: é feita pelo Presidente do Conselho de Administração*".

de administração, por outro administrador, pelo presidente da mesa da assembleia geral (artigo 374.º) ou pelo secretário da sociedade (artigo 446.º-A e seguintes), quando as diferentes possibilidades forem aplicáveis.

A designação de administrador substituto mediante a chamada de suplentes reveste-se, logo à partida, da legitimação pela colectividade dos accionistas (daí não carecer de ratificação na assembleia geral seguinte) e consiste num procedimento de substituição relativamente simples. Contudo, a sua aplicação vê-se limitada pela própria lei. De facto, embora a chamada de suplentes seja o procedimento de substituição de aplicação primacial, a sua efectivação estará condicionada à existência de suplentes e estes nunca poderão ser em número superior a um terço dos administradores efectivos (n.º 5 do artigo 390.º).[21]

3.2. Cooptação

A cooptação de administradores encontra-se prevista na alínea b) do n.º 3 do artigo 393.º enquanto mecanismo de substituição e na alínea b) do artigo 406.º enquanto competência do conselho de administração (competência que, por sua vez, só terá aplicação em sede de substituição de administradores).

Para que a cooptação se possa efectivar, será necessário que se mantenha em funções um número de administradores suficiente para o conselho poder funcionar – ou seja, a maioria dos seus membros, nos termos do n.º 4 do artigo 410.º.

---

[21] CORREIA, L. BRITO, *ob. cit.*, p. 258 critica a limitação legal ao número de suplentes: "*Esta limitação, para que não se vê motivo justificativo, parece ter inconvenientes, por impedir a eleição de administradores suplentes em número igual ao dos administradores efectivos, que pode ter interesse, nomeadamente, quando os vários grupos de accionistas estejam de acordo em se fazer representar no conselho de administração, segundo certa proporção (...)*".

No cômputo da maioria necessária para o conselho funcionar, dever-se-á considerar todos os administradores em funções, independentemente da forma pela qual foram designados (pensamos, designadamente, nos administradores que foram, eles próprios, cooptados) ou de se ter já verificado quanto a eles um dos elementos de uma causa complexa de extinção da relação de administração (pensamos, por exemplo, no administrador que já renunciou mas para o qual a renúncia não se tornou ainda efectiva pelo decurso do prazo legal e no administrador que, tendo já atingido o termo do prazo para o qual foi designado, não cessou ainda funções por não lhe ter sido designado substituto).[22]

Igualmente entendemos que a lei não impõe qualquer restrição quanto ao administrador a designar, sendo admissível a designação de qualquer pessoa que pudesse ser designada nos quadros gerais. Entendemos, assim, que também as pessoas colectivas podem ser cooptadas, nos termos do n.º 4 do artigo 390.º, devendo indicar uma pessoa singular para exercer o cargo em nome próprio. Consideramos que, não distinguindo a lei, não deve distinguir o intérprete, principalmente quando o juízo de confiança associado à cooptação poderá, certamente, ser feito por intermédio de uma pessoa colectiva. Não podemos, contudo, deixar de atender à opinião em sentido contrário de Paulo Olavo Cunha, quando afirma que "(...) *a cooptação – que consiste num expediente para solucionar com urgência uma falta ocorrida – não poderá recair sobre uma pessoa colectiva, devendo ser escolhida uma pessoa física. O artigo 393.º não estabelece qualquer limitação, mas o sistema de substituição introduzido na nossa ordem jurídica não é compatível com esse procedi-*

---

[22] Sobre a articulação da renúncia e da cooptação como forma de o conselho de administração substituir, sucessivamente, todos os seus membros, veja-se Ventura, Raúl, *ob. cit.*, p. 164.

mento que implicaria que a pessoa colectiva (cooptada) fosse chamada a indicar livremente uma pessoa singular".[23]

Por outro lado, refira-se que a cooptação carece de ser ratificada na primeira assembleia geral seguinte, nos termos do n.º 3 do artigo 393.º, sob pena de caducidade.

Por fim, reitera-se que após um período de sessenta dias sem haver cooptação torna-se lícita a designação pelo conselho fiscal ou comissão de auditoria. A este propósito, Raul Ventura defende que "(...) *a faculdade de cooptação conferida ao Conselho de Administração caduca ao fim de 60 dias, a contar da falta definitiva do administrador.*". Temos algumas dúvidas que assim seja. Por um lado, o autor admite que haja competência concorrencial (veja-se o caso da competência da assembleia geral para eleger administrador, que se cumula com a competência dos administradores para cooptarem, bem como com a competência do conselho fiscal – ou fiscal único – ou comissão de auditoria para designar administrador substituto). Por outro lado, o legislador, ao estabelecer a hierarquia dos procedimentos de substituição, entendeu que, por algum motivo (talvez pelo maior conhecimento que se espera que os administradores tenham das dificuldades na administração que urge suprir, talvez pela maior celeridade e conveniência com que é expectável que o conselho de administração reaja à situação de falta de um dos seus membros), a cooptação pelos administradores preferia à designação pelo conselho fiscal (ou fiscal único) ou comissão de auditoria. Assim, parece-nos mais consentâneo com os objectivos do instituto da substituição que, ao final de sessenta dias sem cooptação, se abra a possibilidade de um novo órgão proceder à substituição – mas sem prejuízo de a cooptação poder

---

[23] CUNHA, P. OLAVO, *Designação de pessoa colectiva para os órgãos de sociedades anónimas e por quotas*, Direito das sociedades em revista, Ano 1, Vol.1, Março 2009, p. 193, nota de rodapé (55).

ainda ser levada a cabo. Assim, a partir desse período de sessenta dias, a falta do administrador pode ser suprida por três meios diferentes e concorrentes – a cooptação, a eleição e a designação pelo órgão de fiscalização relevante –, efectivando-se a substituição mediante a actuação que se verificar primeiro.

3.3. *Designação pelo conselho fiscal ou comissão de auditoria*

Acima referimos que decorridos sessenta dias sobre a falta do administrador sem cooptação de administrador substituto torna-se lícita a designação pelo conselho fiscal ou comissão de auditoria, nos termos da alínea c) do n.º 3 do artigo 393.º. Contudo, afirmámos também que os administradores não poderão cooptar se não estiver em exercício a maioria necessária para que o conselho de administração possa funcionar.

Do exposto, entendemos que se deve concluir que o conselho fiscal (ou a comissão de auditoria) terá então competência para designar o substituto logo que (i) decorra o prazo de sessenta dias ou que (ii) se verifique que o conselho de administração não pode deliberar por não estarem em exercício administradores em número suficiente.[24]

---

[24] Os ensinamentos são de RODRIGUES, I. DUARTE, *ob. cit.*, p. 107, nota de rodapé (32): *"E se os administradores subsistentes forem em número inferior à maioria? Parece que o conselho fiscal, sem ter de aguardar o termo dos 60 dias a contar da falta, poderá designar imediatamente os substitutos. De facto, os 60 dias constituem um período de tempo durante o qual a designação está reservada ao conselho de administração. Mas, se o conselho de administração não reúne já as condições para proceder à cooptação, seria irrazoável impor ao conselho fiscal o respeito desse prazo para designar os substitutos"*. No mesmo sentido vai CORREIA, L. BRITO, *ob. cit.*, p. 763, que justifica a solução encontrada da seguinte forma: *"Se assim não fosse, a sociedade teria de estar sem administradores operacionais*

Quanto à competência para a designação no modelo clássico, Paulo Olavo Cunha entende que se encontra restringida ao conselho fiscal, não tendo aplicação quando em seu lugar é adoptado o fiscal único. O referido autor justifica a exclusão da competência do fiscal único da seguinte forma: *"Recorde-se que a redacção do artigo 393.º, prevendo a intervenção do conselho*

durante 60 dias (ou, pelo menos durante o prazo necessário à convocação de uma assembleia geral para a eleição de novo administrador – que é, normalmente, de 30 ou 21 dias, conforme os casos – CSC, art. 377º, n.º 4). Ora, esta situação pode ser muito gravosa para a sociedade, não se vendo nenhum motivo para lha impor. § O objectivo da lei ao estabelecer esse prazo é, manifestamente, o de permitir a designação pelo órgão de fiscalização, caso os administradores não consigam encontrar uma solução por cooptação, dentro de um período razoável – é o "favor societatis" –, não o de protelar a resolução do problema, em prejuízo da sociedade e sem vantagem para ninguém". Entendemos, no entanto, e salvo melhor opinião, que se durante aquele período de sessenta dias, o conselho de administração recuperar o seu quórum constitutivo (i.e., em casos em que falta mais do que um administrador e se procedeu, de algum modo, à substituição de algum ou alguns dos administradores faltosos, encontrando-se já reunidas as condições para que o conselho de administração possa cooptar), não tendo o conselho fiscal (ou o fiscal único, ou a comissão de auditoria) ou a assembleia geral (atendendo à sua competência concorrencial) procedido ainda à designação de novo administrador que substitua aquele cuja falta serve de termo *a quo* para o prazo de sessenta dias, recupera o conselho de administração o poder para cooptar. Nesse caso (e mantendo-se tudo o resto constante), o conselho de administração e a assembleia geral terão competência concorrencial até ao final do prazo de sessenta dias e apenas nesse momento o conselho fiscal (ou o fiscal único) ou a comissão de auditoria recuperará a competência para designar o administrador substituto. Parece que esta interpretação é aquela que consegue um maior equilíbrio entre a necessidade de não protelar a resolução da falta do administrador e o respeito pelo juízo do legislador espelhado na fixação da hierarquia estabelecida entre os procedimentos de substituição (sem prejuízo de depois se poder entender que os estatutos têm – ou não – margem para alterar essa hierarquia, como analisado em 7.1, tornando inaplicáveis algumas das afirmações que se fizeram e que pressupõem a exacta aplicação da hierarquia prevista supletivamente).

fiscal, era anterior à consagração generalizada da figura do fiscal único e consequentemente, era contemporânea do sistema opcional por fiscal único, sempre que o capital social o permitisse. O facto de a recente alteração substancial do artigo 393.º não ter previsto a designação por fiscal único, no caso em que ele exista, conduzem-nos a admitir que o legislador não considerou razoável depositar esse encargo nas mãos do fiscal único".[25]

Face à norma de remissão constante do artigo 423.º-A, e não nos parecendo imperativa a pluralidade de membros para a decisão de designação de administrador substituto, os motivos transcritos no parágrafo *supra* não nos parecem suficientes para afastar a competência do fiscal único nestas matérias.

Aliás, Luís Brito Correia, parece defender que a competência caiba também ao fiscal único, quando sintetiza o regime da designação pelo órgão de fiscalização: *"Com efeito, faltando definitivamente algum administrador, o conselho fiscal pode designar um substituto, desde que não tenha havido cooptação dentro de 60 dias a contar da falta (art. 393.º n.º 1), aplicando--se igual regime no caso de suspensão de um administrador (art. 393.º n.º 4), bem como no caso em que, em vez de conselho fiscal, **existe um fiscal único** (art. 413.º, n.º 1 e 5)"*[26] (o negrito é nosso). Ainda que de forma reflexa, Coutinho de Abreu parece adoptar também esta última posição, quando, pronunciando-se sobre as causas extintivas da relação de administração, afirma que *"relativamente aos administradores cooptados e aos designados pelo conselho ou **fiscal único** (artigo 393.º, 3, b), c), 6), a relação caduca se a designação não for ratificada expressa*

---

[25] CUNHA, P. OLAVO, *Direito das sociedades comerciais*, 4.ª ed., cit., p. 766 e, noutra sede, CUNHA, PAULO OLAVO, *Designação de pessoa colectiva para os órgãos de sociedades anónimas e por quotas,* cit., p. 194, nota de rodapé (55): *"Trata-se de uma competência que não é extensível ao fiscal único – por efeito do disposto no art. 413.º, n.º 6 – dada a sua natureza."*.

[26] CORREIA, L. BRITO, *ob. cit.*, p. 763.

ou tacitamente, na primeira assembleia geral seguinte (cfr. 393.º, 4)"[27] (o negrito é nosso).

A designação de administrador pelo conselho fiscal ou comissão de auditoria, sob pena de caducidade, e à semelhança da cooptação, terá também que ser ratificada pelos accionistas.

3.4. Eleição de novo administrador

A designação de administrador pelos accionistas é a forma primacial de designação de administradores, conforme se afere da leitura do n.º 1 do artigo 391.º Assim, a previsão da eleição de novo administrador na alínea d) do n.º 3 do artigo 393.º enquanto mecanismo de substituição tem total cabimento, por recorrer à competência regular dos accionistas para fazer face à situação de vacatura inusitada do cargo de administrador.

Aliás, e como se tem vindo a referir, é por a competência para designar administradores caber, em primeira linha, aos accionistas, que se justifica que apenas a chamada de suplentes prefira à nova eleição ou que os demais procedimentos de substituição sejam sempre de aplicação concorrencial em relação à eleição pelos accionistas. Por outra banda, é também a necessidade de legitimidade democrática dos administradores que conduz à obrigatoriedade de ratificação pela assembleia geral das designações conduzidas pelos demais órgãos competentes.

Assim, a eleição de novo administrador pela assembleia geral processa-se nos quadros gerais da competência deste órgão. Neste âmbito, merece uma curta menção a questão das maiorias necessárias para a eleição de novo administrador.

Nos termos do n.º 2 do artigo 386.º, se houver várias propostas na deliberação sobre a designação de titulares de órgãos sociais, faz vencimento aquela que tiver a seu favor maior número

---

[27] ABREU, J. M. COUTINHO DE, *ob. cit.*, p. 147.

de votos. Contudo, esta regra pode ser derrogada através da previsão, no contrato de sociedade, de regras de bloqueio, ao abrigo do n.º 2 do artigo 391.º. Em termos gerais, estas regras de bloqueio podem consistir na exigência de maiorias qualificadas para a aprovação da eleição dos administradores ou na estipulação que a eleição de determinado número de administradores deve ser também aprovada pela maioria dos votos conferidos a certas acções.

Por outro lado, e agora ao abrigo do artigo 392.º, o contrato de sociedade pode também prever regras especiais de eleição, que, de acordo com Raúl Ventura, visam *"assegurar a accionistas minoritários a possibilidade de eleger um ou mais administradores apesar do poder de voto dos accionistas maioritários"*[28].

Quando a assembleia geral procede a eleições em sede de substituição de administrador deve obediência, nos termos gerais, às regras de bloqueio e às regras especiais de designação eventualmente aplicáveis.

4. Ratificação

O intuito da ratificação – como facilmente se compreende e temos vindo a frisar – é o de revestir a designação de administrador operada por órgão diferente da assembleia geral da legitimidade esperada nos termos do artigo 391.º. No entanto, e como a seguir se verá, a deliberação de ratificação pela assembleia geral também se impõe como a sede adequada para decidir questões conexas com a designação de administrador e cuja decisão compita aos accionistas (como seja a fixação do montante da retribuição ou a escolha do presidente do conselho de administração, quando tal escolha for competência da assembleia geral[29]).

---

[28] VENTURA, RAÚL, *ob. cit.*, p. 182.
[29] Cfr. 7.2 e 7.4.

A lei prescreve que a ratificação seja levada a cabo na assembleia geral seguinte – contudo, consideramos que tal preceito deve ser interpretado de forma compreensiva, devendo a ratificação ser decidida aquando da primeira deliberação tomada pelos accionistas após a substituição, independentemente da forma de tomada de deliberação.

Embora a lei não o diga expressamente, é defensável (atendendo à *ratio* da ratificação), que se apliquem à deliberação de ratificação as regras eventualmente previstas nos estatutos ao abrigo do n.º 2 do artigo 391.º. Referimo-nos àquelas regras de bloqueio mencionadas em 3.4 que, de acordo com Raúl Ventura, *"impedem que os administradores sejam eleitos sem a aprovação de accionistas, em certo número, ou em certas pessoas"*[30]. O referido autor não se pronuncia quanto à aplicação, em sede de substituição, das regras que exigem a aprovação dos accionistas em certas pessoas – mas afirma expressamente que considera que *"a maioria qualificada é exigida quando o contrato – sem expressamente referir a ratificação – a exigir para a eleição de administradores"*[31]. No mesmo sentido vai o acórdão do Tribunal da Relação do Porto de 16 de Janeiro de 1997, ao afirmar que quando determinada maioria ou representatividade for exigida para a eleição de administradores, *"a mesma é a representatividade suposta por todos os métodos ou processos de substituição de administradores referidos no n.º 1 do art. 393.º CSC; o que justifica que, quando pelo pacto social [for] exigida maioria qualificada para a sua eleição, essa, por sua extensiva interpretação e aplicação, seja também a maioria necessária para a ratificação imposta no seu n.º 2"*.

---

[30] VENTURA, RAÚL, *ob. cit.*, p. 180.
[31] VENTURA, RAÚL, *ob. cit.*, p. 166.

5. Duração da substituição

Nos termos do n.º 5 do artigo 391.º, *"as substituições efectuadas nos termos do n.º 1 duram até ao final do período para o qual os administradores foram eleitos."*[32] Cremos, contudo, que também aqui haverá lugar à aplicação do n.º 4 do artigo 391.º, pelo que, em caso de substituição definitiva, o administrador substituto deverá permanecer em funções até que seja designado novo administrador, sem prejuízo da possibilidade de destituição, renúncia ou nomeação judicial de administrador antes desse termo.

Sempre que um – ou vários, ou todos – os administradores sejam designados ao abrigo do artigo 393.º, ainda que por eleição pela assembleia geral, são designados pelo período necessário para completarem o prazo pelo qual os administradores que substituem haviam sido designados. Garante-se, desta forma, a existência de ciclos perfeitamente determinados na administração da sociedade, uma vez que, em abstracto, a relação de administração de todos os titulares se extingue em simultâneo.

Assim, os administradores só são designados pelo período fixado no contrato de sociedade nos termos do n.º 3 do artigo 391.º quando os accionistas procedem à eleição de administradores *efectivos* (e não de administradores *substitutos*) nos termos do artigo 391.º (e não do artigo 393.º).[33]

6. Administrador designado ao abrigo de regras especiais

O n.º 7 do artigo 393.º reduz os procedimentos de substituição aplicáveis em caso de falta de administrador designado

---

[32] Sobre a necessidade de interpretar correctivamente a remissão efectuada pelo n.º 5 do artigo 393.º, veja-se *infra* 8.

[33] Nos sentidos descritos, VENTURA, RAÚL, *ob. cit.*, p. 162 e CORREIA, L. BRITO, *ob. cit.*, p. 239.

ao abrigo de regras especiais a dois: (i) a chamada de suplentes e (ii) a eleição pelos accionistas.

Os motivos para tal restrição são facilmente compreensíveis: a cooptação ou designação pelo conselho fiscal (ou fiscal único) ou comissão de auditoria, seguida da ratificação pela assembleia geral, não serve os objectivos visados com a imposição de regras especiais de eleição. Aqui não está simplesmente em causa a necessidade de legitimação pela colectividade dos accionistas da designação efectuada por outro órgão, o que normalmente é concretizado através da ratificação. Aqui há regras especiais que presidem à formação dessa própria designação e que não são susceptíveis de serem integradas num procedimento de substituição que não envolva a assembleia geral.

Nesta sede a chamada de suplentes também prefere à nova eleição. Contudo, neste âmbito, a chamada de suplentes reveste-se de uma especificidade, que é reflexo de uma forma diferente de designação de suplentes. Com efeito, os suplentes dos administradores efectivos designados ao abrigo de regras especiais são individualmente fixados para cada administrador (com as necessárias limitações, resultantes da restrição ao número de administradores suplentes imposta pelo n.º 5 do artigo 390.º), devendo ser designados em consonância com as mesmas regras especiais de eleição. Daí que, faltando o administrador efectivo, deva ser chamado o respectivo suplente. Neste sentido vai Raúl Ventura, ao afirmar que *"É chamado, em primeiro lugar, um suplente, mas não qualquer: o respectivo suplente."*[34] e que *"Também a ordem de chamada dos suplentes não poderá ser a prescrita no artigo 393.º n.º 1 alínea a). Melhor corresponde à intenção da lei a chamada de suplente eleito pela minoria para substituir um efectivo eleito da mesma forma."*[35]

---

[34] VENTURA, RAÚL, *ob. cit.*, p. 168.
[35] VENTURA, RAÚL, *ob. cit.*, p. 188.

Na ausência de suplente, deve proceder-se a nova eleição, à qual se aplicam as regras especiais, com as adaptações que se revelem necessárias.

7. Algumas dificuldades

7.1. *Outras regras de substituição (legais ou estatutárias)*

Descritos os procedimentos e regras de substituição previstos no artigo 393.º, cabe averiguar, por um lado, se o elenco de procedimentos de substituição – que dissemos ser taxativo – é completado ou derrogado por outros regimes eventualmente aplicáveis e, por outro lado, se o contrato de sociedade pode afastar algum ou alguns dos procedimentos de substituição previstos no artigo 393.º ou alterar (e em que medida) as regras legalmente previstas quanto à aplicação de cada um dos procedimentos.

Quanto à primeira questão (e não obstante as especificidades introduzidas pelo regime das regras especiais de eleição que constam do próprio artigo 393.º, no seu n.º 7, e que foram objecto de análise em 6), avançamos uma resposta negativa, que desenvolveremos a propósito da concreta matéria da designação de administrador pessoa colectiva, em 7.6.

Quanto à segunda questão, respeitante à imperatividade das regras de substituição de administradores vertidas no artigo 393.º, assistem-nos várias dúvidas. Para as expor, e reconhecendo a nossa clara incapacidade para pensar a questão em quadros mais abrangentes que Raúl Ventura, guiar-nos-emos pela sistematização deste autor quando afirma: *"Penso ser lícito: § a) Modificar a ordem de chamada dos administradores suplentes, nomeadamente fixando individualmente os suplentes de certos administradores efectivos; § b) Eliminar a cooptação e a designação pelo Conselho Fiscal, remetendo apenas (além dos suplentes) para nova eleição;* § *c) Eliminar apenas ou a cooptação ou a designação pelo Conselho Fiscal;* § *d) Estipular que a ratificação exigida pelo n.º 2 seja submetida apenas à primeira Assembleia anual seguinte."*[36]

Quanto à possibilidade *a)*, e como ponto prévio, cumpre referir que o procedimento de substituição mediante a chamada de suplentes poderá sempre ser afastado pelos estatutos (ou melhor, *não autorizado* pelos estatutos): basta que estes não prevejam a existência de suplentes, nos termos do n.º 5 do artigo 390.º.

No que respeita especificamente à possibilidade de fixar individualmente os suplentes de certos administradores efectivos, concordamos integralmente com o autor citado e encontramos algumas vantagens na adopção desse sistema em detrimento de aquele supletivamente previsto na lei. Com efeito, e uma vez que a lei só permite a designação de administradores suplentes em número igual ou inferior a um terço dos administradores efectivos[37], podendo fazer com que – como bem frisa Luís Brito Correia – *"o recurso aos suplentes [pela ordem por que figurem na lista submetida aos accionistas – CSC, art. 393.º, n.º 1, al. a)] venha a alterar o equilíbrio acordado entre os vários grupos (...)"*[38], a previsão nos estatutos da substituição mediante a chamada do suplente individualmente fixado para cada administrador (até atingido o limite legal) poderá garantir a manutenção de uma composição do conselho de administração mais adequada ao efectivamente desejado pelos conjunto dos accionistas. Contudo, a adopção de tal mecanismo nos estatutos comporta logicamente que se afaste o emprego da alínea a) do n.º 3 do artigo 393.º nos casos em que, embora existindo suplentes, não exista suplente individualmente fixado para o administrador a substi-

---

[36] VENTURA, RAÚL, *ob. cit.*, p. 169
[37] Cfr. nota de rodapé (21) a propósito do limite legalmente previsto para o número de administradores suplentes.
[38] CORREIA, L. BRITO, *ob. cit.*, p. 258.

tuir. Por outro lado, e como se verá abaixo em 7.4, cabendo à assembleia geral a competência para designar o presidente do conselho de administração, nos termos do n.º 1 do artigo 395.º (e admitindo-se a possibilidade de aplicação do procedimento de chamada de suplentes para substituir o presidente do conselho de administração, como exposto em 3.1), a fixação individual de um suplente para o presidente do conselho de administração parece ser o único modo de assegurar que tal competência é exercida (ainda que de modo diferido) pela assembleia geral em caso de substituição pela chamada de suplentes.[39] Refira-se, por fim, que o n.º 7 do próprio artigo 393.º prevê um regime semelhante – a chamada do *"respectivo suplente"* – no caso de administradores designados ao abrigo de regras especiais[40].

Quanto às hipóteses previstas em *b)* e *c)*, contudo, temos já algumas dúvidas. De facto, os interesses que se procuram tutelar com a previsão da cooptação e da designação pelo conselho fiscal ou comissão de auditoria podem não estar na disponibilidade dos sócios. A garantia da gestão da sociedade (e bem assim, da vinculação da sociedade) contende também com interesses de terceiros, de credores, do tráfico jurídico e da economia, e não apenas com o direito ao lucro dos accionistas. Salvo melhor opinião, não nos parece razoável que os sócios possam, no contrato de sociedade, afastar a aplicação destes procedimentos, que têm a óbvia vocação de diversificar as frentes de reacção da sociedade à falta de um ou vários administradores, num juízo em que o legislador considerou adequada e necessária a atribuição de

---

[39] Contudo, a adopção desta solução, sem mais, pode suscitar alguma estranheza, uma vez que conduz a que o presidente do conselho de administração seja substituído não por um administrador já efectivo, que já integre o conselho de administração no momento em que se verifica a necessidade de substituir o seu presidente, mas sim por um (presidente do conselho de administração) suplente, que não integrou a formação originária do conselho.

[40] O referido regime foi sumariamente analisado em 6.

competências a outros órgãos (que não a assembleia geral) no domínio da designação de administradores. Acresce que, como vimos, não há nenhum interesse atendível dos accionistas que não seja devidamente ponderado pelo artigo 393.º (quando interpretado devidamente inserido nos quadros gerais da designação de administradores e da extinção da relação de administração): reitera-se a exigência formulada por esse artigo de ratificação pela assembleia geral e a não imposição de restrições à destituição dos administradores substitutos. Por outro lado, é necessário ter em linha de conta que a diversificação dos procedimentos serve objectivos concretos, como sejam impedir o marasmo da sociedade e promover a actuação da sociedade em tempo útil. Atente-se que a substituição de administrador por eleição dos accionistas nem sempre poderá garantir esses objectivos, uma vez que a convocação de uma assembleia geral terá, em regra, que respeitar os prazos previstos no n.º 4 do artigo 377.º. Com efeito, na impossibilidade de a eleição ser tomada mediante deliberação unânime por escrito ou em assembleia geral universal (pense-se no exemplo nada raro do administrador cuja substituição está em causa ser também accionista da sociedade e, enquanto pessoa que é, por qualquer motivo, naquele momento ser-lhe tão impossível tomar parte nos destinos da sociedade enquanto administrador como enquanto accionista) será necessário respeitar os referidos prazos do n.º 4 do artigo 377.º. Nesse caso, é de toda a conveniência que existam meios alternativos para reagir mesmo antes de decorrido aquele prazo de um mês (ou vinte e um dias) que antecede a reunião da assembleia geral.

Embora os procedimentos de substituição cuja supressão está aqui em causa possam operar ainda mais *tarde* que aqueles prazos (relembre-se o prazo de 60 dias para cooptar), certo é que podem (e devem) actuar mais *cedo*. Com efeito, embora o artigo 393.º permita que a resolução da situação seja protelada por inércia da sociedade, certo é que assegura, através da previsão de diferentes procedimentos de substituição, que a sociedade possa resolver a situação o mais cedo possível. Suprimir a cooptação e a designação pelo conselho fiscal pode significar, em última instância, que a sociedade esteja paralisada quando já poderia estar activa. Pelo exposto, e salvo melhor opinião, não nos parece que os estatutos possam afastar os procedimentos de substituição diferentes da eleição de suplentes.

Finalmente, a hipótese que Raúl Ventura identifica como *d)* merece a nossa concordância pelos motivos simétricos aos que acabámos de expor: a ratificação pela assembleia geral existe no interesse e para protecção dos accionistas. À partida, a regulamentação nos estatutos do momento dessa ratificação não nos oferece reservas. Diferente opinião teríamos, no entanto, caso os estatutos suprimissem completamente a exigência de ratificação pois – apesar da válvula de escape da destituição – cremos que nesse caso poderiam ser postos em xeque os interesses dos sócios futuros.

Procurando extrair uma regra das opiniões que temos apresentado: cremos que os accionistas, através do contrato de sociedade, podem adaptar os procedimentos de substituição legalmente previstos de molde a melhor servir a composição dos interesses accionistas e aquela que é a prática da sociedade. Neste sentido, não nos chocaria que, em certas condições, o contrato de sociedade pudesse, designadamente, alterar a hierarquia dos procedimentos de substituição, encurtar prazos de reacção e prever a competência simultânea e concorrencial de diferentes órgãos para a substituição. No entanto, não pode o contrato de sociedade obstaculizar à substituição de administradores, afastando a aplicação de procedimentos previstos no artigo 393.º e suprimindo competências de outros órgãos que se encontram previstas na lei, permitindo que uma situação de inércia da sociedade seja protelada no tempo, com prejuízo para a economia (e não obstante a existência de outros expedientes legais, como a nomeação judicial de administrador, que combatam também este problema).[41]

7.2. Remuneração

Nos termos do artigo 399.º, a competência para fixar a remuneração de cada um dos administradores é da assembleia geral ou de uma comissão pela assembleia geral nomeada. No entanto, quando percorremos os procedimentos de substituição, deparamo-nos com a possibilidade de a designação de administrador ser feita pelo próprio conselho de administração, por cooptação, ou pelo conselho fiscal ou comissão de auditoria. Nestes casos, outros órgãos são chamados a deliberar sobre a designação de administrador sem, no entanto, terem competência para deliberar sobre a questão conexa da fixação da remuneração. O problema coloca-se também quanto à chamada de suplentes, uma vez que se a sua legitimidade de título resulta mais directamente da intervenção da assembleia geral, certo é que o montante da sua remuneração não é, em regra, aprioristicamente fixado por esta.[42] Assim, também na chamada do suplente pelo presidente do conselho de administração se oferecem dificuldades na determinação do montante da remuneração.

A situação assume contornos difíceis pois, por um lado, a remuneração afirma-se como um direito do administrador,

---

[41] Também sobre o tema da admissibilidade de cláusulas estatutárias em matéria de substituição, e tendendo para a imperatividade do regime plasmado no artigo 393.º, CORREIA, L. BRITO, ob. cit., p. 764 e p. 764 nota de rodapé (1).

[42] Embora nos pareça que nada obsta a que o montante da remuneração dos administradores suplentes seja também fixado aquando da sua eleição.

que com certeza determinará a sua vontade em alguma medida quanto à aceitação do cargo nos termos do n.º 5 do artigo 391.º e, por outro lado, o órgão competente para a substituição não é nem pode ser competente para fixar a remuneração. Aliás, e recorrendo a um exemplo de escola sobre deliberações nulas, *"será nula a deliberação dos sócios que introduza no estatuto social a possibilidade de o conselho de administração determinar a remuneração dos seus membros (art. 56.º 1 d)), bem como a deliberação dos administradores que fixe as respectivas remunerações (arts. 411.º, 1, c) 433.º, 1)."*[43]

O problema só nos parece ultrapassável de uma forma: atribuir ao administrador substituto a remuneração do administrador substituído e legitimar essa atribuição através da ratificação pela assembleia geral, nos termos do n.º 4 do artigo 393.º.

Acreditamos que os critérios determinados legalmente para a fixação da remuneração do administrador (funções desempenhadas e situação económica da sociedade), são suficientemente objectivos e ligados ao cargo – e não ao titular do cargo – para permitir que outro órgão aplique o montante fixado em assembleia geral a um novo titular.

7.3. Prestação de caução

O problema da prestação de caução no âmbito da substituição coloca-se quanto a duas questões: a primeira, relativa ao modo de determinação do montante da caução a prestar pelo administrador substituto; e a segunda, respeitante à possibilidade de este ser dispensado de prestar caução.

Também a competência para fixar o montante da caução e para a dispensar é dos accionistas, pelo que podem surgir difi-

---

[43] ABREU, J. M. COUTINHO DE, *ob. cit.*, p. 84.

culdades nesta área sempre que opere um dos mecanismos de substituição que atribuem a órgão diferente da assembleia geral a competência para designar o administrador.

Como ponto prévio, cumpre clarificar que consideramos que o administrador substituto – quer em caso de substituição definitiva, quer em caso de substituição temporária – deve prestar caução, por estar sujeito ao mesmo grau de responsabilidade que qualquer outro administrador.

Assim sendo, haverá então que determinar qual o montante a caucionar. Em primeiro lugar, há que referir que se o contrato de sociedade fixar a importância a caucionar, nos termos do n.º 1 do artigo 396.º, será esse o montante a considerar. No entanto, caso o contrato não fixe a importância, defendemos que o administrador deverá sempre prestar caução pelo mínimo legal, sujeita a posterior confirmação pela assembleia geral.

Quanto à possibilidade de o administrador ser dispensado de prestar caução, cremos que é matéria que só pelos accionistas poderá ser debatida. Assim, sempre que o administrador substituto for designado por órgão diferente da assembleia geral, a deliberação de dispensa de prestação de caução, nos termos do n.º 3 do artigo 396.º, terá que ser diferida. Não vale aqui raciocínio análogo ao da fixação do montante da remuneração, em que o órgão competente para a designação pudesse dispensar o administrador da prestação de caução se o administrador substituído também houvesse sido dispensado. Com efeito, a lei não avança aqui – como faz quanto à remuneração – com critérios objectivos para a formação da decisão de dispensa de prestação de caução, que fundem um juízo aplicável a diferentes administradores.

Por fim refira-se que consideramos que a relação de administração do administrador substituto está também sujeita a caducidade por não prestação de caução, nos termos do n.º 4 do artigo 396.º.

7.4. Substituição de administrador presidente do conselho de administração

Acima já ficou dito[44] que entendemos que pode haver chamamento de suplentes – embora, logicamente, não possa haver chamamento de suplentes *pelo presidente do conselho de administração* – caso o administrador a substituir seja o próprio presidente do conselho de administração.

A aplicação dos demais procedimentos de substituição quando a falta for do presidente do conselho de administração não oferece qualquer dúvida.

Há, no entanto, que analisar ainda de que forma se deverá processar a designação de novo presidente do conselho de administração quando o administrador que ocupava esse cargo foi substituído. A questão assume importância em virtude das competências específicas que cabem a este administrador, designadamente em caso de lhe ser atribuído voto de qualidade.

A este propósito há que distinguir consoante a competência para a designação do presidente do conselho de administração caiba ao conselho de administração ou à assembleia geral, respectivamente nos termos do n.º 2 e do n.º 1 do artigo 395.º.

Os casos em que a competência é do conselho de administração não oferecem grande dificuldade: parece que, até atendendo à faculdade de o conselho de administração alterar a identidade do presidente do conselho de administração a qualquer tempo (parte final do n.º 2 do artigo 395.º), o conselho de administração deverá escolher um novo presidente de entre todos os membros que integrem o conselho após a substituição. A afirmação é válida independentemente de qual tenha sido o procedimento de substituição adoptado. Ressalta-se apenas que a tramitação descrita deve também ser aplicada em caso de

---

[44] Em 3.1 e, reflexamente, em 7.1.

cooptação – poder-se-ia julgar que, tendo o conselho de administração cumulativamente competência para cooptar e para designar o presidente do conselho de administração, poderia já cooptar novo administrador nessa qualidade de presidente de conselho de administração. No entanto consideramos que o administrador deverá primeiro ser cooptado e só depois escolhido o presidente do conselho de administração – assim este novo membro do conselho de administração participa também já na escolha do presidente do conselho de administração e obsta-se à colocação de entraves à cooptação de administrador substituto caso haja consenso quanto ao administrador a cooptar mas não quanto à vontade de o designar presidente do conselho.

Quando a competência é da assembleia geral, geram-se maiores dificuldades. *Supra* [45] pronunciamo-nos já sobre a possibilidade de o contrato de sociedade prever a possibilidade de se fixar individualmente o suplente de cada administrador – e, bem assim, do presidente do conselho de administração. Quando a fixação individual de suplente do presidente do conselho de administração não tenha sido adoptada, parece que só posteriormente à chamada do suplente poderá a assembleia geral intervir para designar, de entre a nova composição do conselho de administração, quem irá ocupar o cargo. No entanto a lei parece não prever esta intervenção posterior da assembleia geral, uma vez que dispõe que é na *"assembleia geral que eleger o conselho de administração"* que esta deverá designar o presidente.

No caso de cooptação e designação pelo conselho fiscal (ou fiscal único) ou comissão de auditoria, levanta-se uma dificuldade ainda maior: é que nesses casos não existe, de facto, uma assembleia geral em que tenha radicado a eleição do administrador substituto. Entendemos, no entanto, que tal competência da assembleia geral poderá ser exercida na deliberação de ratificação da

---

[45] Em 7.1.

cooptação ou designação pelo órgão de fiscalização relevante (quer mediante a escolha do presidente do conselho de administração nessa deliberação, quer mediante a ratificação ou alteração da escolha que o conselho de administração entretanto tenha sido levado a conduzir). Por fim, e logicamente, se a designação do administrador substituto for operada mediante eleição pela assembleia geral, esta poderá imediatamente escolher o novo presidente do conselho de administração de entre os membros que formam a nova composição do conselho de administração.

7.5. Substituição de administrador delegado ou membro da comissão executiva

Num raciocínio paralelo ao desenvolvido quanto à escolha do presidente do conselho de administração, defendemos que o administrador substituto não assume directamente ou por inerência as qualidades do administrador que vem substituir (o que seria especialmente difícil de aferir quando há substituições em bloco). Quanto ao administrador substituído, a delegação caduca com a extinção da relação de administração e só na eventualidade de haver delegação no administrador substituto (independentemente de se tratar de delegação própria ou imprópria, seguindo a terminologia de Pedro Maia[46]), assumirá esse a gestão corrente da sociedade ou encarregar-se-á de certas matérias, na exacta medida da sua delegação e sem qualquer referência ao conteúdo da delegação no anterior administrador. O mesmo é válido em caso de substituição de membro da comissão executiva.

---

[46] MAIA, PEDRO, *Função e funcionamento do conselho de administração da sociedade anónima*, Coimbra Editora, Coimbra, 2002.

7.6. Substituição de administrador nomeado por pessoa colectiva

Para abordar a matéria da substituição de administrador nomeado por pessoa colectiva somos forçados a tomar posição desde o início. Isto porque, nos quadros em que pensamos o regime da designação de administrador pessoa colectiva, o problema da substituição não apresenta qualquer especificidade face ao regime geral, que aqui mereça desenvolvimento autónomo. Atalhando o caminho e reconhecendo que sobre o tema não saberemos, com certeza, dizer algo de novo, assumimos que esta nossa posição é, na verdade, a de João Labareda[47] e a de Abílio Neto[48]. Com efeito, e na senda destes autores, consideramos que as regras e procedimentos do regime de substituição de administradores que temos vindo a descrever têm plena e exclusiva aplicação, mesmo no caso de o concreto administrador a substituir ter sido nomeado por pessoa colectiva. Assim, e em traços gerais, sempre que um administrador nomeado por pessoa colectiva cessar funções por motivo diferente do decurso do tempo (ou for suspenso), a sua substituição deverá ocorrer através de um dos procedimentos de substituição previstos no n.º 3 do artigo 393.º. No mesmo trilho, o prazo de exercício de funções pelo administrador substituto será determinado de acordo com os n.ºs 5 e 6 do mesmo artigo. Por outro lado, se a pessoa

---

[47] LABAREDA, JOÃO, *ob. cit.*, p. 46: "[...] *constata-se a existência de motivos sérios e positivos que aconselham a excluir o direito a nova nomeação por parte da pessoa colectiva, de modo que a substituição do titular em falta se faça com o recurso às regras gerais aplicáveis para cada órgão.* § *Deste modo, se, v.g., falta definitivamente um administrador de uma sociedade anónima nomeado de acordo com o n.º 4 do art. 390.º, segue-se o procedimento previsto no artigo 393.º* [...]".

[48] NETO, ABÍLIO, *Código das Sociedades Comerciais – Jurisprudência e doutrina*, 4.ª ed., Ediforum, Lisboa, 2007, p. 836, anotação 12: "[...] *a eventual cessação de funções do nomeado, porque não é representante, não deverá dar lugar à designação de novo «representante».*"

colectiva que nomeou a pessoa singular tiver sido eleita ao abrigo de regras especiais, parece-nos que à substituição da pessoa singular se deverão aplicar as especificidades previstas no n.º 7 do artigo 393.º, igualmente nos termos gerais. Em suma, acreditamos que, em sede de substituição, a concreta forma de designação do administrador pessoa singular que se pretende substituir não releva (designadamente, não releva que essa designação tenha operado mediante indicação de pessoa colectiva), só sendo oferecida relevância às regras de designação (designadamente, às regras especiais de eleição) que sempre seriam atendíveis nos quadros gerais do regime da substituição de administradores, e que tenham enformado, ainda que mediatamente, o acesso ao cargo pela concreta pessoa singular a substituir.

Acontece, contudo, que solução bem diversa da que tem vindo a ser exposta é também equacionável. Com efeito, parte significativa da doutrina (e da prática societária) defende que, em sede de substituição de administrador nomeado por pessoa colectiva, as regras do regime de designação como administrador de pessoa colectiva se sobrepõem às regras do regime geral de substituição, impondo a aplicação de um procedimento de substituição diferente dos vertidos no n.º 3 do artigo 393.º: a devolução do poder de nomeação à pessoa colectiva. De acordo com esta posição, a pessoa colectiva que nomeou o administrador a substituir deverá também indicar o seu substituto. Contam-se entre os autores que subscrevem este entendimento Raúl Ventura[49] e Paulo Olavo Cunha.[50]

---

[49] VENTURA, RAÚL, *ob. cit.*, p. 186: "*Voltando à questão acima deixada em aberto da substituição da pessoa física, no caso de esta ter sido destituída pela assembleia geral da sociedade administrada ou de esta ter renunciado, afigura-se que a pessoa colectiva poderá e deverá proceder a nova nomeação. Desde que essa nomeação é encarada pela lei como um dever, e que, por outro lado, tal dever não pressupõe – antes pelo contrário – o exercício efectivo de funções, ele mantém-se e deve ser oportunamente cumprido.*"

[50] CUNHA, P. OLAVO, *Designação de pessoa colectiva para os órgãos de sociedades anónimas e por quotas*, cit., p. 195: " *Nessa circunstância, caberá*

Para melhor se compreender a posição que consagra a devolução do poder de designação, torna-se necessário atentar com maior detalhe no referido regime de designação como administrador de pessoa colectiva, vertido no n.º 4 do artigo 390.º. O regime caracteriza-se, por um lado (e como tem vindo a ser referido), por exigir que a pessoa colectiva designada administrador nomeie uma pessoa singular para exercer o cargo em nome próprio. Tal exigência bem se compreende com referência ao n.º 3 do mesmo artigo, que impõe (face à natural incapacidade de as pessoas colectivas entenderem, quererem e agirem) que os administradores sejam pessoas singulares com capacidade jurídica plena. Por outro lado, o regime caracteriza-se também por fazer a pessoa colectiva responder solidariamente pelos actos da pessoa singular nomeada.

Estas duas notas caracterizadoras do regime de designação como administrador de pessoa colectiva abrem algumas inquietações na doutrina, de grande relevo, com implicações em sede de substituição do concreto administrador pessoa singular. Falamos, designadamente, (i) na qualificação da relação estabelecida entre a pessoa colectiva designada administradora e a pessoa

---

unicamente à pessoa colectiva proceder à indicação do substituto. § O facto de a prática distorcer frequentemente este entendimento, ao recorrer a uma designação mista, sob a forma de cooptação – sugerindo a pessoa colectiva em causa o nome do novo administrador e cooptando-o os demais – não altera o nosso juízo, que consideramos o único admissível. § Como demonstraremos adiante, a devolução do poder de nomeação do administrador (efectivo) "substituto" à pessoa colectiva (eleita) administradora – correspondendo à faculdade legalmente reconhecida de os accionista poderem designar entidades com essa natureza para os órgãos de gestão – consiste na principal motivação para a pessoa colectiva aceitar a sua designação para os órgãos sociais". Para mais desenvolvimentos do autor em referência cfr. CUNHA, P. OLAVO, *Designação de pessoa colectiva para os órgãos de sociedades anónimas e por quotas*, cit., p. 208 e ss. e ainda CUNHA, P. OLAVO, *Direito das sociedades comerciais*, 4.ª ed., cit., p. 764 e ss.

singular que esta nomeia para o exercício do cargo em nome próprio, (ii) na determinação do interesse que a pessoa colectiva possa ter na sua designação como administrador e, por fim, (iii) na definição do exacto quadro de responsabilidade a que a pessoa colectiva fica sujeita por força da sua designação como administrador.

Quanto à primeira matéria, destacaram-se ao longo do tempo (e destacam-se ainda) diferentes entendimentos na doutrina.

Num extremo, está a classificação da relação estabelecida entre a pessoa colectiva nomeante e a pessoa singular nomeada como uma espécie de mandato não representativo. De acordo com este entendimento, a pessoa colectiva teria sempre direito a indicar uma nova pessoa singular para exercer o cargo em nome próprio, verificados os pressupostos da substituição do administrador pessoa singular originalmente designado. Mas este entendimento tinha uma implicação mais profunda: o reconhecimento, à pessoa colectiva, do direito de instruir, e mesmo de destituir, a pessoa singular nomeada. Tal posição, que era a adoptada por Paulo de Pitta e Cunha[51] e também a acolhida num Parecer do Conselho Técnico da DGRN, de 26 de Junho de 1987, surge-nos hoje como inaceitável face à preponderância que deve ser atribuída ao interesse societário na administração das sociedades.

Num outro extremo, está a consideração de que entre a pessoa colectiva nomeante e a pessoa singular que exerce o cargo em nome próprio não se estabelece qualquer relação que se estenda para lá do acto de nomeação. Nesta visão, a intervenção da pessoa colectiva esgota-se com a designação da pessoa singular, ficando depois completamente arredada dos destinos da sociedade e do concreto administrador escolhido, não lhe

---

[51] CUNHA, P. DE PITTA E, *Pessoas colectivas designadas administradores de sociedades anónimas*, O Direito, ano 125.º, ts. I - II, 1993, p. 221.

competindo, designadamente, o direito de designar um substituto em caso de cessação de funções daquele administrador. Esta é, no fundo, a posição que afirmamos subscrever *supra*.

Entre ambas as posições encontra-se a classificação como uma relação *sui generis*, recentemente avançada por Paulo Olavo Cunha[52]. Tal qualificação resulta de uma evolução no pensamento do autor. Com efeito, o autor entendia que se estava perante um *"mandato sem representação"*[53] e hoje afirma que *"a relação existente entre a pessoa colectiva designada titular de um cargo social e a pessoa física por esta nomeada para o exercer é uma relação* sui generis".[54] Por um lado, parece-nos que o abandono da qualificação como relação de mandato pelo autor se prende, precisamente, com a rejeição de algumas implicações dessa mesma qualificação que seriam inconciliáveis com o interesse societário, designadamente quanto à obrigação de a pessoa singular nomeada acatar instruções da pessoa colectiva e quanto à possibilidade de esta destituir aquela[55]. Por outro lado, parece-nos também que a nova qualificação proposta pelo autor em referência, partindo de uma ponderação entre o interesse da pessoa colectiva em ser designada administrador e a responsabilidade a que fica sujeita, apresenta o direito de a pessoa colectiva designar o substituto da pessoa singular nomeada como um verdadeiro elemento caracterizador da relação estabelecida entre a pessoa colectiva nomeante e a pessoa singular nomeada.

---

[52] CUNHA, P. OLAVO, *Designação de pessoa colectiva para os órgãos de sociedades anónimas e por quotas*, cit., p. 212.

[53] CUNHA, P. OLAVO, *Direito das sociedades comerciais*, 3.ª ed., Almedina, 2009, p. 687.

[54] CUNHA, P. OLAVO, *Designação de pessoa colectiva para os órgãos de sociedades anónimas e por quotas*, cit., p. 212.

[55] CUNHA, P. OLAVO, *Designação de pessoa colectiva para os órgãos de sociedades anónimas e por quotas*, cit., p. 211 e ss. e CUNHA, P. OLAVO, *Direito das sociedades comerciais*, 4.ª ed., cit., p. 755 e ss.

Concretizando, o autor parece defender que o (único) interesse da pessoa colectiva em ser designada administrador é o direito de indicar sempre o substituto da pessoa singular nomeada (quando se verificarem quanto a esta os pressupostos da substituição) e que essa posição de favor justifica a responsabilidade solidária. De tudo quanto o exposto resulta que, no pensamento deste autor, a pessoa colectiva não terá direito de instruir ou destituir *ad nutum* a pessoa singular nomeada, mas que, uma vez reunidos os pressupostos da substituição da pessoa singular nomeada, deve ser atribuído à pessoa colectiva o poder de indicar o substituto. Um resultado prático idêntico resultava já da solução proposta por Raúl Ventura[56].

Consideramos que para aferir da pertinência e bondade desta solução é necessário indagar, primeiro, sobre qual é o verdadeiro interesse da pessoa colectiva em ser designada administrador e sobre os contornos da responsabilidade que lhe assiste por força dessa designação.

Sobre o interesse da pessoa colectiva ser designada administrador, cumpre referir que é inerente à qualidade de sócio o direito a ser designado para os órgãos de administração – e acontece que os sócios podem ser pessoas colectivas. Aliás, o direito a ser designado administrador esteve já exclusivamente reservado aos sócios e justifica-se assim, do prisma histórico, o princípio de admissibilidade da designação de pessoa colectiva como administrador, vertido no n.º 4 do artigo 390.º logo na sua redacção originária. Por outro lado, circunstâncias diversas podem tornar desejável que, em certo momento, o juízo sobre a designação de um concreto administrador seja transferido do órgão competente na sociedade para uma pessoa colectiva seleccionada por esse mesmo órgão. Parece, aliás, que esse mecanismo permite atribuir a um sujeito uma grande vantagem, proibida noutras sedes – o direito de indicar o administrador.

---

[56] VENTURA, RAÚL, *ob. cit.*, p. 186.

Parece-nos, assim, que interesses variados e suficientes podem ditar a aceitação, pela pessoa colectiva, da sua designação como administrador.

Por outro lado e como referido, interessa aferir quais são exactamente os contornos da responsabilidade a que a pessoa colectiva fica sujeita pelos actos da pessoa singular designada para exercer o cargo em nome próprio – e designadamente se se trata de uma verdadeira responsabilidade objectiva pelos actos da pessoa singular nomeada.

Cremos que não. Seguindo de perto o entendimento de João Labareda[57], para cuja argumentação integralmente se remete, parece-nos que o n.º 4 do artigo 390.º deverá ser preenchido com referência ao artigo 83.º, pelo que consagrará um regime de

---

[57] LABAREDA, JOÃO, *ob. cit.*, pp. 24 e 25: "*Conhecido o regime do art. 83.º, há-de convir-se em que o art.º 390.º, n.º 4, in fine, coincide com ele na responsabilização da pessoa colectiva pelos actos da pessoa singular por ela designada, mas, contrariamente ao que além sucede, não há qualquer referência no que respeita à culpa* in eligendo *como condição da responsabilidade da designante.§ Este facto, porém, não legitima a conclusão de estarmos em presença de um regime diverso. § Em primeiro lugar, porque, conforme já anteriormente foi evidenciado, não há razão nenhuma que justifique a responsabilidade objectiva da pessoa colectiva, desencarnada de uma imputação subjectiva de culpa pela escolha de pessoa singular; e essa eventualidade, para além de não corresponder a nenhuma necessidade, colidiria até com a melhor salvaguarda dos interesses das partes envolvidas. § Em segundo lugar, na falta de motivos significativos para justificar diferenças de tratamento, há que relevar o elemento sistemático da interpretação, que favorece a unidade de solução para problemas de idêntica natureza. § Por último, mas não com menor importância, cumpre referir que, a sustentar-se a tese segundo a qual o artigo 390.º, n.º 4, in fine, comportaria uma excepção ao regime do art. 83.º – ou, pelo menos, uma especialidade dele –, daí resultaria um esvaziamento praticamente total do regime geral, pois o artigo 390.º, n.º 4 constitui precisamente o paradigma dos casos em que a lei admite a designação de pessoas colectivas para os cargos sociais, acompanhada do dever de nomeação de pessoa singular para o exercício em nome próprio das funções.*".

responsabilidade fundado na culpa *in eligendo*. No mesmo sentido parecem ir também Coutinho de Abreu e Elisabete Ramos quando afirmam que a pessoa colectiva nomeante "[...] *responderá solidariamente com a pessoa singular por si designada para exercer o cargo em nome próprio, desde que esta seja responsável para com a sociedade ou os sócios e se verifique culpa na escolha da pessoa designada.*"[58]

Assim, parece-nos que o regime de designação de pessoa colectiva como administrador consagra deveres e direitos simétricos: a pessoa colectiva tem o direito de escolher a pessoa singular que exercerá o cargo de administrador em nome próprio e fica responsável na medida dessa escolha. Desta forma se compreende que a verdadeira contrapartida da responsabilidade a que a pessoa colectiva fica sujeita é simplesmente o poder de escolher o concreto administrador pessoa singular. No mesmo sentido vai Nogueira Serens quando afirma que "*a consequente responsabilidade assumida por essa pessoa colectiva não pode, assim, ser encarada como uma «situação de desfavor», mas antes como o correlato da situação de favor em que fica investida, e que se traduz no direito (especial hoc sensu) de nomear um membro do conselho de administração, escolhendo a pessoa que lhe aprouver.*"[59].

O n.º 4 do artigo 390.º esgota, assim, as vantagens e desvantagens do regime em análise para a pessoa colectiva, não sendo necessário indagar sobre outros eventuais benefícios que justificassem um regime de responsabilidade objectiva, que aliás entendemos não ter aplicação.

---

[58] ABREU, J. M. COUTINHO DE / RAMOS, ELISABETE, *Responsabilidade civil de administradores e de sócios controladores (Notas sobre o art. 397.º do Código do Trabalho)*, em IDET/Miscelâneas n.º 3, Almedina, Coimbra, 2004, p. 50, nota 81.

[59] SERENS, M. NOGUEIRA, *Notas sobre a sociedade anónima*, 2.ª ed., Coimbra Editora, 1997, p. 64.

Mais: consideramos que mesmo que se tratasse de responsabilidade objectiva, o regime de responsabilidade vertido na parte final do n.º 4 do artigo 390.º em caso algum justificaria a devolução do poder de designação à pessoa colectiva para que esta nomeasse administrador substituto. Diferente opinião teríamos se a pessoa colectiva ficasse, sem mais, responsável pelos actos do administrador substituto, caso em que faria todo o sentido que tivesse uma palavra na sua selecção – mas o regime aplicável não é este. Com efeito, e como resulta de tudo quanto tem sido exposto, a responsabilidade solidária da pessoa colectiva pelos actos do administrador é uma consequência do direito de a pessoa colectiva nomear a pessoa singular para exercer o cargo – e não a causa do direito a designar o substituto dessa pessoa singular. Assim, não se vê a relação de contrapartida que poderia haver entre a responsabilidade solidária da pessoa colectiva pelos actos do administrador substituído e um pretenso direito a designar o administrador substituto.

Em suma: consideramos que a pessoa singular é a titular do cargo, que exerce em nome próprio, e que as únicas especificidades se verificam a nível da designação (em que é atribuída a uma pessoa colectiva a faculdade de escolher a pessoa singular que assumirá o cargo de administrador). Assim, entendemos que nunca é devolvido o poder de designação à pessoa colectiva em caso de falta (definitiva ou temporária) da pessoa singular e que a responsabilidade solidária dessa pessoa colectiva é só a contrapartida do juízo de designação que lhe compete (ideia semelhante à da responsabilização do accionista pela escolha, plasmada no artigo 83.º). Não saberíamos, além do mais, como articular a devolução do poder de designação à pessoa colectiva em caso de substituição com a hierarquia dos (aí demais) procedimentos de substituição previstos no artigo 393.º – que aliás considerámos taxativos. Nem saberíamos como seria possível aos accionistas afastarem a pessoa colectiva dos destinos da sociedade, na impossibilidade de a destituírem, e mantendo esta sempre o poder de designação de substituto em caso de falta do administrador por si escolhido.

Sobre a recente exposição de Paulo Olavo Cunha sobre a matéria, atrevemo-nos apenas a dizer mais o seguinte: o autor mudou de posição quanto àquela que entende ser a natureza do vínculo que liga a pessoa colectiva eleita administradora e a pessoa singular por esta designada para o exercício das funções mas (parece-nos) não retirou daí todas as consequências. Com efeito, parece-nos que o autor mantém para a substituição da pessoa singular designada administrador mecanismos que mais se assemelham àqueles que a lei permitiria se autorizasse, em geral, a representação no conselho de administração. Aí sim, o administrador que se fizesse representar, independentemente de ser ou não pessoa colectiva, poderia constituir novo mandatário se tivesse necessidade de tanto. Mas aqui estamos num quadro em que a pessoa singular exerce o cargo em nome próprio, sendo ela quem pode renunciar ou ser destituída (e ainda mais, só podendo ser ela a renunciar ou a ser destituída), por exemplo. Assim e em suma, não nos parece razoável, nem com assento legal, devolver o poder de designação à pessoa colectiva, pois esta não é mandante do administrador pessoa singular nem existe disposição legal que permita essa forma de substituição. Aliás, o mecanismo proposto pelo autor conduz depois a uma aplicação mitigada de alguns institutos – como seja a possibilidade de renúncia pela pessoa singular, que o autor entende ter que ser "*fundamentada*"[60] – forçando a pessoa singular a permanecer vinculada quando poderia renunciar, se o modo da sua designação tivesse sido qualquer outro.

A final e em síntese: a possibilidade de designação de pessoa colectiva como administradora tem uma explicação histórica (que radica, essencialmente, no direito dos sócios – ainda que pessoas colectivas – serem designados administradores) e um

---

[60] CUNHA, P. OLAVO, *Designação de pessoa colectiva para os órgãos de sociedades anónimas e por quotas*, cit., p. 209.

interesse que bem se compreende (atribuir a uma pessoa colectiva a possibilidade de designar um administrador, ajuizando sobre as suas competências, e conseguindo por essa via o que está vedado aos sócios pela parte final do n.º 2 do artigo 391.º, por exemplo). Assim, não é necessário procurar um outro interesse nesta designação que justifique a responsabilidade solidária que recai sobre a pessoa colectiva nos termos do n.º 4 do artigo 390.º – e certamente não é necessário ficcionar que a faculdade de designar substituto justificaria essa responsabilidade, por tal interpretação não ter – repita-se, e salvo melhor opinião –, nem correspondência com a letra da lei, nem justificação no elemento histórico.

8. A substituição temporária

Como afirmado em 2.2, o regime da substituição temporária é, no essencial, coincidente com o regime da substituição definitiva. Nesse sentido deve ser interpretada a remissão efectuada pelo n.º 6 do artigo 393.º para os procedimentos de substituição adoptados em caso de substituição definitiva. E afirmamos que o n.º 6 do artigo 393.º remete para os procedimentos de substituição previstos no n.º 3 – e não para o n.º 1, como consta da lei – uma vez que consideramos que o preceito deve ser interpretado correctivamente. De facto, a revisão operada pelo DL 76-A/2006 olvidou actualizar as remissões efectuadas pelos n.ºs 5 e 6 do artigo 393.º para o actual n.º 3 (anterior n.º 1), não subsistindo nenhum motivo para crer que o legislador pretendeu alterar o artigo quanto a estes aspectos, pelo que se tratará de um mero lapso.[61]

---

[61] No mesmo sentido, ABREU, J. M. COUTINHO DE, *Governação das sociedades comerciais*,. cit., p. 147, nota de rodapé (358bis) e CORDEIRO, A. MENEZES, *Código das sociedades comerciais anotado*, Almedina, 2009, p. 969, notas de rodapé (5) e (6).

Assim, consideramos que a substituição temporária se deverá efectivar pelos mesmos procedimentos que a substituição definitiva. Contudo, quanto a outros aspectos, o regime da substituição temporária apresenta algumas especificidades.

Face ao desleixo do legislador na actualização do artigo 393.º, torna-se difícil determinar qual a relevância que deve ser dada à omissão de outras remissões no n.º 6 do artigo 393.º. De facto, o preceito remete apenas, na referida interpretação correctiva, para o n.º 3 do mesmo artigo (procedimentos de substituição). Todavia, é questionável se a omissão de outras remissões visa afastar expressamente a aplicação dos demais números do referido artigo 393.º – e, designadamente, se visa afastar a aplicação do disposto no n.º 4 (necessidade de ratificação na primeira assembleia geral seguinte). Raúl Ventura defende que sim, afirmando que a desnecessidade de ratificação se justifica por a substituição temporária *"poder terminar antes de qualquer reunião da Assembleia Geral"*[62]. Embora a posição adoptada encontre arrimo no direito constituído, os motivos apresentados pelo autor para a solução legal parecem-nos insuficientes. À cabeça, nada obsta a que a substituição temporária, em concreto, se prolongue mais no tempo que a substituição definitiva – basta comparar, a título de exemplo, a duração da substituição temporária de um administrador que se encontre suspenso por três meses com a duração da substituição definitiva do administrador que é destituído a dois meses do final do prazo pelo qual foi designado. Defendemos, assim, que também a suspensão temporária deverá ser sujeita à ratificação dos accionistas, por não se adivinhar nenhuma razão de fundo para não o ser. Pelo contrário, e como vimos, a ratificação pelos accionistas legitima certos expedientes (designadamente, a atribuição de remuneração ao administrador substituto), que são comuns à

---

[62] VENTURA, RAÚL, *ob. cit.*, p. 167.

substituição definitiva e à temporária, e sem os quais se poderia, na prática, inviabilizar esta última (ou viabilizá-la, sem a legitimação pelos accionistas).

Raúl Ventura defende ainda que o regime da substituição temporária diverge do da substituição definitiva quanto ao prazo pelo qual o administrador substituto é designado, considerando que não se aplica, quanto à substituição temporária, o disposto no actual n.º 5[63], só devendo a substituição *"durar até ao termo da suspensão do administrador"*. Concordamos inteiramente.

8.1. O (não) registo da substituição temporária

De acordo com a alínea m) do n.º 1 do artigo 3.º do Código do Registo Comercial[64], estão sujeitas a registo *"a designação e a cessação de funções, por qualquer causa que não seja o decurso do tempo, dos membros dos órgãos de administração e de fiscalização das sociedades, bem como do secretário da sociedade"*.

A disposição transcrita não considera, assim, que a substituição (quer definitiva, quer temporária) seja um facto sujeito a registo.

Ora, e como começámos por referir, a substituição (definitiva) fica a meio caminho entre a designação e a cessação de funções e compõe-se da articulação das duas figuras. Na certidão do registo comercial, é mesmo a cumulação do registo da cessação de funções do administrador substituído com o registo da designação do administrador substituto que cria a situação de certeza no tráfico quanto à substituição de um determinado administrador. A situação de certeza assim conseguida torna

---

[63] VENTURA, RAÚL, *ob. cit.*, p. 167
[64] O Código do Registo Comercial será, de aqui em diante, abreviadamente designado por "CRCom".

desnecessário que a substituição definitiva seja elevada a facto sujeito a registo comercial.

O caso muda de figura, contudo, quanto à substituição temporária. Com efeito, enquanto a substituição definitiva é composta por dois factos sujeitos a registo (uma designação e uma cessação), a substituição temporária é composta por um facto que se encontra sujeito a registo (uma designação) e por um facto que não se encontra sujeito a registo (uma suspensão).

Assim, não estando nem a substituição temporária, nem a sua causa (a suspensão) sujeitas a registo nos termos do CRCom, a certidão de registo comercial deixa de reflectir perfeitamente a composição do órgão de administração, podendo induzir em erro quanto ao número e à identidade dos seus titulares. Assim, a certidão do registo comercial pode evidenciar uma situação de violação dos estatutos, por aparentemente se encontrarem designados mais administradores do que aqueles permitidos (ou exigidos) pelo pacto social, quando na realidade um ou mais deles se encontram suspensos e, por isso mesmo, foram substituídos. Por outro lado, a certidão comercial lavrada nestes termos permite que o administrador suspenso e substituído se apresente como representante orgânico da sociedade, apesar de, à data, outra pessoa desempenhar essas funções em sua substituição. Por outro lado, o tráfico jurídico sai prejudicado com a situação de incerteza assim gerada porquanto o terceiro que contrata com a sociedade poderá não conseguir calcular, com segurança, em que número se fixa a maioria dos membros do conselho de administração cuja intervenção será necessária para vincular a sociedade, nos termos do n.º 1 do artigo 408.º.

A prática registral, tanto quanto julgamos saber, começa a contornar o problema. Para tal, procura integrar no conceito de cessação de funções previsto na referida alínea m) do n.º 1 do artigo 3.º do CRCom os institutos da suspensão ou da substituição do administrador. Embora a interpretação mais imediata e estrita do conceito de cessação de funções cinja o seu âmbito às causas de extinção da relação de administração (i.e., à própria extinção do vínculo), consideramos que há espaço para interpretar o referido conceito como abrangendo a suspensão (i.e., fazendo corresponder a cessação de funções ao não exercício, ainda que temporário, das funções de administração). Assim, apesar de a suspensão de administrador não se tratar de facto expressamente sujeito a registo, consideramos que, por interpretação extensiva dos preceitos do CRCom em causa, a publicidade de tal situação jurídica deve ser promovida, sob pena de surgirem graves dificuldades na determinação da regularidade da vinculação de sociedades, com prejuízo para a segurança no tráfico jurídico.

9. Conclusões

1. O regime da substituição de administradores previsto no artigo 393.º visa assegurar a gestão da sociedade na eventualidade da falta de administrador, através da promoção da rápida designação de administrador substituto.
2. O regime de substituição aplica-se quer em caso de falta definitiva do administrador, quer em caso de falta temporária.
3. Em termos gerais, a falta definitiva pode ter por motivo qualquer causa de cessação da relação de administração por motivo diferente da caducidade por decurso do tempo (renúncia, destituição, morte...).
4. A falta temporária só fundamenta a aplicação do regime de substituição se radicar na suspensão do administrador.
5. O artigo 393.º prevê uma causa autónoma de cessação da relação de administração: a falta definitiva do administrador por excesso de faltas.

6. A substituição de administrador será definitiva ou temporária, conforme a falta do administrador seja, ela própria, definitiva ou temporária. A substituição definitiva dura pelo período necessário para completar o prazo pelo qual o administrador substituído haja sido designado; a substituição temporária dura até ao termo da suspensão do administrador suspenso e, no limite, até ao termo do seu mandato.
7. Para fazer face à situação de vacatura do cargo de administrador (quer essa vacatura seja definitiva, quer seja temporária), o regime da substituição prevê vários procedimentos de substituição: (i) a chamada de suplentes previamente eleitos pela assembleia geral; (ii) a cooptação pelo conselho de administração; (iii) a designação pelo conselho fiscal ou comissão de auditoria, consoante o modelo de governação adoptado; e (iv) a eleição de novo administrador.
8. Existe uma hierarquia ou prioridade na aplicação dos procedimentos de substituição referidos, que se pauta por admitir o recurso (sucessivo ou concorrencial) a um maior número de mecanismos à medida que a situação de vacatura do cargo se prolonga no tempo.
9. Os procedimentos de substituição admissíveis pressupõem a atribuição da competência para designar administradores a órgãos diferentes da assembleia geral. Contudo, é sempre garantida à colectividade dos sócios a possibilidade de intervir nessa designação, nomeadamente através da ratificação da escolha feita por esses outros órgãos.
10. Consideramos que a ratificação pela assembleia geral se deve aplicar quer em caso de substituição definitiva, quer em caso de substituição temporária.
11. Se os estatutos exigirem uma determinada maioria para a eleição de administradores, essa mesma maioria deve

ser exigida para a ratificação pela assembleia geral da designação de administrador conduzida por outro órgão
12. O administrador designado ao abrigo de regras especiais só pode ser substituído com recurso aos seguintes procedimentos: (i) a chamada do *respectivo* suplente e (ii) a eleição pelos accionistas. A restrição justifica-se porque os interesses subjacentes à previsão de regras especiais de eleição não seriam devidamente acautelados com um procedimento de designação que não radicasse directamente na assembleia geral.
13. Salvo melhor opinião, o artigo 393.º esgota o regime da substituição de administradores, não sendo complementado, alterado ou derrogado por outras regras legais. Entendemos, designadamente, que os procedimentos de substituição previstos no artigo 393.º são taxativos.
14. Entendemos que o contrato de sociedade pode regular a matéria da substituição, adaptando algumas regras do regime da substituição de administradores de molde a melhor servir a composição dos interesses accionistas, nomeadamente alterando a hierarquia dos procedimentos de substituição, encurtando prazos de reacção e prevendo a competência simultânea e concorrencial de diferentes órgãos para a substituição. Já não nos parece lícito, no entanto, que o contrato de sociedade dificulte a substituição de administradores, afastando a aplicação de procedimentos de substituição legalmente previstos ou a intervenção de órgãos competentes, por tais regras contenderem também com interesses de terceiros.
15. Quando o órgão que proceda à substituição seja diferente da assembleia geral, parece-nos lícito que esse órgão, excepcionalmente, fixe a remuneração do administrador substituto por referência à remuneração do administrador substituído (e, logo, por referência às funções

desempenhadas e à situação económica da sociedade). A remuneração assim fixada deverá depois ser ratificada pela assembleia geral.

16. O administrador substituto deve prestar caução, quer em sede de substituição definitiva, quer em sede de substituição temporária. Entendemos que o montante da caução a prestar será o previsto pelos estatutos ou, supletivamente, o mínimo legal. A prestação de caução pode ser dispensada pela assembleia geral mas não por qualquer outro órgão que proceda à designação do administrador substituto.

17. Quando o presidente do conselho de administração é substituído, e na ausência de um suplente especificamente determinado para o seu cargo, o órgão competente para a selecção do novo presidente (i.e., a assembleia geral ou o conselho de administração) deverá escolher, de entre os membros que integrarem o conselho de administração após a substituição, quem ocupará o cargo.

18. O administrador que substituir administrador delegado ou membro da comissão executiva não assume directamente ou por inerência as qualidades do administrador que vem substituir

19. Entendemos que a especificidade de o administrador a substituir ter sido nomeado por pessoa colectiva, nos termos do n.º 4 do artigo 390.º, em nada interfere com o regime aplicável à sua eventual substituição. Com efeito, consideramos que neste caso tem aplicação plena e exclusiva o regime geral da substituição. Fazemos notar, no entanto, a corrente doutrinal e prática de sentido contrário, que defende que, verificando-se a necessidade de substituir o administrador nomeado por pessoa colectiva, o poder de indicação do substituto deve ser devolvido a essa pessoa colectiva.

20. Nem a suspensão, nem a substituição temporária estão expressamente previstas pelo CRCom como factos sujeitos a registo. Contudo, o registo comercial deve dar a devida publicidade à situação de suspensão, para evitar que figurem na certidão de registo comercial dois administradores em funções (um administrador suspenso e um administrador substituto) para o mesmo cargo, com perigo para a segurança jurídica.

Bibliografia consultada:

ABREU, J. M. COUTINHO DE, *Governação das sociedades comerciais*, Almedina, 2.ª ed., Coimbra, 2010

ABREU, J. M. COUTINHO DE (Coord), *Código das Sociedades Comerciais em comentário*, Almedina, Coimbra, 2010

ABREU, J. M. COUTINHO DE / RAMOS, ELISABETE, *Responsabilidade civil de administradores e de sócios controladores (Notas sobre o art. 397.º do Código do Trabalho)*, em IDET/Miscelâneas n.º 3, Almedina, Coimbra, 2004

ALMEIDA, A. PEREIRA DE, *Sociedades comerciais*, 6.ª ed., Coimbra Editora, Coimbra, 2011

CORDEIRO, A. MENEZES, *Manual de direito das sociedades, II – Das sociedades em especial*, 2.ª ed., Almedina, 2007

CORDEIRO, A. MENEZES, *Código das sociedades comerciais anotado*, Almedina, 2009

CORREIA, L. BRITO, *Os administradores de sociedades anónimas*, Almedina, Coimbra, 1993

CUNHA, P. DE PITTA E, *Pessoas colectivas designadas administradores de sociedades anónimas*, O Direito, ano 125.º, ts. I - II, 1993, p. 221

CUNHA, P. OLAVO, *Designação de pessoa colectiva para os órgãos de sociedades anónimas e por quotas*, Direito das sociedades em revista, Ano 1, Vol.1, Março 2009, p. 165

CUNHA, P. OLAVO, *Direito das sociedades comerciais*, 3.ª ed., Almedina, 2009 (reimpressão da edição de Dezembro de 2007)

CUNHA, P. OLAVO, *Direito das sociedades comerciais*, 4.ª ed., Almedina

LABAREDA, JOÃO, *Direito societário português – Algumas questões*, Quid Júris?, Lisboa, 1998

MAIA, PEDRO, *Função e funcionamento do conselho de administração da sociedade anónima*, Coimbra Editora, Coimbra, 2002

MARTINS, A. SOVERAL, *Os poderes de representação dos administradores de sociedades anónimas*, Coimbra Editora, Coimbra, 1998

NETO, ABÍLIO, *Código das Sociedades Comerciais – Jurisprudência e doutrina*, 4.ª ed., Ediforum, Lisboa, 2007

RODRIGUES, I. DUARTE, *A administração das sociedades por quotas e anónimas – Organização e estatuto dos administradores*, Petrony, Lisboa, 1990

SERENS, M. NOGUEIRA, *Notas sobre a sociedade anónima*, 2.ª ed., Coimbra Editora, 1997

VENTURA, RAÚL, *Novos estudos sobre sociedades anónimas e sociedades em nome colectivo*, Almedina, Coimbra, 1994

ÍNDICE

NOTA DE APRESENTAÇÃO 5

A LIBERDADE DE GESTÃO FISCAL DAS EMPRESAS
José Casalta Nabais

I. As empresas e a tributação 9
   1. O carácter *sui generis* das empresas face aos impostos 9
   2. Um conceito amplo de empresa 14
   3. O papel das empresas em matéria de impostos 19

II. O princípio da liberdade de gestão fiscal 26
   1. A liberdade de gestão fiscal 26
   2. O princípio da neutralidade fiscal 30
   3. Os limites à liberdade de gestão fiscal 40
   4. O dualismo fiscal empresas individuais/empresas societárias 49

III. Por uma tributação mais simples e coerente das empresas 52
   1. A diferenciação entre PME e grandes empresas 53
   2. A insuficiente consideração fiscal das PME 59
   3. A consideração unitária do fenómeno financeiro das empresas 62

JUSTO VALOR
UMA PERSPECTIVA CRÍTICA E MULTIDISCIPLINAR
Ana Maria Gomes Rodrigues

1. Introdução 71
2. Justo valor – um conceito teórico ou uma base de mensuração? 72
3. As bases de mensuração admitidas no contexto do SNC 82

4. O justo valor numa perspectiva contabilística 85
   4.1. Nos instrumentos financeiros 87
   4.2. Nas contas a receber 90
   4.3. Nos inventários e activos biológicos 90
   4.4. Nos investimentos 91
      4.4.1. Nos investimentos financeiros 92
      4.4.2. Nas propriedades de investimento 93
      4.4.3. Nos activos fixos tangíveis 95
      4.4.4. Nos activos intangíveis 98
      4.4.5. Nos activos não correntes detidos para venda 101
5. O justo valor numa perspectiva fiscal 101
6. O justo valor numa perspectiva societária 113
7. Conclusões 127
Bibliografia 131

DIFICULDADES DA RECUPERAÇÃO DE EMPRESA NO CÓDIGO DA INSOLVÊNCIA E DA RECUPERAÇÃO DE EMPRESA
Fátima Reis Silva

A escolha do Administrador da Insolvência 143

O Administrador Provisório 146

Assembleia de apreciação do relatório 156

Plano de insolvência 162

Administração pelo devedor 167

O PROCESSO ESPECIAL DE DESTITUIÇÃO E SUSPENSÃO DOS GERENTES
PROBLEMAS SUSCITADOS PELO N.º 2 DO ARTIGO 1484º-B CPC
Solange Fernanda Moreira Jesus

Introdução – Justificação do Tema e sua Delimitação 173

1. O Contencioso Societário antes da Reforma do Código de Processo Civil de 1995/96: Breve Resenha 174

2. A Reforma do Código de Processo Civil de 1995/96 e a sua Influência no Contencioso Societário 178
   2.1. "Linha de desburocratização e modernização": o Princípio da Adequação Formal 180
3. O Artigo 1484º-B do Código de Processo Civil: os Problemas Emergentes da Falta de Concretização Legal............................ 183
   3.1. A Natureza Cautelar do Pedido de Suspensão.................. 187
   3.2. A Dispensa de Citação Prévia e o Princípio do Contraditório 192
   3.3. A Constitucionalidade do artigo 1484.º-B do Código de Processo Civil 198
   3.4. Erro na Forma de Processo e suas Consequências Práticas 200
4. O novo artigo 1484.º–B do Código de Processo Civil: solução ou problema? – Conclusões 202

A SUBSTITUIÇÃO DE ADMINISTRADORES
Maria João Dias

1. Introdução – Objecto do trabalho 211
2. Pressupostos: a falta definitiva e a substituição temporária do administrador 213
   2.1. Causas mediatas da substituição definitiva (ou causas de extinção da relação de administração) 214
   2.2. Causa mediata da substituição temporária (ou a suspensão de administrador) 220
3. Procedimentos de substituição 221
   3.1. Chamada de suplentes 223
   3.2. Cooptação 225
   3.3. Designação pelo conselho fiscal ou comissão de auditoria 228
   3.4. Eleição de novo administrador 231
4. Ratificação.. 232
5. Duração da substituição 234
6. Administrador designado ao abrigo de regras especiais........... 234
7. Algumas dificuldades 236
   7.1. Outras regras de substituição (legais ou estatutárias) 236
   7.2. Remuneração 241
   7.3. Prestação de caução 242

7.4. Substituição de administrador presidente do conselho de administração 244
7.5. Substituição de administrador-delegado ou membro da comissão executiva 246
7.6. Substituição de administrador nomeado por pessoa colectiva 247

8. A substituição temporária 257
   8.1. O (não) registo da substituição temporária 259

9. Conclusões 261

Bibliografia consultada 265